灵活就业

数字经济浪潮下的人与社会

People and Society in Digitalized Economy

Flexible Career

邱婕 著

中国工人出版社

图书在版编目（CIP）数据

灵活就业：数字经济浪潮下的人与社会 / 邱婕著. -- 北京：中国工人出版社, 2020.3
ISBN 978-7-5008-7329-7

Ⅰ. ①灵… Ⅱ. ①邱… Ⅲ. ①劳动就业—研究 Ⅳ. ①F241.4

中国版本图书馆CIP数据核字(2020)第031433号

灵活就业：数字经济浪潮下的人与社会

出 版 人	王娇萍
责任编辑	罗荣波
责任印制	栾征宇
出版发行	中国工人出版社
地　　址	北京市东城区鼓楼外大街45号　邮编：100120
网　　址	http://www.wp-china.com
电　　话	（010）62005043（总编室） （010）62005039（印制管理中心） （010）82075935（工会与劳动关系分社）
发行热线	（010）62005996　82029051
经　　销	各地书店
印　　刷	三河市东方印刷有限公司
开　　本	880毫米×1230毫米　1/32
印　　张	12.25
字　　数	240千字
版　　次	2020年10月第1版　2022年12月第2次印刷
定　　价	58.00元

前言

一转眼，我们进入 21 世纪已经 20 年。回首过去，迎接千禧年时的喜悦似乎还在昨天，但这个世纪的五分之一已经悄然过去。我们身处在技术发展从未如此快速的时代，也身处一个劳动世界面临转折的时代。

技术与人的关系，在今天是这样的紧密。我们在享受技术带来的便利服务的同时，也越来越感受到技术的挑战。在移动时代，手机已经变成我们身体的一部分，我们每天与手机相处的时间远远多于家人和朋友，而手机也慢慢变成禁锢我们的笼子。我们接收的大量信息来自手机，碎片而情绪化，善良常常被消费，故事总是反转。我们越来越被禁锢在手机编制的信息茧洞中，工作顺着手机慢慢侵蚀生活，上班与下班的界限日渐模糊，生活的空间不断被蚕食。100 多年前，工人们为之奋斗的“三个八小时”目标，或许正在离我们越来越远。

站在时代面前，我们如何思考当下。本书从“技术—经济—生产关系”的角度观察数字经济背景下的人与社会。与第一次工业革命、第二次工业革命不同的是，今天经济形态是多元的。数字技术既可以推动传统制造业的数字化转型，也可以催生出分享经济、平台经济、零工经济等各类经济形态。在技术对生产关系的影响过程中，不能忽视经济形态这个中介变量。

经济形态的多元化趋势是这个时代的特征之一。从第一次工业革命开始，技术的发展创造出大工厂式生产关系，从小手工作坊到大工厂，在这个过程中，广大劳工完成了从农业生产者向工业化劳动者的转变，同时也产生了城市化或城镇化。在我国，自 1840 年以来，这一趋势逐渐发展，在改革开放后进入高速发展期。2012 年，我国城镇化率首次突破 50%，城镇常住人口超过了农村常住人口。这是我国发展的一个里程碑，其背后是工业化劳动关系发展的持续推进。

进入数字经济时代，新的生产关系又将如何改变我们的社会？在数字经济中，我观察到越来越多新生代劳动者从传统就业部门转入新经济领域，新就业形态不断涌现。在本书中，我们通过实证研究的方式，观察了数字经济中最庞大的就业群体——网约送餐员。在写作过程中，我也逐渐感受到这一群体得到越来越多的社会认可和接纳。从上海成立了全国第一个网约送餐员地区工会，到安徽省蚌埠市签订了全国第一份网约送餐员行业集体合同；从新中国成立七十周年天安门广场阅兵游行队伍里的网约送餐小哥队伍，到人社部新增职业中出现的“网约配送员”。

这些新业态从业者已经融入我们的生活，成为大家生活中不可或缺的一部分，如国庆阅兵游行队伍中的网约送餐小哥就被亲切地称为“银河护胃队”。但在就业领域中，他们遇到的制度性障碍还有很多，他们的诸多权益还没有得到有效维护。在本书中，我们可以从一个典型个案中看到一位刚刚进入这个行业的小哥遇到的各种问题——劳动关系的不确定，每天穿梭在路上的交通风险。我们也可以从一百个判例中看到这个行业的迭代发展。从直雇的劳动关系，到创新的众包模式，再到地区性外包形成新的雇佣关系，新就业形态没有形成一个固定的用工模式，而是在发展中不断蜕变、迭代、进化。整个社会的用工关系也正在从一种相对静态、固化的形态，转向动态、变化的形态。这种趋势在国际劳工组织 2003 年的《雇佣关系的范围》报告中已经被关注，并将其定义为客观不确定雇佣关系。

伴随着劳动关系的不确定，这个巨大就业群体的社会保障问题也再次凸显出来。每日在我们身边穿行、奔波的网约送餐小哥们，有着更高的职业风险，但却难以获得完善的人身和职业的保障。这一群体的主体是新生代农民工，他们是工业化、城市化转型中的最大多数。在数字经济时代，“身份”与“契约”再次成为他们获得保障的制度障碍。尽管“社保全覆盖”已经多次被写入相关政策文件，但是市场化转型后依靠劳动关系纳入国家社会保险体系的解决路径，在数字经济的不确定雇佣关系中失效了。“身份”的无法改变和“契约”的无法认定，导致这个群体在社会保险体系中处于真空状态。社会保险缺失不仅会给他们自身带来不可控的风险，对国家来说，这同样是系统性风险。一个千万量级的人群被排除在社会保险之外，对并不充裕的我国社保基金来说是损失，对最终要承担托底保障的国家来说是巨大的潜在风险。因此，本书试图探讨将他们纳入社会保险体系的可行路径。

数字经济时代拥有高度多元的就业关系。传统的标准劳动关系并没有消失，作为工业社会中最基本的社会关系，劳动关系还远没有到终结的时候。劳务派遣、非全日制用工在数字经济时代有所增加，但也没有成为主流。三角雇佣关系这类更为复杂的雇佣关系出现各种变体，标准雇佣关系、劳务派遣关系、业务外包关系相互交织，就业领域中用工关系的复杂化、多元化趋势明显。在本书中，我们将从四个维度回述劳动关系的调整框架——标准劳动关系、非标准劳动关系、雇主、雇员。从劳动关系由标准到非标准的变化，到雇佣关系中不变的人与组织。在关系的变化和主体的不变间，本书将阐述法律如何调整不同的主体和关系，以此回应我们身处的数字经济时代的劳动就业。

当然，在数字经济时代出现的新就业形态从业者远远不只网约送餐小哥，还有已经被裹挟进入信息洪流而开始远程工作的我们自己；还有在我国现有劳动就业体系中被长期忽视的自雇业者，他们中很多人换成时髦的语言说就是零工经济里的零工；还有体力劳动和脑力劳动之外的情感劳动，在进入人工智能时代后，或许最不容易被替代的工作恰恰是情感劳动；还有数字劳工，最早使用这个概念的是传播学领域，在他们的学科概念中，你我这样的网民都是数字劳工，但本书希望探讨的更多是数字经济领域新兴的雇佣型劳动者。本书希望通过对这些新形态就业者进行分析，开启对劳动世界未来的思考。

在本书成书之际，我也要对一直帮助我的各位表示感谢。首先，要感谢我的恩师们。资质愚钝如我，能写下这本书，须感谢恩师们多年来的栽培。恩师们著作等身，开宗立说，令我难以望其项背。我自知才疏学浅，念及吾师学富，心中有愧。其次，要感谢我的家人们，你们带给我的美好和欢乐，是其他任何事情都无可比拟的。最后，感谢各位至亲好友，以及为本书撰写收集资料的同学们。作者的叙事过于宏大，然其能力或许并不足以实现。疏漏之处在所难免，只能在未来继续努力。

这是这个时代的前沿，我们以此书记录。

这是本书的前言，写给我的读者们。

在数字经济的浪潮下，让我们共同思考，人与社会。

邱婕

2020 年 8 月

目　录

第一编　数字经济时代　001

第一章　数字浪潮　006

第二章　数字经济　035

第二编　新就业形态　069

第三章　一个外卖小哥的故事　073

第四章　一群外卖小哥的劳动纠纷　093

第五章　新就业形态的法律关系　115

第六章　如何保护新就业形态从业者　135

第三编　理解劳动就业　153

第七章　工业革命的产物　164

第八章　劳动力市场灵活化　179

第九章　劳动关系中的人　208
第十章　“去雇主化”背景下的雇主　222

第四编　劳动世界的未来　239
第十一章　自雇就业　242
第十二章　远程劳动　259
第十三章　零工就业　280
第十四章　情感劳动　296
第十五章　数字劳工　324
第十六章　AI 的挑战　352

参考文献　374

第一编　数字经济时代

这是最好的时代，这是最坏的时代。

1859 年，狄更斯在《双城记》的开头写下这句话。据我所知，这大概是最好的小说开头，160 年前的这句话可以开启一篇宏大叙事，今天同样。160 年前的英国是那时的世界工厂，“日不落帝国”坐拥全球最先进的技术和最广大的市场，自 18 世纪中叶开始的第一次工业革命已经完成，即将步入第二次工业革命。1866 年，德国人西门子制成了发电机；1879 年，德国人奥古斯塔·奥托发明了内燃机；1888 年，美国人尼古拉·特斯拉发明了电动机，电力取代了蒸汽机以更快的速度推动整个世界的进程。

如果穿越回那个时代，我们或许会发现与今日的某种相似。新经济的出现，是因为新技术的变革，而新经济也必然会带来新就业。19 世纪末的伦敦有 30 万匹马和数万名马车夫，但随着 1897 年伦敦出现第一条公共汽车线路，马车夫就逐渐退出了历史舞台。今天，红色双层公共汽车已经成为伦敦的标志之一。这样的情况在我们身边不断上演，曾经在上海的街头你很容易看到一些漂亮的书报亭，它们有一个统一的名字——东方书报亭。它们有统一的鲜艳夺目的红色外观，书报亭的顶部被精心设计成一本打开的图书的样式。20 世纪末出现的这些书报亭不仅丰富了城市的文化生活，也为上海解决了大量的就业，它的出现背景，是为了解决下岗再就业人员的“4050 工程”。曾经上海街头有 3000 多个这样的书报亭，解决了数千人的就业。但是，随着互联网技术的蓬勃发展，纸质媒体在短短几年内快速衰落，不少曾经发行量达到几十万份的报纸宣布停刊。在不足 20 年的时间里，这样一个新业态出现了，新就业出现了，却又匆匆消失了。

今天，新技术的发展速度前所未有，新就业形态的出现也风驰电掣。2008 年创立的饿了么外卖平台，经过 10 年的发展，已经覆盖全国 2000 多个城市。而随着这个新兴行业出现的外卖小哥，据不完全统计在中国的数量已经超过一千万人。2018 年 5 月，饿了么宣布获得无人机即时配送许可，将开始无人机送餐业务。那么，这个 10 年间发展到上千万规模的就业，将何去何从，是否面临新的挑战？

挑战无处不在。如果我们把人类社会的发展分为上半场和下半场的话，工业革命就是那个转折点的中场。技术对社会变革的影响越来越大。因此，当我们在本书中探讨新经济与新就业时，首先必须探讨新技术，那些已经出现并将深远影响未来的技术。而新就业将不可避免地成为新的挑战，让我们细说新技术、新经济、新就业、新挑战。

顺便告诉你，《双城记》的开头并不是一句话，而是一段话。“这是最好的时代，这是最坏的时代；这是智慧的时代，这是愚蠢的时代；这是信仰的时期，这是怀疑的时期；这是光明的季节，这是黑暗的季节；这是希望之春，这是失望之冬。人们面前有着各样事物，人们面前一无所有；人们正在直登天堂，人们正在直下地狱。”请允许笔者向狄更斯致敬，并重述这段文字，作为我们叙事的开始。

第一章　数字浪潮

一、“工业 4.0”

关于“工业 4.0”有许多相关概念，例如第三次信息产业浪潮、第四次工业革命、互联网工业，这些概念既有相关性，也存在一定的区别。在后文的论述中，我们将一一详解，以帮助读者更好地了解我们所处的时代。

一般认为，“工业 4.0”是德国政府提出的一系列战略。2013 年 4 月，在德国汉诺威召开的工业博览会，提出了十大未来项目，其中包括“工业 4.0”。德国将“工业 4.0”提升到国家战略的角度，由德国联邦教研部、联邦经济技术部、德国工程院及西门子公司等德国重要的科研机构及知名企业共同合作研究。

事实上，早在 2010 年德国政府发布的《德国 2020 高技术战略》报告中，就提出了“实施高科技战略”。该报告认为，未来全球面临五大挑战，包括：气候 / 能源、保健 / 营养、机动性、安全性和通信。这五大问题既是全人类面临的挑战，也是未来发展的机遇，德国政府希望科学界和工业界能够重点研究这些方向。在报告中，德国政府还具体针对五大挑战提出了十大未来项目，其中之一便是后来的“工业 4.0”。

既然将之命名为“工业 4.0”，显然对应的是“工业 1.0、工业 2.0、工业 3.0”。按照德国研究的观点，“工业 1.0、工业 2.0、工业 3.0”分别对应的是第一次工业革命、第二次工业革命和第三次工业革命。而每一次工业革命的标准都是一次技术的根本性变革，这些技术本身不仅具有划时代性，同时还将普遍地推动其他技术的发展。如果我们回溯到第一次工业革命，其标志是蒸汽机技术的发明及其广泛应用，如同今天我们说“互联网 +”一样，18 世纪下半叶的英国经历了一个“蒸汽机 +”的发展过程。“蒸汽机 + 车厢”，形成了蒸汽火车，从而极大地解决了运输问题；而“蒸汽机 + 纺织”，则不仅极大地提升了产能，也改变了世界棉花种植的版图，乃至世界的版图。因此，《全球通史》的作者斯塔夫里阿诺斯说：“蒸汽机的历史意义，无论怎样夸大也不为过。”

如果说自有人类以来社会经历了漫长的数千年后才迎来了第一次工业革命，那么第二次工业革命就来的快得多，而且每一次变革的间隔越来越短，技术推动着社会加速快跑。19 世纪 70 年代发生的第二次工业革命的标志性技术是“发电机”和“内燃机”，“电”至今影响着我们生活的方方面面。电灯、电话、电视、电冰箱…… 你一定还能说出许许多多“电”开头的词吧。而“内燃机 +”虽然不如“电 +”那么多，但是对当今社会的影响也不可小觑。“内燃机 + 车厢”，于是人类进入了汽车时代，马车作为交通工具的时代彻底退出历史舞台。

那么，第三次工业革命是什么呢，是信息技术，是新能源，是生物工程技术。计算机的广泛应用，对生产方式的改变是今天的各位读者都能直观感受到的。“计算机 + 我”，就是现在正在写稿的笔者的工作方式和生存状态，或许也是各位读者的日常。随着信息技术的发展，互联网将世界联系了起来。第三次工业革命开始于 20 世纪 50 年代，与今天正在发生的“工业 4.0”，相距 60 年。

“工业 4.0”，按照德国报告的定义是指实体物理世界与虚拟网络世界融合，形成一种高度灵活、个性化、数字化的产品与服务新生产模式。其主要内容概括为“一个核心”“两重战略”“三大集成”“四大主题”和“八项举措”。“一个核心”是指“智能 + 网络化”（见图 1），又可以细分为五个方面：“智能 + 生产”“智能 + 产品”“智能 + 装备”“智能 + 服务”“智能 + 管理”。

“两重战略”指领先的供应商战略和领先的市场战略。“三大集成”分别是关注产品的生产过程，在智能工厂内建成生产的纵向集成；关注全社会价值网络的实现，达成德国制造业的横向集成；信息共享以实现工程数字化集成。

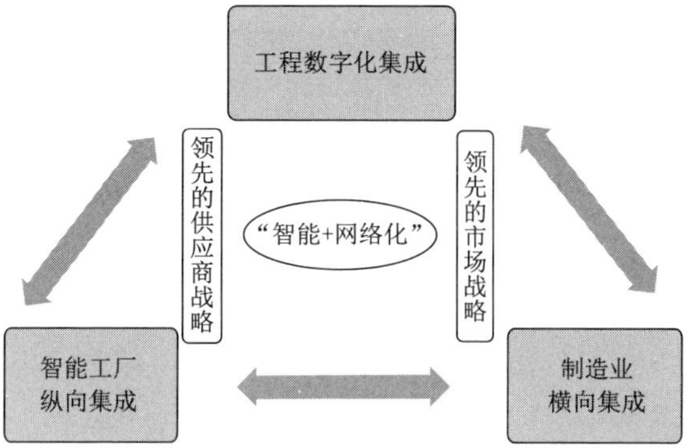

图 1　“智能 + 网络化”

如图 2 所示，“四大主题”是智能生产、智能工厂、智能物流、智能服务。“八项举措”包括：（1）实现技术标准化和开放标准的参考体系；（2）提供一套综合的工业宽带基础设施；（3）建立模型来管理复杂的系统；（4）健全规章制度；（5）建立安全保障机制；（6）注重培训和持续的职业发展；（7）创新工作的组织和设计方式；（8）提升资源效率。

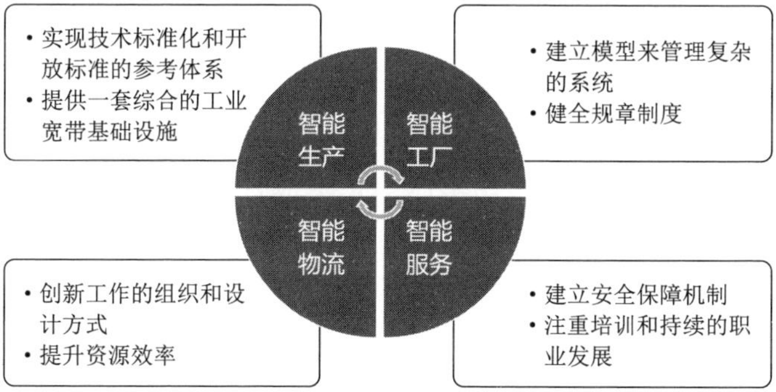

图 2　“四大主题”和“八项举措”

“工业 4.0”的目标是建立一个高度灵活的个性化和数字化的产品与服务生产模式。“工业 4.0”将对第一次工业革命中产生的大工厂进行全面改造。第一次工业革命终结了延绵几千年的小作坊生产方式，随着技术的变革出现了越来越多的大机器以及大工厂。第二次工业革命后，工厂的规模进一步扩大。流水线的出现，不仅极大提高了生产效率，也使得工厂规模进一步壮大。数以万计，乃至数以几十万计劳动者的工厂出现了，这样的生产规模在工业革命之前是无法想象的。在这一阶段，制造业获取利润的重要方式是追求规模效应，只有规模足够大、产量足够多，成本才能不断降低，并获得更多利润。然而，当计算机被广泛使用之后，也即第三次工业革命后，在智能化更多地应用于生产中，企业需要的不再是制造大规模标准化的产品，而逐渐可以转向个性化，更为精准地满足客户的需求。这样的制造业显然区别于以往。

“工业 4.0”的实现有赖于信息物理融合系统（Cyber Physical System）。信息物理融合系统通过人机交互接口实现和物理进程的交互，使用网络化空间以远程的、可靠的、实时的、安全的、协作的方式操控一个物理实体，是集成计算、通信与控制于一体的下一代智能系统。

说了这么多抽象的概念，让我们看一看作为“工业 4.0”提出者之一的德国知名企业西门子都做了什么。西门子的“工业 4.0”之路开始于一系列“买、买、买”的动作。早在 2007 年，西门子就收购了美国 UGS 公司，2008 年收购了德国的 Innotec 公司，此后又收购了 Vistagy、IBS、VRcontext、LMS、Camstar 等一大堆公司。这些公司均是软件公司，通过整合这些软件公司在各自领域的技术，西门子开始打造“数字化工厂”帝国。作为一个老牌“硬件”企业，西门子在过去 10 年买下的几乎都是软件公司，这一通买的结果是缔造了西门子今天“软”“硬”兼修的实力。在将一切数字化的路上，西门子推出了“Simatic IT MES 解决方案”“Active WorkSpace”等产品。在信息物理融合系统方面，西门子已形成闭环生态系统，未来凭借这些技术可以通过虚拟方式模拟工厂建设、基础建设，也可以帮助工程师在数字化空间维护检修设备，新制造业已初具雏形。

对了，西门子公司的创始人维尔纳·冯·西门子（Ernst Werner von Siemens）先生发明了发电机，从而开启了第二次工业革命。

技术不断迭代，社会加速变革。

英国当代著名历史学家霍布斯鲍姆在其“年代四部曲”的第一部《革命的年代：1789—1848》一书中提出了“双元革命论”，他认为英国的第一次工业革命和法国大革命，共同开启了现代社会。我不知道霍布斯鲍姆是否受了狄更斯的启发，毕竟这部出版于 1962 年的书比狄更斯的《双城记》晚了 100 年。这也是笔者在本书中向狄更斯致敬的原因，在那个历史的当下就敏锐地将英国的工业革命与法国大革命联系起来，如果不是偶然，那必是洞见世事的大家。

工业革命引发的不仅是生产效率的提升和生产方式的改变，也是对整体社会的改变。蒸汽纺织机出现后，传统手摇纺织机工人们曾发起过“砸碎机器”运动。这大概是历史上人类与机器的第一次正面冲突，这种冲突在工业社会从未消失直至今日。

新技术对社会的冲击远不只对劳动者，社会各阶层乃至世界各地无一不受其影响。1840 年后，新技术纺织的“洋布”穿越重洋成为西方列强打开中国市场的重要商品。笔者搜索到一首民国年间的童谣——《卖布谣》，其中唱道：“土布粗、洋布细。洋布便宜，财主欢喜。土布没人要，饿倒哥哥嫂嫂！”蒸汽纺织机不仅让英国的传统手摇纺织机工人没有了工作，也让中国的土布纺织者失去了生计。洋布既便宜又漂亮，让消费者无法抗拒，就如工业革命的力量谁也无法抗拒一样。

二、物联网

物联网，这个词显然与互联网有关，顾名思义，就是把所有“物”都联系起来的互联网。目前，这一概念一般被认为是麻省理工学院 Auto-ID 中心的 Ashton 教授在 1999 年研究 RFID 时最早提出来的。

2005 年 11 月 17 日，在突尼斯举行的信息社会世界峰会（WSIS）上，国际电信联盟（ITU）发布了《ITU 互联网报告

2005：物联网》，正式提出了物联网的概念。按照该报告的定义：物联网是通过智能传感器、射频识别（RFID）、激光扫描仪、全球定位系统（GPS）、遥感等信息传感设备及系统和其他基于物—物通信模式（M—M）的短距无限自组织网络，按照约定的协议，把任何物品与互联网连接起来，进行信息交换和通信，以实现智能化识别、定位、跟踪、监控和管理的一种巨大智能网络。

在物联网方面，我国较早给予了关注。2011年11月28日，我国工业和信息化部出台了《物联网“十二五”发展规划》，明确提出“物联网已成为当前世界新一轮经济和科技发展的战略制高点之一，发展物联网对于促进经济发展和社会进步具有重要的现实意义”。《物联网“十二五”发展规划》确定的发展目标包括：“到2015年，我国要在核心技术研发与产业化、关键标准研究与制定、产业链条建立与完善、重大应用示范与推广等方面取得显著成效，初步形成创新驱动、应用牵引、协同发展、安全可控的物联网发展格局”“在技术领域取得500项以上重要研究成果和研究制定200项以上国家和行业标准”“培育和发展10个产业聚集区，100家以上骨干企业”“在9个重点领域完成一批应用示范工程”。

此后，我国工业和信息化部电信研究院自2011年开始发布《物联网白皮书》。按照其《物联网白皮书（2011）》中的定义，物联网是通信网和互联网的拓展应用和网络延伸，它利用感知技术与智能装置对物理世界进行感知识别，通过网络传输互联，进行计算、处理和知识挖掘，实现人与物、物与物信息交互和无缝连接，达到对物理世界实时控制、精确管理和科学决策的目的。

从以上各方面对物联网的定义，我们可以发现，一方面，物联网的基础还是互联网，可以把其定义简化为“互联网＋物”。另一方面，物联网通过技术实现物与物之间的信息交换。传统互联网解决的主要是人与人之间信息交换的便利性，而物联网将物与物连接起来。连接物的主要技术包括：射频识别（RFID）、红外感应、全球定位系统、激光扫描等。

这听起来或许很玄幻，让物与物交流，实际这些情景已经发生在我们身边。如果在超市找一找，你很难找到没有条形码的商品。当你带着有条形码的商品来到结账口的时候，收银员是不是就扫一下条形码，而并不用输入商品名和价格？此时你已经身在物联网的世界了。想一想传统商店，商品的价格等信息都是由营业员识别的，而在今天的超市，识别的工作交给了机器。因此，有些超市已经出现顾客自行结账的收银台，你只需要自助扫入条形码并最终刷卡即可。如果你使用过这样的自助结账系统，你会发现只能刷卡而不能使用现金，因为这个系统已经与你连接了起来。

当然，条形码只是物联网里非常初级的形式。“一物一码”是物联网的基础，要实现“物物互联”路程还很远。物联网最基础的一步是识别，通过条形码、二维码等将物品信息储存其中，再使该信息可以被其他物体识别，将整个世界的物连接无疑是一个巨大的工程。创造一个物联网世界的意义，不仅仅是在商业或制造业领域，在诸如城市管理等方方面面，都有重要价值。

2009 年 1 月 28 日，时任美国总统奥巴马在与工商界领袖的“圆桌会议”中，IBM 首席执行官彭明盛提出了“智慧地球”的概念。此后，IBM 大中华区首席执行官钱大群在 2009 IBM 论坛上公布了名为“智慧地球”的解决方案。IBM 的“智慧地球”方案计划将感应器嵌入和装备到电网、铁路、桥梁、隧道、公路、建筑等各种设施中，再通过互联网将其连接起来，其本质是物联网在城市管理和基础建设方面的具体应用。

2009 年 8 月，时任国务院总理温家宝视察无锡时提出建立“感知中国”，这就是建设“中国式物联网”。此后，“感知中国”的概念作为国家五大新兴战略性产业之一被写入政府工作报告。

当然，我们今天更常听到的一个概念是“智慧城市”（Smart City）。目前，全球已启动或在建的智慧城市已达 1000 多个，2016 年到 2020 年期间，我国要培育 100 个新的智慧城市。2014 年 8 月 29 日，国家发改委等八部委印发《关于促进智慧城市健康发展的指导意见》，我国更多的城市将成为智慧城市。

三、大数据

今天，大数据这个词对大众来说已经并不陌生，你可能会在生活中看到各种各样的大数据，“大数据分析”“大数据导航”，甚至在网络文学里，有作者写出了“大数据修仙”。有人说，这是大数据的时代，而创新工场CEO李开复在他的新书《人工智能超级大国》中说：数据将成为新的“石油”，中国就是数据时代的“沙特”。

当然，大数据带来的也并不全是好的东西，“大数据杀熟”成为许多人在2018年学会的新概念。2018年的“3·15”消费者维权日中出现了一个新生事物——“大数据杀熟”。其实自2017年开始，就有不少网民通过微博等自媒体讲述自己被“杀熟”的经历。人们在微博“大数据杀熟”的标签下这样写道：专家称，对于互联网厂商的数据收集行为，普通用户几乎无法防范，除非你有N个账号并经常刷机，否则只能认栽。不愿轻易“认栽”的网友们，抨击的重灾区主要是机票、出行、旅游、移动、电信等巨型平台。有自媒体做了各种测试，发现仅仅是手机型号和系统的不同，在同一网约车平台上，输入相同的出发—到达地点，其预估价格可相差约10%。

面对人民群众的不满，人民日报发表了一系列文章：《人民日报谈“大数据杀熟”：看人下菜碟 已构成价格欺诈》《人民日报谈“大数据杀熟”：上网享便利 消费防算计》等。人民日报将“大数据杀熟”定性为“价格欺诈”不可谓不严厉，须知按照相关法律规定，“价格欺诈”最高可处50万元以下的罚款。

面对不满的消费者，各大平台的高管纷纷现身出来“辟谣”。2018年3月，网名@EricTsui的用户在微博发布消息称，使用“滴滴打车”时发现从相同的出发地到目的地，不同用户显示的价格不一样。当日晚间6时许，“滴滴出行”官方微博发出了CTO张博在企业内网的公开信截图，称“滴滴从未有过任何‘大数据杀熟’行为，以前没有，以后也不会有”。携程大住宿事业部CEO陈瑞亮面对采访时表示，很抱歉给网友造成对“大数据杀熟”的误解。他还进一步表示，“杀熟”现象在携程平台上绝不存在，未来也绝对不允许“杀熟”行为的发生。

面对“大数据杀熟”的新情况，新的法律法规已经出台。2019年1月1日起正式施行的《电子商务法》中规定，电子商务经营者应当全面、真实、准确、及时地披露商品或者服务信息，保障消费者的知情权和选择权。电子商务经营者不得以虚构交易、编造用户评价等方式进行虚假或者引人误解的商业宣传，欺骗、误导消费者。电子商务经营者根据消费者的兴趣爱好、消费习惯等特征向其提供商品或者服务的搜索结果的，应当同时向该消费者提供不针对其个人特征的选项，维护消费者合法权益。

尽管我们认为，对于“大数据杀熟”仅仅靠这一条法律规定肯定是不够的，未来还需要一个系统的法律规定来保护广大消费者的利益，但这仍然是一个好的开端，让大众更了解大数据，也通过法律的约束让新技术造福社会。

大数据作为一项重要的新技术，其初衷当然不是为了“杀熟”，出现这样的结果恐怕也是科学家始料不及的。大数据（Big Data），又称巨量资料（Mega Data）或者巨量数据集合，顾名思义就是海量数据的集成处理。本质上，大数据不是一项单独的新兴技术，而是多种技术集成作用的结果。

一方面，大数据有赖于数据存储技术的发展。尽管“Data”这个词在字典中被定义为“（储存在计算机中的）数据资料”并不太久，但数据在人类社会里其实无所不在。人类无法处理和利用这些数据的基础性原因在于存储技术，如果无法集合存储数据，加以处理也就无从谈起。各位读者可以回忆一下，就在21世纪初，大家还在使用3.5英寸软盘，一张四四方方、巴掌大小的软盘，其存储量也就1MB上下。然后，光盘出现，在许多街角出现了售卖光盘的小贩，从电影、电视到英语学习资料，一张普通DVD光盘的容量接近5个GB。也就是说，一张普通光盘的储存容量是一张3.5英寸软盘的5000倍，而一张蓝光光盘的储存容量可以达到25GB。

今天，普通U盘就有25GB，更不要说大型存储设备。举个例子，2017年天猫“双11”全天总交易额突破1682亿元，交易峰值为32.5万笔/秒，数据库处理峰值为4200万次/秒。这些海量的数据都被记录了下来，大家可以想象一下，仅仅是这一天将产生多么巨量的数据。

另一方面，有了数据还不够，还需要对数据进行处理的技术。大规模并行处理资料库、数据挖掘电网、分散式文件系统、分散式资料库、可扩展的存储系统等一系列技术，这些技术具体是什么，本书就不做介绍了，感兴趣的读者可以自行学习。但是，本书要说的是，技术并非大数据的本质，《大数据时代》一书的作者维克多·麦尔·肖伯格在书中写道："大数据的时代已经到来，要用大数据的思维去发掘大数据的潜力。"

肖伯格认为的"大数据思维"包括：（1）全部数据样本而不是抽样；（2）关注效率而不是精确度；（3）关注相关性而不是因果关系。与传统思维不同，大数据思维不局限于因果关系，并非找到原因并推论结果。在大数据思维里不需要找到原因，只需要找出某种现象，并用数据找到与这种现象相关联的结果。举个例子，如果某平台通过大数据发现你是一个园艺爱好者，那么它就可能在冬季向你推送郁金香球的销售广告。大数据建立的并不是你和郁金香球之间的因果关系，而是你与郁金香球之间的关联。这种思维方式与传统思维完全不同，是一种变革。

IBM 作为最早提出大数据概念的企业，将大数据的特征概括为 4V 模型：Volume、Variety、Value、Velocity，有译者将其概括为容量、多样、价值、高速（见图 3）。

Volume（容量）：大数据恰如其名，数据必须达到一定的量，一般认为至少是P（1000个T）、E（100万个T）或Z（10亿个T）；

Variety（多样）：数据应当是多种多样的，包含各种类型，如图片、文字、视频等；

Value（价值）：价值密度低，商业价值高；

Velocity（高速）：对数据的处理速度要快，Google每天要处理超过24千兆位元组的资料，Facebook每天处理500亿张的上传相片，如果在古代，这样的数据处理量不知要花多少年才能完成，而今天这些数据处理几乎在瞬间就可完成。

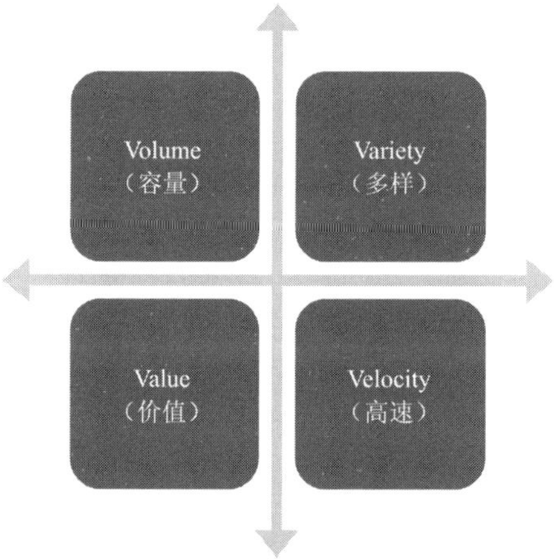

图3　大数据的4V模型

大数据在我们的生活中应用在哪里呢？举个例子，“双11”之后，“剁手”的“吃土群众”们就收到来自淘宝为大家制作的“用户画像”，各种标签被贴在你的身上，“健身狂人”“囤货小当家”“家有公主”“旅行家”……这一个个标签其实已经将你的消费习惯展示得一览无余。不仅这样，淘宝还能告诉你“所在区域剁手力排名”“我的剁手力区域排名”，还有“剁手金额排名”“剁手件数排名”“区域贡献排名”等。这是不是比你亲密的家人更了解你？

今天，大数据已经在商业领域被广泛应用，帮助企业分析客户，透过社交媒体找寻精准客户，了解客户的行为和喜好，分析客户行为模式，创建预测模型。利用从社交媒体数据、网络搜索趋势以及天气预报挖掘出的预测信息，使得零售商能够优化其库存。它帮助医生找到新的治疗方法，可以更好地理解病患状况以及预测其结果。它甚至可以帮助分析运动员的表现，用赛前的身体状况、心理状况及比赛过程中的天气状况、赛场周围环境来预测比赛结果。

大数据的出现带给我们看待世界的全新方式，笔者常常觉得这就像“上帝视角”。如同高清无人机拍摄带给我们的体验，从空中俯视我们熟悉的大地。那些你身边再熟悉不过的景物，一旦用无人机从空中拍摄，那画面还是会带给你极大的冲击。与你身在其中的观察不同，当你如同上帝一般从更高远、更广大的视角看待一个事物的时候，你对它的认识、理解和思考将上升到新的高度。

四、云计算

有一则网络笑话说：楚国有人坐船渡河时，不慎把剑掉入江中，他便用刀在船上刻下记号，说："这是我把剑掉下去的地方。"同船的人都非常不解，楚国人道："云标记。"当船靠岸停下时，他沿着记号跳入河中轻松地把剑捞了上来。旁边的人都很诧异。楚国人淡定地说："云查找。"各种各样的"云"悄悄地飘进我们的生活，甚至还有"云养猫""云养狗""云养娃"……

这到底是一朵什么样的"云"呢？

通说认为，"云"（Cloud）的概念最早是南加州大学的Ramnath K. Chellappa教授在1997年提出的。他认为，计算机不应再以技术局限作为界限，而应以经济合理性作为界限。为此他做了一个比喻，他把单个电脑比喻为"水蒸气"，而无数的电脑会集在一起就像无数"水蒸气"汇集在一起，就形成了"云"。

用专业的表述说，云计算是基于网络的一种运算方式。其出现的基础首先是20世纪80年代，台式计算机迅猛发展。大家应该都还记得那个"386""486"的年代，对20世纪90年代的中国家庭来说，台式机是继电视机后家里的新"大件家电"。一套今天看来十分笨重的设备，包括主机、显示器、键盘、鼠标等，在当时代表了科技和时髦。而动辄成千上万元的价格，也成为许多家庭咬一咬牙给孩子做的重大投资。在摩尔定律下，台式机的体积在快速地缩小、运算速度在飞速提高，笔记本电脑主导的时代迅速来临。从一家一台电脑到一人一本，也不过短短的20年时间。随着计算机设备的快速普及和对运算要求的不断提高，“云”的概念和解决方案终于产生了。

有一个例子常常被用来解释什么是云计算，时间回到第二次工业革命，人类进入电气时代。与蒸汽时代的分散锅炉不同，为了满足对电力的广泛需要，发电厂出现了。从系统运行的角度看，“云”就犹如发电厂，不需要每一个使用者都配备发电装置，而由专门的工厂发电，一般人只要连上电线使用电力即可。以互联网技术为基础，每一个使用者只需要有显示器，连入“云端”，就可以更便利和高效地使用。这类似于它把你家里的主机拿走了，把无数的主机并在一起，连入无数的显示器，大家一起用。

要实现云计算的构想，需要相应的技术。目前主要有“分布式计算”（Distributed Computing）和“网格计算”（Grid Computing）。所谓“分布式计算”，是指把大量需要计算的工作分割后，交给分散的、非集中的运算设备进行运算后，再将结果汇总。通过这样的技术就可以完成单一电脑无法完成的工作，而又不必制造出庞大的计算设备。

写到这里，让我们讲述一个有趣的事例，有一个成立于互联网的组织叫“伟大的因特网梅森素数搜索项目”（Great Internet

Mersenne Prime Search，GIMPS）。这是全世界第一个基于互联网的分布式计算项目，全世界的数学爱好者都可以用自己的电脑，使用 Prime95 或 MPrime 软件来寻找梅森素数。马丁·梅森，17 世纪的法国数学家，法兰西科学院的奠基人，提出了“2 的 n 次方减 1”的梅森素数。

自这个公式被提出后，数学爱好者们一直在不断寻找新的梅森素数，而越来越大的数字需要越来越强的运算能力。1996 年，美国数学家及程序设计师乔治·沃特曼编制了一个梅森素数计算程序，并把它放到互联网上向全世界免费开放，于是 GIMPS 项目应运而生。在“分布式计算”的支持下，这个覆盖世界各地的项目组，找到了越来越多的梅森素数。2018 年，日本出版了一本《2017 年最大的素数》，这本书足有 719 页，而它仅仅印了一个数字——“2^77，232，917-1”，这是迄今为止人类发现的最大素数，共计 23249425 位数。

这个超级无敌长的数字就是 GIMPS 的参与者——美国数学爱好者 Jonathan Pace 于 2017 年 12 月 26 日通过计算机找到的，被命名为“M77232917”（“M”代表梅森素数）。它是第 50 个梅森素数，也是迄今为止已知最大的素数。

所谓“网格计算”，是在“分布式计算”技术的基础上，通过网络对计算机、存储设备等加以整合，更好地利用现有全球设备的闲置资源，提高使用的效率和运算处理能力。可以说，“网格计算”是对“分布式计算”的优化解决方案。

为了撰写本书，笔者通过搜索引擎收集了大量资料，这个行为也是“云”技术的一部分。目前，云计算大约可以分为三个阶段：

第一，1997 年至 2006 年的提出阶段。在这一阶段，云计算的概念被提出后，经历了从一个概念到一项技术、一个体系的初步发展过程。分布式计算、并行计算、网格计算、虚拟化技术等逐步发展起来。

第二，2006 年至 2009 年的发展阶段。在这一阶段，云计算的价值逐渐引起大型高科技企业和互联网公司的重视，不少公司投入巨资开始这个领域的研发和布局。例如，说起亚马逊公司（Amazon），你的第一反应应该是全球最大的在线商品销售企业，公司市值全球第一，其创始人贝佐斯长期为世界首富。但你恐怕不知道，亚马逊也是一家全球领先的云计算公司。2006 年，亚马逊推出了亚马逊 AWS（Amazon Web Services），为各类企业提供专业的“云计算服务”。按照亚马逊云公司的介绍，AWS 服务具有低投入、高灵敏的特点。特别是中小企业在创业阶段可以有效减少前期的设备投入费用，而享有高质量、有保障的互联网技术服务。同时，购买即使用的服务模式，犹如开袋即食，企业减少了设备安装、调试等周期，可立即投入使用。

第三，2010 年至今的成熟阶段。随着云计算技术和市场的日趋成熟，这一技术已经融入社会生活的方方面面，向着纵深发展的趋势演进。

五、人工智能

（一）人工智能前传

似乎在开启人类新纪元的时候，总会出现一只苹果。伊甸园里的苹果，砸中牛顿的苹果，还有图灵咬下的那只毒苹果。

艾伦·麦席森·图灵（Alan Mathison Turing），今日公认的人工智能之父和计算机世界第一人。天纵奇才，却英年早逝。1912 年出生的他，年仅 23 岁就被剑桥大学国王学院选举为研究员，成为剑桥大学有史以来最年轻的研究员。

1936 年，图灵发表了划时代的重要论文《可计算数字及其在判断性问题中的应用》，提出了“图灵机”的概念，这就是计算机的起源。图灵希望制造一种机器模仿人类计算的方式，按照他的构想，用一根无限长的纸带、一个读写头、一套控制规则和一个状态寄存器组成一个运算机器。以今天人的眼光，看到这一套配置，你是不是马上想到你的台式机？主机、存储器、显示器、打印机……

由于图灵的研究成果，第二次世界大战期间，英国通信部找到了他，请他帮助破解德国的密码。在当时的欧洲战场上，德国除了有先进的武器装备外，还有一个秘密武器——恩尼格玛（Enigma）密码机。这是一套复杂的加密系统，至于有多复杂，感兴趣的读者可以自行检索。但有一点很清楚，这套当时世界最先进的密码成为盟军的巨大障碍。图灵和他的团队设计建造了一台称为 COLOSSUS 的设备，成功破译了德军的密码，他的成果也至少使欧洲的战事提前两年结束。图灵因此在 1946 年获得英国皇室颁发的“不列颠帝国勋章”。

战后，图灵继续在他的研究道路上奔跑。顺便说一句，图灵本人是一位长跑健将，其马拉松最好成绩接近世界纪录，足以参加奥运会。1948 年，图灵在曼彻斯特大学设计制造了电子计算机。1950 年，图灵发表了那篇著名的论文——《机器能思考吗？》。

在这篇划时代的论文中，图灵设计了“图灵测试”（Turning Test），简单来说就是一个人和一台机器对话，而人无法察觉自己在和机器对话。这就如同后来在互联网时代广泛流传的一句话，“在互联网上，你无法知道自己是否在和一条狗聊天”。如果机器达到了不被人发现的程度，就具备了“智能”。

1954 年 6 月 11 日，英国《每日邮报》以《床边的毒苹果》为标题报道了图灵的去世。一代天才，倏然离世，但其影响却是深远的。计算机领域的最高奖项被命名为“图灵奖”。据说，乔布斯正是为了纪念图灵，而将自己创立的公司命名为“苹果”。

（二）人工智能发展第一阶段

尽管图灵没有进一步去实现自己提出的理论，但人工智能的大门已经被推开。1956 年，美国达特茅斯大学举办了一个暑期研讨班，名字是“人工智能夏季研讨会”（Summer Research Project on Artificial Intelligence）。想出这个名字的是当时达特茅斯大学数学系的助理教授约翰·麦卡锡（John McCarthy）。这是人工智能（Artificial Intelligence，AI）第一次被正式提出来，因此后世普遍将约翰·麦卡锡作为人工智能概念的提出者。

说到约翰·麦卡锡，他与图灵还真有千丝万缕的联系。麦卡锡 1948 年到普林斯顿求学，其间认识了冯·诺伊曼教授，正是后者将他领入了人工智能的领域。要说冯·诺伊曼是谁，很多人恐怕只知道他是参与曼哈顿计划的科学家之一。事实上，他是 20 世纪最杰出的数学家之一和计算机的先驱，他提出的“冯·诺伊曼结构”至今仍在计算机领域广泛使用，成为计算机设计的基本原则，他因此被称为“计算机之父”。

图灵于 1938 年到美国普林斯顿大学攻读博士学位，他的才华得到了冯·诺伊曼教授的赏识，他曾想将图灵留在普林斯顿作为自己的助手，但图灵选择了回到英国。但两者都继续在这一领域开展自己的研究，与“图灵机”齐名的是“冯·诺伊曼机”。1945 年，冯·诺伊曼教授在世界上第一台计算机 ENIAC 的基础上，提出了自己的设计，一个全新的计算机结构 EDVAC

方案。其中，一个重要的创造是，他将 ENIAC 中采用的十进制运算法改为二进制运算法。没错，你熟悉的计算机的二进制就是他最早提出的。

说回达特茅斯大学的暑期研讨班，这个班当然不只是提出了人工智能的概念，还开启了人工智能的第一次研究热潮。这次会议主要包含 7 个方面的内容：（1）自动计算机；（2）编程语言；（3）神经网络；（4）计算规模的理论（theory of size of a calculation）；（5）自我改进（即机器学习的前身）；（6）抽象；（7）随机性和创见性。

从今天来看，1956 年夏天的达特茅斯是取得了巨大的成功的。参加会议的 10 个主要成员包括：发起人麦卡锡、数学家和神经学家明斯基、IBM 公司的郎彻斯特、贝尔实验室的数学家和信息学家香农、IBM 公司的莫尔和塞缪尔、MIT 的塞尔夫里奇和索洛蒙夫、纽厄尔和西蒙。这次会议开启了一个全新的领域，一个新的时代，人工智能进入了高速发展的第一阶段。

在 20 世纪 60 年代，德国科学家约瑟夫·魏泽堡主持编写了第一个人机对话程序，他将之命名为“Eliza”。今天当你拿出手机，问你的 SIRI 今天天气如何的时候，“Eliza”就是最早的原型。

随着一系列突破性成果的取得，科学家对人工智能充满了信心。西蒙认为：“20 年内，机器将可以做任何人做的工作。”明斯基表示：“再有一代人的时间，创建‘人工智能’的问题就基本解决了。”

但是，道路总是艰难险阻的，科学高峰的攀登没有一路坦途的时候。从 1966 年起，由于一些关键技术难以突破，人工智能进入了第一个停滞期。对人工智能的各种批判和反对的声音也越来越大。1971 年，剑桥大学数学家詹姆士受英国政府委托对人工智能所做的评估报告称：人工智能就算不是骗局，也是庸人自扰。

（三）人工智能发展第二阶段

人工智能的发展与计算机技术的发展始终相互关联。1980 年，卡内基梅隆大学为 DEC 公司研发设计了一套“XCON 专家系统”。这套“以知识为基础的专家系统（knowledge-based expert system）”是一套模拟专家解决问题的软件程序，它主要包括“知识库”和“推理机”。一方面，既然是“专家”就必须具备某一领域的大量知识，因此用计算机设备建一个“知识库”，这就好像大脑。另一方面，专家会基于知识和情况做出分析，这就需要“推理机”，就好像专家在思考。

“XCON 专家系统”在商业上产生了巨大价值，可以有效提高企业的管理效率，这就使得原本在学术研究中趋于寂静的人工智能领域再次兴起。如果说人工智能的第一阶段是让研究者看到了一个全新的研究领域，主要是学者的开拓性研究和提出一些理念的话；那么第二阶段的人工智能使企业看到了人工智能的巨大商业价值，越来越多的科技企业开始加大投入这个领域，企业成为推动人工智能发展的重要力量。

1997 年 5 月 11 日，一个标志性事件发生。IBM 公司的计算机系统“深蓝”（Deep Blue）战胜了国际象棋世界冠军卡斯帕罗夫，对大部分普通人来说第一次知道人工智能大概就是从这条轰动全球的新闻开始的。

“深蓝”是由美国 IBM 公司生产的一台超级国际象棋电脑，重 1270 公斤，有 32 个大脑（微处理器），每秒钟可以计算 2 亿步。但“深蓝”可以战胜国际象棋世界冠军并非仅仅依靠运算速度，其软件设计功不可没。其设计者是出生于中国台湾地区的许峰雄，他本科毕业于台湾大学，后赴美国卡内基梅隆大学深造。在全球这一领域最前沿的学府，许峰雄选择“机器博弈”为自己博士论文的研究主题，也就是让机器学会下棋。1985 年，许峰雄设计了可以计算棋路的“ChipTest”程序；1988 年，他在此基础上设计了“深思”，也就是“深蓝”的前身。后来的事情大家都知道，“深蓝”最终战胜了国际象棋世界冠军。

（四）人工智能发展第三阶段

2016 年 3 月 9 日，谷歌公司所属的 DeepMind 公司研发的 AlphaGo 围棋机器人与围棋世界冠军、职业九段棋手李世石开始对弈。这场在全世界围观下的棋局最终以 4 比 1 的总比分落下帷幕。尽管李世石在赛后说，这不是人类的失败而是他个人的失败，但这场比赛带给全人类的震撼还是久久无法平息。

与 IBM 的“深蓝”战胜国际象棋世界冠军不同，AlphaGo 围棋机器人的胜利让许多人感到恐惧。一些文章的作者迅速把这场对弈与许许多多的好莱坞科幻电影联系在了一起：人类社会会不会真的像《终结者》电影里描述的那样，人类制造出一个“天网”人工智能系统，然后这个越来越智能的系统开始产生自我意识，并最终屠杀全人类。而此时的人类面对自己发明的机器变成了“弱鸡”，毫无还击之力，人类社会走向灭亡。这些科幻电影中出现的场景，在 AlphaGo 的画面下唤醒了众多普通人的恐惧。

普通民众对人工智能更大的恐惧来自就业，也即本书将探讨的问题。2013 年，牛津大学的 Carl Benedikt Frey 和 Michael Osborne 教授发表了一篇影响广泛的论文 *The future of employment: How susceptible are jobs to computerisation?*，他们建立了一个数学模式，并以此测算了 702 种岗位可能被“自动化”替代的风险。按照他们的研究结果，美国 47% 的工人、日本 49% 的工人以及英国 35% 的工人将面临失业的风险。简而言之，就是大部分低技能劳动、体力劳动岗位将被“自动化”设备替代，如司机、收银员、柜员等，甚至会计都会被替代。

在这篇文章发布后，许多研究机构使用该模型对就业的未来趋势做出预测。于是，诸如“未来十大最可能消失的职业”之类的帖子开始流传在大家的手机里。《人类简史》的作者赫拉利更是预言，到 2030 年大部分人都将失业。这听起来真的很恐怖。真的会这么糟糕吗？笔者无法预言。

笔者希望在这本书里呈现给大家的是，其一，我们今天的技术发展到什么程度，也就是今天我们站在哪里。笔者作为一个文科生，这些年来越来越多读理科著作，对科技和生产力的理解是马克思开创的研究方法，今天仍然是我们理解世界的重要途径。其二，笔者将讲述那些正在出现的新型就业，历史上就业从来不是一成不变的。今天的木匠已经不会做榫卯结构，尽管从文化的角度这令人遗憾，但今天木匠的效率是从前的木匠无法企及的。比起对就业消失的恐惧，我们更需要深入了解新就业。

麦肯锡全球研究院（McKinsey Global Institute）说，人工智能正在促进社会发生转变，这种转变比工业革命发生的速度快 10 倍，规模大 300 倍，影响几乎大 3000 倍。世界正在以前所未有的速度改变，对中国来说这是“百年未有之变局”，更是“百年未有之机遇”。

2017 年 7 月 8 日，国务院印发了《新一代人工智能发展规划》，提出“抢抓人工智能发展的重大战略机遇，构筑我国人工智能发展的先发优势，加快建设创新型国家和世界科技强国”的宏伟目标。2018 年 3 月，国务院总理李克强在十三届全国人大一次会议作政府工作报告时表示，要加强新一代人工智能研发应用。3 月 5 日，李克强总理在报告中说：“做大做强新兴产业集群，实施大数据发展行动，加强新一代人工智能研发应用，在医疗、养老、教育、文化、体育等多领域推进‘互联网+’。发展智能产业，拓展智能生活。运用新技术、新业态、新模式，大力改造提升传统产业。”报告中四次提及“智能”，并特别指出要“加强新一代人工智能研发应用”“发展智能产业”。

18世纪中叶，乾隆年间的中国GDP位居世界第一，据学者估算约占全世界GDP总量的三分之一。但是，万里之外的英伦岛上发生了工业革命，英国从此跑在了铁路上，用军舰打开了中国的大门。

人类迄今已经发生的第一次工业革命、第二次工业革命和第三次工业革命都没有发生在中国，数百年来中国始终在奋发追赶的路上。对我们来说，这一场新技术的浪潮，是不是一次机遇？

第二章　数字经济

2018 年被业界称为“数字经济元年”，这标志着我国经济已经从互联网经济转向了数字经济。数字经济已经成为全球发展最快速的领域、创新最活跃的领域，以及推动社会进步最大的驱动力。

5G 技术、人工智能、工业互联网、区块链等这些日新月异的领域已经悄然而迅速地融入我们的生活。在这样的背景下，产业的数字化转型成为讨论的热点，也是必然的趋势。而随着经济形态的转型、产业形态的转型，就业形态的转型亦不可避免。我们对这个时代的理解，对这场变革的理解，需要从数字经济的元年开始。

一、数字经济的兴起

从时间轴看，中国确立发展数字经济始于 2016 年 9 月，杭州 G20 峰会共同通过了《二十国集团数字经济发展与合作倡议》，表达了世界各国共同发展数字经济的共识。我国已经明确将数字经济作为推动社会经济发展的新动能、新引擎。这是我国官方文件第一次使用数字经济的提法，也是全球首个由多国领导人共同签署的数字经济政策文件。

其后，2017 年 3 月 5 日，李克强总理在十二届全国人大五次会议开幕式上所作的政府工作报告中，提出将促进数字经济加快成长，让企业广泛受益、群众普遍受惠。这是数字经济首次被写入政府工作报告。

在两个月后召开的 2017 年“一带一路”国际合作高峰论坛开幕式上，国家主席习近平发表主旨演讲，称中国将加强与沿线各国在数字经济、人工智能、纳米技术、量子计算机等前沿领域合作，推动大数据、云计算、智慧城市建设，连接成 21 世纪的“数字丝绸之路”。

2018 年 9 月 18 日，国家发改委会同教育部、科技部、工信部、人社部等 20 余个部委共同出台了《关于发展数字经济稳定并扩大就业的指导意见》（发改就业〔2018〕1363 号）。这是我国首个针对数字经济时代如何促进经济发展、稳定扩大就业的纲领性文件。

从 2016 年首次公开提出数字经济的概念，到将发展数字经济纳入政府工作，并且将数字经济与“一带一路”结合建立 21 世纪“数字丝绸之路”，最终数字经济的发展与广大人民群众的稳定扩大就业紧密相连。从这一条线索中，我们既可以看见宏大的叙事，与人类命运共同体的相连；也能看见微观的影响，关乎普通人的就业；还能看见中观的力量，对未来社会的展望。

数字经济的影响是深远的，对中国来说发展数字经济的战略意义是巨大的，而理解数字经济包括理解数字经济中的就业，这也是本书的关注点。

数字经济的概念最早于20世纪90年代就有学者提出，斯坦福大学终身教授、加拿大商业策略大师唐·塔普斯科特（Don Tapscott）被尊为“数字经济之父”，他于1994年出版《数字经济》一书。该书翔实阐述了互联网的发展将对经济、社会产生怎样的影响，书中描绘的情景在今天看来已具有前瞻性。随着20世纪90年代万维网的发展，越来越多的传统产业开始数字化。在互联网发展的黄金十年中，一系列创业企业快速地从“独角兽”成为“巨无霸”。数字经济开始为各国所重视。

按照《二十国集团数字经济发展与合作倡议》中的定义，数字经济是指以使用数字化的知识和信息作为关键生产要素、以现代信息网络作为重要载体、以信息通信技术的有效使用作为效率提升和经济结构优化的重要推动力的一系列经济活动。

数字经济被认为是在农业经济、工业经济之后，又一新兴的经济形态。以往，第一产业部门主要是农、林、牧、副、渔等；第二产业部门主要是工业和建筑业等；第三产业部门主要是服务行业。对数字经济的认识则是从人类发展阶段看待数字经济，从人类早期以农业为主，在工业革命后进入工业发展阶段，到目前开始进入数字驱动和发展经济的社会。因此，数字经济被认为是一个颠覆式的发展模式。

为什么数字能够驱动经济发展？这还要从技术的发展演进说起。我们在前面一章为大家描绘的技术图谱，就是为了使大家能够理解在新的技术变革下经济会发展出什么样的质的改变。随着互联网、物联网、云计算等技术的迅猛发展，人类以往的知识和信息随之数字化。比如购物行为，千百年来买东西就要去集市、商店，所谓“东市买骏马，西市买鞍鞯，南市买辔头，北市买长鞭”，《木兰辞》里描述的购物行为是千古未变之事。但是，在今天，如若木兰要“愿为市鞍马，从此替爷征”，她就不再需要跑东市、西市、南市、北市，而是掏出手机，打开淘宝，一键下单，一站购物。在电商平台上，你所看到的商品信息就是数字化的商品信息，你获取商品信息的方式不再是亲手触摸它们、观察它们，而是通过图片、文字等来实现。当这些信息数字化之后，其好处是显而易见的，数据可以快速地传递、流动、传播。所以，在万能的淘宝，数以亿计的商品时时刻刻都在你唾手可得的距离。据网络媒体报道，淘宝的平台交易额从2006年的230亿元成长到2018年的4.82万亿元，这就是数字经济的魔力。

正是数字经济的高速发展，令其在各国经济中的比重不断增加，各国政府均开始高度重视对本国数字经济的鼓励和规划。日本通产省 1997 年就使用了数字经济一词；美国商务部自 1998 年至 2000 年分别发布了《浮现中的数字经济》(Ⅰ&Ⅱ）和《数字经济》的研究报告。此后，美国经济和统计管理局、国家电信和信息管理局、经济分析局等均针对数字经济发布了 10 余份研究报告。美国前副总统戈尔还提出了“数字地球”的概念。

那么，数字经济对世界经济的贡献有多大呢？美国波士顿咨询公司在 2012 年发表的《G20 国家互联网经济》一文中指出：2010 年 G20 国家的互联网经济占 GDP 的比重为 4.1%，到 2016 年将占 GDP 的 5.3%。[①] 而中国信息通信研究院政策与经济研究所所长鲁春丛表示，根据中国信息通信研究院测算，2017 年我国数字经济总量达到 27.2 万亿元，同比名义增长 20.3%，占 GDP 比重达到 32.9%。[②] 而据业界权威的国际数据公司（IDC）的研究报告，2016 年中国数字经济规模总量达 22.58 万亿元，跃居全球第二；到 2021 年，至少 50% 的全球 GDP 将会是数字化的，中国数字经济的比重将达到 55%。[③]

对创业者来说数字经济就像新的“淘金热”，而在政府眼中数字经济就像“金山”，各国竞相出台了数字经济产业政策。本书引用腾讯研究院学者闫德利整理的表格（见表 1）。

---

① 邬贺铨 . 发展数字经济建设网络强国 [J] . 领导决策信息，2017（5）.

② 陈静 . 数字经济对 GDP 的贡献率为 55% 构建数字经济恰逢其时 [J] . 经济日报，2018-05-17.

③ 吴敏 . IDC 国际数据公司：到 2021 年中国数字经济的比重将达到 55%[J] . 华夏时报，2017-11-13.

表 1 主要国家近年的数字经济战略[①]

国家/地区	时间	战略
美国	2015 年 11 月	数字经济议程
	2016 年 12 月	加强国家网络安全——促进数字经济的安全与发展
欧盟	2010 年 5 月	欧洲数字议程
	2015 年 5 月	数字单一市场战略
		产业数字化规划
英国	2009 年 6 月	数字英国
	2013 年 6 月	信息经济战略
	2015 年 2 月	英国 2015—2018 年数字经济战略
	2017 年 3 月	数字化战略
	2017 年 5 月	《数字经济法案》正式成为生效法律
德国	2010 年 11 月	数字德国 2015
	2014 年 8 月	数字议程（2014—2017）
	2016 年 3 月	数字战略 2025
法国	2008 年 10 月	2012 数字法国计划
	2011 年 12 月	数字法国 2020
	2013 年 2 月	数字化路线网
俄罗斯	2017 年 7 月	俄罗斯联邦数字经济规划
捷克	2013 年	Digital Czech Republic v. 2.0—The Way to the Digital Economy

① 闫德利 . 数字经济的由来 [J] . 中国信息化，2017（11）.

续　表

国家/地区	时　间	战　略
澳大利亚	2004 年 7 月	信息时代的机遇和挑战：2004—2006 年澳大利亚走向信息经济的战略框架
	2011 年 5 月	国家数字经济战略
	2016 年 10 月	澳大利亚数字经济升级
印度	2015 年 7 月	数字印度

通过表 1 不难发现，各国政府普遍给予数字经济高度重视，包括一些非发达国家也高度重视新经济带来的新机遇。

与少数发达国家 20 世纪 90 年代就重视数字经济相比，我国的起步还比较晚。我国直到 2016 年 G20 峰会上才开始正式提出数字经济的概念，此后这一概念在政府文件和媒体中才开始被广泛使用。

虽然我国数字经济的概念使用得较晚，但是从这一轮数字经济的发展看，中国的起步并不算太晚。中国工程院院士李国杰引用苏联经济学家康德拉季耶夫的研究成果，认为自 18 世纪 80 年代开始，资本主义国家经济发展经历了数次以 50—60 年为周期的长波，每一次长波分别与蒸汽机、电力、铁路等重大技术革命联系在一起。许多学者认同迄今人类社会已经历了 4 次长波，第五次长波从 20 世纪 90 年代开始，以网络和数字技术为主导。第五次长波可能只有 40 年左右。[①] 与历史上的蒸汽时

① 李国杰 . 数字经济引领创新发展 [N]. 人民日报，2016-12-16.

代、电气时代和铁路时代相比，在第五次长波中，我国几乎同步地参与其中，可以说是从一个世界科技的追赶者变身为参与者和创造者。

1994 年 4 月 20 日是中国互联网发展史上“开天辟地”的大日子，这一天中国全功能接入互联网（Internet）。从这一天开始，古老的中华民族步入了信息化的高速公路。几乎与世界同步，中国互联网的初创者开始发展起来，最早的三大门户网站新浪、搜狐、网易先后创立。比如，曾经的全球第一门户搜索网站雅虎成立于 1995 年 3 月。在雅虎的激励下，1995 年，搜狐的创始人张朝阳博士从美国麻省理工学院回国，并于次年创办了“爱特信信息技术有限公司”。其实，从雅虎和搜狐的名字，读者朋友们就可以看出端倪吧。

此后，互联网创业成为中国最热门的领域。1999 年，一个“马爸爸”在美丽的西湖边创办了阿里巴巴；同样是 1999 年，另一个“马爸爸”在南方创办了腾讯公司。今天我们的生活已经离不开的那些互联网元老企业几乎都诞生于那个阶段。

2000 年，互联网泡沫破灭对中国的互联网行业发展造成了一定影响，但总体来说，中国的互联网创业还是如火如荼，一大批企业茁壮发展成长。

2003 年，“淘宝网”正式上线，阿里巴巴公司从“B2B 模式”拓展到“C2C 平台”。如果说 2000 年前互联网企业主要发展了门户网站和搜索引擎等业态的话，2003 年后电子商务开始快速发展。在这一阶段，电子商务成为各类文件中引人注目的新概念。2005 年，国务院出台了《关于加快电子商务发展的若干意见》。2007 年 6 月 1 日，国家发改委和国务院信息办等部门正式发布《电子商务发展“十一五”规划》，明确提出“电子商务是网络化的新型经济活动，正以前所未有的速度迅猛发展，已经成为主要发达国家增强经济竞争实力，赢得全球资源配置优势的有效手段”。

2005 年被称为“中国博客元年”。这一年的 9 月 8 日，新浪博客正式公测，新浪成为中国第一家推出博客服务的门户网站。这一年腾讯旗下的 QQ 用户数量破亿，QQ 聊天越来越多地成为人们日常联络的方式。也正是从这一年起，“自媒体”开始强势崛起。传统纸质媒体的黄金十年衰落，媒体行业的巨变期拉开帷幕。在此后十年间，大批传统纸质媒体关闭。

2009 年 8 月 28 日，新浪微博正式上线公测。2011 年 1 月，腾讯公司推出了微信（WeChat）。这些深刻改变了我们的日常生活和行为，已经被我们习以为常的产品，其实出现的时间并不长。这些新经济模式的诞生与我国重视信息化技术和产业的发展密不可分。2014 年 2 月，中央网络安全和信息化领导小组成立，这一阶段我国的主要提法是“信息化”。

此外，2015 年李克强总理在政府工作报告中首次提出“互联网 +”行动计划，并将之上升为国家战略。2015 年 7 月，国务院发布的《关于积极推进“互联网 +”行动的指导意见》也使得“互联网 +”的概念引发社会追捧。“互联网 + 政务”“互联网 + 教育”“互联网 + 医疗”“互联网 + 零售”等一系列新型模式在我国如雨后春笋般涌现。

“信息化”“电子商务”“互联网 +”这些概念其实都可以看作我国数字经济的一部分，因此我国事实上发展数字经济并没有落后于人。从一个重要指标看，据中国互联网络信息中心的数据，2008 年 6 月，我国网民数量达 2.53 亿人，正式成为全球第一。到 2018 年 1 月，据中国互联网络信息中心第 41 次《中国互联网络发展统计报告》显示，我国网民数量达到 7.72 亿人，普及率达到 55.8%。同时，中国互联网络信息中心数据还显示，我国 2012 年底网民使用手机登录数量已经超过电脑。这背后与我国重视数字经济的国家战略，注重对信息工程基础建设的投入和大力发展信息技术科研密不可分。

按照《中国数字经济发展和就业白皮书（2017 年）》的观点，数字经济包括数字产业化和产业数字化两大部分。数字产业化是数字经济的基础部分，即信息产业，具体业态包括电子信息制造业、信息通信业、软件服务业等。而产业数字化，即使用部门因此而带来的产出增加和效率提升，也就是数字经济融合部分，包括传统产业由于应用数字技术所带来的生产数量和生产效率提升，其新增产出构成数字经济的重要组成部分。[①]

① 中国信息通信研究院 . 中国数字经济发展和就业白皮书（2017 年）[EB/OL]. http://www.cac.gov.cn/files/pdf/baipishu/shuzijingjifazhan.pdf，2018-12-01.

数字经济的构成如图 4 所示。

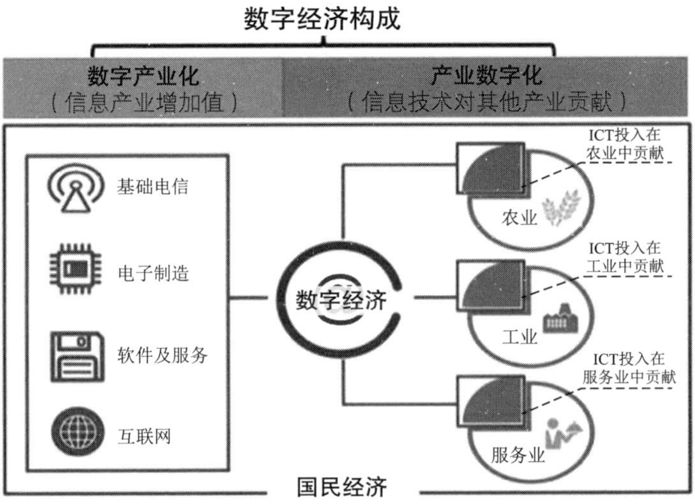

图 4 数字经济构成[①]

我国目前在数字产业化方面已经具备了一定的基础，也在继续加大投入和发展，如发展重要的 5G 技术。而在产业数字化方面，发展空间则更为广阔。一方面，数字经济加速向传统产业渗透，催生了我们后文会进一步详述的分享经济、平台经济；另一方面，传统产业数字化、网络化、智能化转型步伐加快，新技术带来的全要素效率提升。不仅是传统的制造业将发生数字化转型，农业和养殖业等也将发生数字化转型。数字经济时代，无论是新兴的产业，还是传统产业的数字化转型都将对就

① 中国信息通信研究院 . 中国数字经济发展和就业白皮书（2017 年）[EB/OL]. http://www.cac.gov.cn/files/pdf/baipishu/shuzijingjifazhan.pdf，2018-12-01.

业产生重大影响，我们在后文将加以详述。

二、互联网经济

通过上一节我们对数字经济的全面梳理，大家可以理解互联网经济是其中的一个部分。互联网经济是数字化的互联网技术与传统实体经济融合所形成的创新型经济形态。这一经济形态的出现，是基于我们前一章所述的各种新兴技术，如信息技术、物联网技术、云计算技术、大数据技术等。2016 年 10 月 9 日下午，中共中央政治局就实施“网络强国”战略进行第三十六次集体学习。习近平总书记在主持学习时强调，加快推进网络信息技术自主创新，加快数字经济对经济发展的推动。

习近平总书记对于互联网的发展一直非常重视，多次作出重要指示。2015 年 12 月 16 日，习近平总书记在乌镇视察“互联网之光”博览会时指出：“互联网是 20 世纪最伟大的发明之一，给人们的生产生活带来巨大变化，对很多领域的创新发展起到很强带动作用。”

我国互联网经济的发展可以分为“1.0 时代”和“2.0 时代”。所谓互联网经济的 1.0 主要包括电子商务、互联网金融（ITFIN）、即时通信、搜索引擎和网络游戏五大类型。而互联网经济的 2.0 则主要是我国政府目前大力推动的“互联网 +”的新业态。

2010 年 6 月，国务院新闻办就我国的互联网发展情况发布了《中国互联网状况》(白皮书)。这份报告第一次全面反映了我国互联网的发展情况，其核心内容见图 5。

网民规模	截至2009年底，中国网民人数达到3.84亿人，比1997年增长了618倍。互联网普及率超过世界平均水平。
电子商务规模	建立了电子商务系统的大型企业已超过50%，通过互联网寻找供应商的中小企业超过30%，通过互联网从事营销推广的中小企业达24%，中国网络购物用户已超过1亿人。
网络游戏规模	网络游戏、网络动漫、网络音乐、网络影视等产生并迅速崛起，大大增强了中国文化产生的总体实力。过去5年，中国网络广告市场始终保持约30%的年均增长速度，2009年市场规模达到200多亿元人民币。2009年，中国网络游戏市场规模为258亿元人民币，同比增长39.5%，居世界前列。
政府门户网站规模	截至2009年底，中国已建立政府门户网站4.5万多个，75个中央和国家机关、32个省级政府、333个地级市政府和80%以上的县级政府都建立了电子政务网站，提供便于人们工作和生活的各类在线服务。
搜索引擎使用规模	截至2009年，中国约有2.3亿人经常使用搜索引擎查询各类信息，约2.4亿人经常利用即时通信工具进行沟通交流，约4600万人利用互联网学习和接受教育，约3500万人利用互联网进行证券交易，约1500万人通过互联网求职，约1400万人通过互联网安排旅行。

图 5　中国互联网现状

资料来源:《中国互联网状况》(白皮书)[1]

从以上各个方面看，早在 2010 年，我国在互联网的部分领

① 中国国务院新闻办公室 .《中国互联网状况》白皮书 [EB/OL]. http://politics.people.com.cn/GB/1026/11813615.html，2018-12-30.

域已经处于世界前列，如网民规模，尽管这与我国庞大的人口基数有关，但也离不开我国长期在互联网基础设施建设方面的巨大投入。又比如电子商务，我国这一行业几乎与发达国家同步发展，时至今日在许多方面已处于领先地位。

按照2017年9月波士顿咨询公司（BCG）联合阿里研究院（AliResearch）、百度发展研究中心、滴滴政策研究院等共同发布的《中国互联网经济白皮书：解读中国互联网特色》的观点，我国目前的互联网经济具备三方面的特点（见图6）。

大而独特	中国7.1亿网民相当于印度和美国的总和，互联网程度深，eGDP高达6.9%，互联网巨头和“独角兽”在规模和数量上已与美国企业并肩世界前列。但中国互联网市场结构与美国相比又差异显著，电子商务和互联网金融占比明显较高，互联网用户更年轻、更草根、更移动以及更喜新厌旧。
快速发展	中国互联网增长速度全球第一，且仍然有较大增长潜力；中国互联网新应用和服务的普及速度快，诸多新兴应用在中国的渗透速度都远远超过了美国。比如，其移动支付规模已达美国的70倍。
活跃多变	中国互联网经济活跃度高，波动也较大。服务和应用变化节奏快，互联网行业风口现象更明显，高峰期企业数量更多。企业平均寿命更短，相应地，也更加容易造就一夜成名。

图6　中国互联网经济特征

资料来源：《中国互联网经济白皮书：解读中国互联网特色》[①]

① 波士顿咨询公司．中国互联网经济白皮书：解读中国互联网特色 [EB/OL]. https://www.useit.com.cn/thread-16484-1-1.html，2018-12-28.

在互联网经济1.0的基础上，2015年，李克强总理在政府工作报告中提出“制定‘互联网+’行动计划”。2015年7月，国务院发布《关于积极推进“互联网+”行动的指导意见》，将互联网经济推入2.0版本。《关于积极推进“互联网+”行动的指导意见》是我国提出“互联网+”概念后的一个纲领性文件，其中提出实施“互联网+”的重点领域包括11个方面（见图7）。

在提出“互联网+”行动指导意见后，我国进一步在相关领域出台细化文件，如2015年的《关于促进互联网金融健康发展的指导意见》、2017年的《国务院关于深化“互联网+先进制造业”发展工业互联网的指导意见》等。

在发展互联网经济的过程中，我国不仅注重出台一系列国家政策，加大政策力度扶植新型经济，还出台了一系列法律法规为新经济保驾护航。2016年11月，《中华人民共和国网络安全法》（以下简称《网络安全法》）由第十二届全国人民代表大会常务委员会审议通过，这是我国制定出台的首部网络安全领域的法律。

在发展互联网的同时，我国逐渐认识到网络安全的重大隐患。在这一问题上，习近平总书记多次做出指示。2016年4月，习近平总书记在首次全国网络安全和信息化工作座谈会上提出：要树立正确的网络安全观，加快构建关键信息基础设施安全保障体系，全天候全方位感知网络安全态势，增强网络安全

“互联网+”创业创新	1.强化创业创新支撑。 2.积极发展众创空间。 3.发展开放式创新。
“互联网+”协同制造	1.大力发展智能制造。 2.发展大规模个性化定制。 3.提升网络化协同制造水平。 4.加速制造业服务化转型。
“互联网+”现代农业	1.构建新型农业生产经营体系。 2.发展精准化生产方式。 3.提升网络化服务水平。 4.完善农副产品质量安全追溯体系。
“互联网+”智慧能源	1.推进能源生产智能化。 2.建设分布式能源网络。 3.探索能源消费新模式。 4.发展基于电网的通信设施和新型业务。
“互联网+”普惠金融	1.探索推进互联网金融云服务平台建设。 2.鼓励金融机构利用互联网拓宽服务覆盖面。 3.积极拓展互联网金融服务创新的深度和广度。
“互联网+”益民服务	1.创新政府网络化管理和服务。 2.发展便民服务新业态。 3.推广在线医疗卫生新模式。 4.促进智慧健康养老产业发展。 5.探索新型教育服务供给方式。
“互联网+”高效物流	1.构建物流信息共享互通体系。 2.建设深度感知智能仓储系统。 3.完善智能物流配送调配体系。
“互联网+”电子商务	1.积极发展农村电子商务。 2.大力发展行业电子商务。 3.推动电子商务应用创新。 4.加强电子商务国际合作。
“互联网+”便捷交通	1.提升交通运输服务品质。 2.推进交通运输资源在线集成。 3.增强交通运输科学治理能力。
“互联网+”绿色生态	1.加强资源环境动态监测。 2.大力发展智慧环保。 3.完善废旧资源回收利用体系。 4.建立废弃物在线交易系统。
“互联网+”人工智能	1.培育发展人工智能新兴产业。 2.推进重点领域智能产品创新。 3.提升终端产品智能化水平。

图 7 “互联网 +”的重点领域

防御能力和威慑能力。2018 年 4 月，习近平总书记再次在全国网络安全和信息化工作会议上重点提出，没有网络安全就没有国家安全，就没有经济社会稳定运行，广大人民群众利益也难以得到保障。要充分树立网络安全意识，筑牢国家网络安全屏障，推进网络强国建设。

进入 21 世纪，我国既重视互联网的发展，也高度重视相关法律、法规、制度的建设和完善。2000 年 9 月 20 日，国务院出台了《互联网信息服务管理办法》，就在 5 天之后，国务院又出台了《中华人民共和国电信条例》。到当年的 12 月，第九届全国人民代表大会通过了《全国人民代表大会常务委员会关于维护互联网安全的决定》。在我国相关立法还不具备制定条件的情况下，全国人大首先从保障互联网的运行安全，维护国家安全和社会稳定，维护社会主义市场经济秩序和社会管理秩序，保护个人、法人和其他组织的人身、财产等合法权利等方面明确了哪些行为将被依法追究刑事责任。

《网络安全法》确立了三个基本原则，包括网络空间主权原则、网络安全与信息化发展并重原则、共同治理原则。重点对网民的个人隐私做出了保护，任何个人和组织不得窃取或者以其他非法方式获取个人信息，不得非法出售或者非法向他人提供个人信息。个人如果发现网络运营者非法收集、使用其个人信息的，有权要求网络运营者删除，网络运营者应当加强对其用户发布的信息的管理。

《网络安全法》还首次对“关键信息基础设施”做出了界定，包括：基础信息网络、重要行业和公共服务领域的重要信息系统、电子政务、国家安全网络和用户数量众多的网络服务商系统五大类。明确了对关键信息基础设施建设的“三同步原则”，即“同步规划、同步建设、同步使用”。提出了“网络安全审查制度”，此后国家网信办还出台了《网络产品和服务安全审查办法（试行）》。

更为各位读者所知的恐怕是2019年1月1日起开始施行的《电子商务法》。随着电子商务产业在我国的快速发展，电子商务领域的问题逐渐暴露出来，如我们在前一章中提及的“大数据杀熟”。鉴于这一法规与普通老百姓的关系密切，本书在此也略加赘言。

按照《电子商务法》对电子商务的定义，电子商务指通过互联网等信息网络销售商品或者提供服务的经营活动，其最大的特点就是实现的途径是信息网络，即各类通过以互联网信息技术为载体的商业行为都包含在内。例如，近年来在大家身边爆发式生长的“微商”，这一行为在以往的法律定性并不清楚，而一旦发生纠纷，消费者的权益如何保护成为盲区，但是按照《电子商务法》的规定，“微商”属于电子商务，也要承担相应的义务。按照该法，只有明确规定的“金融类产品和服务、利用信息网络提供的新闻信息、音视频节目、出版以及文化产品等内容方面的服务”不属于电子商务。

同时，对于“大数据杀熟”,《电子商务法》规定，电子商务经营者根据消费者的兴趣爱好、消费习惯等特征向其提供商品或者服务的搜索结果的，应当同时向该消费者提供不针对其个人特征的选项，尊重和平等保护消费者合法权益。这是我国首次针对新兴的电子商务行为做出的法律规定，进一步拓展了消费者的知情权、选择权和公平交易权。

还有平台押金退还问题，各位读者可能都知道某共享自行车退押金的事件。在笔者撰写本书时，在其平台上申请退还押金的人数已经超过1000万人，而1000万人的规模比地球上一大半国家的本国人口数量还多。据媒体报道，该平台每天只能退还约8000人的押金，以每人199元为标准，则1000万人意味着该平台至少收取了20亿元人民币的押金。这从一个侧面反映出我国互联网经济的规模，以及有待法律约束的迫切性。按照《电子商务法》的规定，电子商务经营者按照约定向消费者收取押金的，应当明示押金退还的方式、程序，不得对押金退还设置不合理条件。消费者申请退还押金，符合押金退还条件的，电子商务经营者应当及时退还。

此外，对于许多商旅平台销售火车票、机票时的搭售问题；在一些电子商务平台上“自售”“他售”让消费者傻傻分不清的问题；信息发布平台虚假消息满天飞的问题等新情况,《电子商务法》均首次做出规定。

当然，作为我国第一部对电子商务行业全面规范的法律，

《电子商务法》也存在一些不足之处。比如，对押金不及时退还的处罚，首先是有关主管部门责令限期改正并可处五万元以上二十万元以下的罚款，情节严重的处二十万元以上五十万元以下的罚款。从某共享自行车平台的押金情况看，其押金总额可能高达数十亿元，而仅仅处以几十万元的罚金，处罚力度显然不够。相信随着新法的执行，其中的问题也会逐步得到解决。

三、分享经济

分享经济（Sharing Economy）这一概念来自 1984 年美国麻省理工学院教授马丁·威茨曼出版的《分享经济》一书。然而其内涵与我们今天广泛使用的这一概念有一定区别。威茨曼教授认为资本主义经济可以分为工资经济和分享经济，分享经济是指工人和资本家一样参与企业利润的分享，参与剩余价值的分配，分享经济的薪酬制度能够自动地促使企业多雇佣工人。[①]这一概念在互联网背景下，重新被发掘和重视。在当下的语境中，我们使用的这一概念主要是指将社会海量、分散、闲置的资源，平台化、协同化地集聚、复用与供需匹配，从而实现经济与社会价值创新的新形态。分享经济强调的两个核心理念是“使用而不占有”（Access over Ownership）和“不使用即浪费”

① 孙迎联 . 中西比较视野中的分享经济理论 [J] . 南京理工大学学报（社会科学版），2007（12）.

（Value Unused is Waste）。[①]分享经济的主旨是要整合分散化的闲置资源，在全社会的环境中进行再配置，直接连接供需，减少浪费、实现资源利用最大化，满足多样需求，适应了信息社会的发展。[②]本文在撰写中使用的分享经济这一概念乃是后一种定义。

同时，目前与分享经济有一个较为类似的概念——共享经济。从笔者的检索看，这一个概念也并无通说，有学者认为是指去中介化和再中介化的过程，共享经济借助网络等第三方平台，将供给方闲置资源使用权暂时性转移，实现生产要素的社会化，通过提高存量资产的使用效率为需求方创造价值，促进社会经济的可持续发展。[③]或是个人或组织通过信息技术平台交易使用权，实现闲置资源社会化再利用的经济现象。[④]还有学者认为，借用互联网络平台、以共享使用权为目的的消费模式，当这种消费模式成为一种商业模式并推动社会经济的发展时，便可称为共享经济。[⑤]有学者概括为，以信息技术为纽带实现使用权共享，其核心是协同共享、合作消费。[⑥]中国社科院新闻与

---

① 张晓峰．滴滴：分享经济改变中国 [M]. 北京：人民邮电出版社，2016.

② 纪雯雯，赖德胜．网络平台就业对劳动关系的影响研究与实践分析 [J]. 中国劳动关系学院学报，2016（4）.

③ 郑志来．共享经济的成因、内涵与商业模式研究 [J]. 现代经济探讨，2016（3）.

④ 陈新明，冯骁，宋鹏．共享经济述评及展望 [J]. 第十一届（2016）中国管理学年会论文集，2016.

⑤ 董成惠．共享经济：理论与现实 [J]. 广东财经大学学报，2016（5）.

⑥ 汤天波，吴晓隽．共享经济："互联网 +"下的颠覆性经济模式 [J]. 科技发展，2015（12）.

传播研究所所长唐绪军研究员认为，共享经济和分享经济的相同之处在于，它们都是借助共享和分享平台让人们共同使用资源以实现资源的有效利用和分配。这种经济形式不但能够惠及普通人的生活，还有助于推动社会的绿色发展。①

从概念看，两者基本类同，都是指依托互联网技术的协同消费经济模式。鉴于部分政府文件采用了分享经济的概念，如2017年7月，国家发改委、中央网信办、工业和信息化部等八部门联合印发了《关于促进分享经济发展的指导性意见》。本文也主要使用这一概念。

分享经济可以被认为是互联网经济中的一个部分，目前主要的分享经济业态都依托于互联网技术。有人提出分享的本质与传统的租赁行为并无不同，这样说或许也没有错。例如，典型的分享经济企业Airbnb（爱彼迎），将自己的住房、单个房间甚至是沙发租赁给旅游者，确实也是租赁行为。但爱彼迎不同于传统业态的地方在于，这些分享和租赁行为都是基于互联网平台的。依托于互联网技术，一个人可以远在千里之外租赁另一个城市的一个沙发居住一晚，因此这种租赁行为与传统模式就有了本质区别。

互联网技术极大地提高了信息对接的效率，按照经济学的观点，市场行为离不开需求和供给的有效对接。经济学中有一个小领域叫信息经济学，专门研究信息对市场交易行为的作用。

① 蒋齐光．共享经济抢眼　人工智能吸睛[N]. 人民日报，2017-07-13.

经济学早期重点研究了“需求—供给”的关系，但是后来发现信息也很重要，市场上大量存在着需求和供给，但是他们互相没有信息去连接，从而无法达成交易。这就好比有很多想要结婚的男性和女性，但是他们互相不认识对方，这个时候就需要红娘的帮助，而信息就相当于这个角色。互联网提供了信息发布的一个重要渠道，并且既高效又价格低廉，这就为分享经济的出现提供了基础。正是基于此，我们认为分享经济并不同于传统的租赁经济。

2010 年 9 月，出版了《我的就是你的：协同消费的兴起》一书的作家雷切尔·博茨曼（Rachel Botsman）女士虽然使用了协同消费（collaborative consumption）的概念，但其本人也不否认与分享经济基本是相同含义。博茨曼女士认为，分享经济包括三种主要形式：产品服务系统（product service systems）、再分配市场（redistribution markets）、协同生活方式（collaborative lifestyles）。比如，爱彼迎和优步等我们熟悉的企业属于产品服务系统，而将自己的二手物品通过网络交易则属于再分配市场，此外诸如办公空间共享等形式就是协同生活方式。

对于我国分享经济的发展情况，较为官方的是国家信息中心信息化研究部和中国互联网协会分享经济工作委员会联合发布的《中国分享经济发展报告（2016）》，本书主要采纳该报告中的部分数据和观点加以介绍。

该报告认为，我国分享经济具有六大特征，相关内容见图 8。

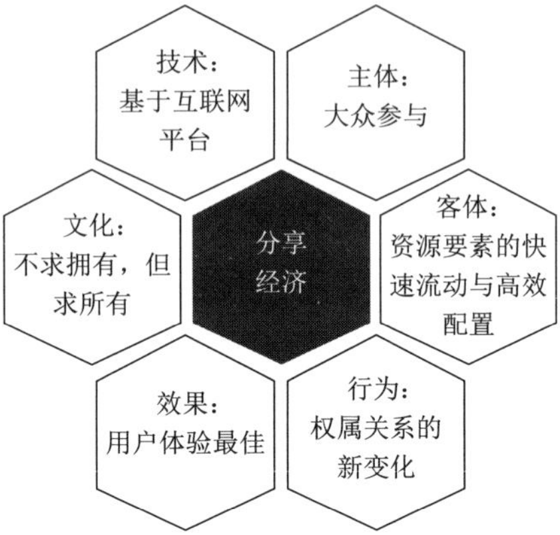

图8　分享经济的六大特征[①]

同时，我国的分享经济按照分享对象又可以分为六个大类，相关内容见图9。

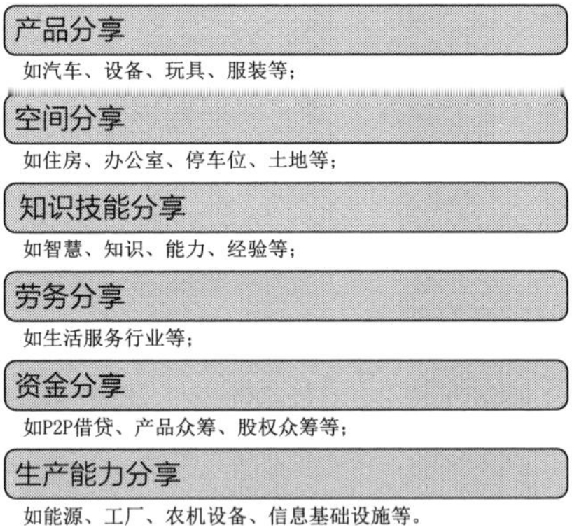

图9　分享经济六大类型

① 国家信息中心信息化研究部等 . 中国分享经济发展报告（2016）[R]. http://www.sic.gov.cn/archiver/SIC/UpFile/Files/Htmleditor/201602/20160229121154612.pdf，2018-12-21.

四、平台经济

2019 年 7 月，李克强总理主持召开国务院常务会议，首次明确支持平台经济健康发展。会议指出，互联网平台经济是生产力新的组织方式，是经济发展新动能，对优化资源配置、促进跨界融通发展和“双创”、推动产业升级、拓展消费市场，尤其是增加就业都有重要作用。会议强调要优化互联网平台经济发展环境，并提出了 2019 年建成全国统一的电子证照共享系统和电子发票公共服务平台等具体目标。

近年来，平台经济的概念也开始出现在官方文件中，本书的观点认为，平台经济是互联网经济中的一个部分。它与分享经济有很大关联度，但又不是一个近似的概念，也不能将其归为分享经济的一个组成部分。平台经济更为强调的是一种组织形态——“平台”，这既是传统经济形态中所未曾出现过的，也是未来可能具有广阔前景的。

2018 年，平台经济首次被写入我国政府工作报告。报告中提出，在促进“大众创业、万众创新”上水平中，要发展平台经济。我国较早提出发展平台经济的是长三角地区。2014 年，上海市商务委员会出台了《关于上海加快推动平台经济发展的指导意见》；2017 年，上海市人民政府办公厅又出台了《关于加快推进本市“四新”经济发展的指导意见》。此外，江苏省也于

2015年颁布了《江苏省政府关于加快互联网平台经济发展的指导意见》。

从对平台经济的定义看，上海的表述略微复杂。按照上海市商务委员会《关于上海加快推动平台经济发展的指导意见》的规定：由互联网、云计算等现代信息技术催生的平台经济是一种新型经济形态，以满足多元化需求为主旨，有益于产业链的整合升级、价值链的汇通贯穿，从而达到提高市场配置资源的目的。而《江苏省政府关于加快互联网平台经济发展的指导意见》的表述更为简洁明了，“互联网平台经济是基于互联网、云计算等新一代信息技术的新型经济形态”，突出了平台经济的新业态属性。一般认为，平台经济的出现早于分享经济，第一代的互联网门户网站企业就属于平台企业，也可以认为是平台经济。平台企业是平台经济的主体，也是其重要特征。我国的平台企业可以分为三个阶段：

第一阶段：20世纪90年代兴起的互联网门户平台企业，以新浪、搜狐、百度、网易等为代表；

第二阶段：21世纪初兴起的互联网电子商务平台企业，以淘宝、京东、当当等为代表；

第三阶段：近年来快速兴起的互联网服务平台企业，以滴滴、e代驾、饿了么等为代表。

从经济学的角度看，平台经济的本质是“双边市场”，这也是平台企业区别于普通企业的主要特点。平台企业也是企业，从工商登记看，我们上面提及的门户平台企业也好，电子商务平台企业也好，都是有限责任公司或是股份有限公司。那么，为什么我们要把平台经济视为一种新型的经济形态呢？

2014 年诺贝尔经济学奖得主、法国经济学家梯若尔在 2003 年出版了一本合著《双边市场中的平台竞争》。该书运用信息经济学模型分析，认为平台经济中存在“双边市场”，而传统经济中只存在“单边市场”。

所谓“双边市场”（Two-Sided Market），并不是经济学中的一个新概念。根据 Rochet 和 Tirole（2004）的定义，双边市场就是交易量受价格结构影响的交易平台。[①] 尽管学者 Rochet 和 Tirole 对双边市场的定义是学界最常使用的，也即学界通说，但是笔者猜这个定义大部分读者应该看不懂说的是什么意思。笔者用大白话给大家解释一下，双边市场就是同时服务于两个市场。对一个企业来说，两边都是它要服务的客户。

“双边市场”是相对于“单边市场”而言的，传统的企业就是一个“单边市场”。传统企业只服务于一边的客户，举个例子更加形象地来说，传统的百货公司，消费者是其唯一的客户和服务对象。而电子商务平台就不同了，购物者是它的服务对象，在电子商务平台上开店铺的小业主也是它的服务对象。因此，传统企业被认为是“单边市场”，而平台企业则面对“双边

① 张晓媛，曹年更 . 双边市场理论——平台经济的研究综述 [J]. 山东行政学院学报，2013（2）.

市场”。

在达特茅斯大学工程学教授杰奥夫雷 G. 帕克（Geoffrey G.Parker）等人出版的《平台革命》一书中，将传统企业形象地称为“管道”。传统企业采购原料、市场加工、销售产品，这个流程是“线性模式”，就好像一个“管道”。而平台就不同了，它是“网络模式”的，因为有两端市场的存在，具有更多的可能性。

通过这个理论的分析，我们就可以更好地理解平台经济。比如，为什么优步公司（Uber）与传统的出租车公司不同。一家传统的出租车公司需要购买车辆、雇佣司机形成产品销售给客户，一家传统的出租车公司不需要一开始就追求规模，甚至有些早期的出租车企业是从几辆车乃至一辆车开始的。但作为平台企业的优步就不同了。在企业初创时，平台企业不需要对汽车等重资产进行投资，但却需要花大量资金投资在“补贴”上。各位读者可能还记得，在滴滴刚刚上线时给乘客提供了许多“红包”以吸引人们使用平台，与此同时为了吸引更多的司机，也给他们提供了大量“补贴”。马化腾曾在一次演讲中说，滴滴在与快的大战的时候每天烧钱 4000 万元。这其中固然有两家企业竞争市场的因素，但两家企业都不约而同地大量补贴乘客和司机的做法，则是由平台经济的本质决定的。

平台经济需要“网络效应”，通过快速将两个市场培育起来，达到一定规模后，网络效应就产生了。乘客发现在这个平台上司机很多，叫车很方便、很便捷，乘客就会越来越高频地使用这个平台。而乘客的增加使得司机也感觉到，在这个平台上乘客很多，很容易抢到单子挣到钱，因此加入的司机也会越来越多。于是平台企业就这样诞生了。

按照《平台革命》一书作者的观点，平台经济的颠覆性包括三个方面：对价值创造的颠覆、价值消费颠覆以及质量控制的影响。学者 Andrei Hagiu 重点研究了平台对价值创造的颠覆。Andrei Hagiu（2007）认为，传统企业的盈利模式是：对产品或服务完全控制，通过买入与卖出，靠转卖得到差价获利。而平台企业仅提供卖方与买方桥梁（平台），不对其产品或服务完全控制，交易是否实现依赖于卖方与买方的共同意愿，平台型企业从两者交易中获取的是平台管理、服务、推广等收入。

我们还是以网约车平台为例，乘客打车后付钱给司机，感觉上好像平台并没有挣到钱。而通常出租车行业的盈利模式则很清晰，出租车司机每月都要向公司缴纳“份子钱”。其实，网约车平台可以通过广告获得收入，不仅平台上众多车辆可以提供广告收入，司机与乘客下载的 App 也可以成为广告投放处。平台企业还可以获得金融收益，乘客们可能想不到，你付给司机的车费并不会马上到司机的账上，司机们每周都有一天“提现日”，也即这部分资金会在平台的账上停留数日，当然如果司机自己不提取的话会停留更久。这部分资金对企业来说就会产出收益。各位读者可能会觉得这能有多大收益呀，大家不要小看，对一家每日订单数超过千万元的企业来说，每日营收额都在数亿元，因此其资金收益也会非常可观。

五、零工经济

零工经济（Gig Economy），这是近年来随着互联网发展而产生的“网红”概念。《零工经济》一书的作者黛安娜·马尔卡希认为，零工经济并不是什么新鲜事物，自从有工作以来零工就一直存在。她的这一观点，与李克强总理不谋而合。2018 年 8 月，在国务院常务会议中，李克强总理谈到零工经济时提到，我国改革开放初期也存在零工市场。

如果把零工经济换成“打零工”，似乎瞬间就没有了高大上的光环。打零工在我们的生活里本来就常见，家里装修需要泥瓦匠，雇佣一个人按天计算工钱。在广大的农村，农闲季节的各种短期打工者人数众多。在半失业人群中，打零工占到主要部分。从国际数据看，据国际劳工组织《世界就业与社会前景（2019）》（*World Employment and Social Outlook*）的数据，目前全球非正式雇佣就业人群约为 20 亿人，占全球劳工比例高达 61%。[①] 而非正式雇佣的非全日制就业、独立合同工（我国劳动法中没有的概念，类似独立承包人）、自由职业者等都属于零工

① 国际劳工组织 . 世界就业与社会前景 [N]. https://www.ilo.org/global/research/global-reports/weso/2019/lang--en/index.htm，2019-02-28.

经济的范围。

既然打零工不是什么新鲜事物，零工经济为什么会成为“网红”，还变成了一种经济形态呢？这就需要回到技术层面，互联网的发展改变了信息传输的效率与信息传播的方式。一则传统的招聘广告如果贴在公告栏里，看到的人可能只有几十个。而如果招聘广告发布在报纸上，就可能有数千人看到。但在互联网背景下，一则招聘广告可能被数万人看到，甚至可以被推送到需要的人手中。分享经济的产生也正基于此，一个人的闲置物资只有在互联网信息技术的背景下，才能实现有效分享。零工经济可以被看作个人对自己闲置劳动力的分享，而千万个分享自己劳动力的人通过平台就构成了双边市场，从而可以有效匹配。

因此，单个打零工的人不是零工经济，传统的劳动力市场里打零工的群体也不能构成零工经济。深圳有一个著名的三和人才市场，这里有一群被称为“三和大神”的零工群体。“三和大神”们有一句口号：“日结做一天，可以玩三天。”他们只愿意选择“日结”的工作，每日报酬在100—200元之间。三和人才市场长期有数百名这样自愿选择打零工的人群，但他们并不构成零工经济。还是借用上面的例子，这样的传统劳动力中介市场就像报纸广告，尽管传播性强，但与互联网相比还是有本质区别。

零工经济与互联网和平台企业密切相关。例如，在知名零工平台网站 Fivver.com 上，你可以花 5 元（可以是各种货币）购买到各种各样的服务，让别人帮你做翻译、写作业、制作 PPT、P 图甚至代写情书。这个提供五花八门服务的网站上有来自世界各地的“零工”。用“双边市场”理论来解释，只有当“零工”与“客户”都具备规模时，它才成为一种经济。

与上面提及的互联网经济、分享经济、平台经济不同的是，零工经济与人的关系更为密切，与劳动就业的关系更为密切，对零工经济的评价也截然不同。国际劳工组织认为“低质量就业状况是全球劳动力市场面临的主要挑战”，“一些通过新技术实现的新商业模式，可能会破坏现有劳动力市场在改善就业情况、就业社会保护和完善劳动标准等领域的成就”。①

我国总体上对零工经济持比较支持的态度，2015 年 8 月 21 日，《人民日报》发表了《“零工经济”挑战了谁》的文章，认为零工经济显示出强大的发展势头，全职终身雇佣制的“铁饭碗”时代面临挑战。②零工经济在提供就业岗位方面的作用是各国政府无法忽视的。据麦肯锡的预测，到 2025 年，各种在线人才平台有望贡献约 2% 的世界国内生产总值，并创造 7200 万个就业岗位。③而据阿里研究院的报告显示，到 2036 年，中国

---

① 国际劳工组织 . 世界就业与社会前景 [N]. https://www.ilo.org/global/research/global-reports/weso/2019/lang--en/index.htm，2019-02-28.

② 赵松 .“零工经济”挑战了谁 [N]. 人民日报，2015-08-21.

③ 同上。

可能有多达 4 亿人属于零工经济的自由职业者。[①]

在本章的讲述中，我们首先为大家概述了我们所处的时代背景——数字经济。作为一本沿用马克思主义劳动关系研究范式的书，我们从技术出发来认识这个时代的经济形态。从第一次工业革命、第二次工业革命到“工业 4.0”，技术的进步是改变经济形态的主要推动力。而经济形态的改变，决定了劳动就业形态的改变。当互联网经济在整体经济中的占比越来越大时，分享经济便应运而生，平台企业越来越多地取代传统企业，而零工经济则将挑战就业世界的未来。

① Meng Jing. Pots of gold await in China’s gig economy: how mobile technology is transforming the world’s biggest jobs market. South China Morning Post，2017-02-26.

第二编　新就业形态

《黑客帝国》里的“数字雨”令许多人印象深刻，电影将现实世界里我们看不到的这一景象呈现出来。同样，尽管我们无法如此直观地看到数字经济，但我们已身处其中。数字经济不仅越来越多地影响我们的生活，也会影响我们的就业。但是，数字经济对就业的影响到底是什么？到底有多大？到底有哪些？到底是不是一场根本性变革？这些问题我们都还无法回答。

如果要回答这些问题，我们首先需要对今天的数字经济就业展开一个360度的审视。因此，在这一编里，我们会从一个外卖小哥的故事开始，通过实证研究的数据形成用户画像，将一个群体的特征呈现出来。如同《黑客帝国》一样，用数据搭建出一个人形。

而后，我们通过目前可查的全网判例进一步发现这个“数字人”在就业中遇到的问题，他被屏蔽在现有劳动法律制度之外，并且不仅在中国被屏蔽，在国外也同样如此。但是越来越多的他开始向司法机构提出诉讼，希望将自己纳入劳动法的保护中。

为什么他的就业不是劳动关系？那到底是一种什么样的关系呢？对此学者众说纷纭。而我们在实证研究的资料基础上，认为这种新型的就业不能被简单地认为是隐蔽雇佣，也非单纯的民事雇佣。从特征看，这类就业关系具有不确定性。

在劳动关系未有定论时，我们可否先给他一些保障呢？因为他从事的是高职业风险的工作。对他们而言，拖欠工资的问题基本不存在，劳动标准的问题也不突出，但让一个个体承担全部的职业风险，如同回到了一百五十年前；让一个个体承担全部风险，也意味着最终由社会来承担风险。因此，我们希望能尽快将他们纳入社会保障的范围，通过统筹共担将风险化解。

在这些实证研究的基础上，我们从劳动关系的角度发现，数字经济下的就业不是某种特定的就业形态，而是集合了目前已知的各种就业形态。传统的、高度一元的标准劳动关系正在趋于衰弱，而新兴的多元就业关系正在快速发展。

由一个个体，至一个群体；由一元为主，至多元并存。数字经济创造着新就业，改变着老就业，未来的劳动关系将呈现更为复杂、多元、多变的特征。

第三章　一个外卖小哥的故事

送餐员（外卖小哥）李某向劳动仲裁提交了申请，要求确认与某送餐平台的劳动关系。而他的真正目的并不是要继续为这家送餐平台工作，因为几个月前的一场车祸让他至今在家休息。然而，因为没有缴纳社会保险，他无法享受工伤待遇。尽管平台公司购买的意外伤害险赔付了他 5000 元，但这远远不能弥补他的医药费和误工费。无奈之下，李某向劳动仲裁院提交了申请，要求确认劳动关系，并希望进一步获得工伤赔偿。

比李某更为不幸的是，2019 年，超强台风“利奇马”以摧枯拉朽之势横扫上海。在狂风暴雨之中，一位送餐员疑似因电瓶车涉水行进造成电瓶漏电，不幸触电身亡。据事后媒体报道，在台风肆虐的天气，外卖平台强制要求配送，请假或不接单，都要重罚。一位送餐员称：如果拒绝派单就是（要罚）1000 块钱；还有一位送餐员透露：恶劣天气不能请假，下雨、刮风不可以请假。说好的来去自由，“我的上班我做主”的平台就业，为什么请假要被处罚？

像李某这样的劳动仲裁申请正在越来越多地进入各地仲裁委，而在司法判决中其结果却不尽相同。在孙某等多位代驾司机诉北京亿心宜行汽车技术开发服务有限公司的案件中，所有要求确认劳动关系的请求均未获得支持。而在白先生等七名“好厨师 App”厨师诉上海乐快公司要求确认劳动关系的争议中，最终经过“一裁二审”后，被认定为双方存在劳动关系。

送餐员、专车司机、代驾司机、网约厨师、网约按摩师、网约美甲师……这样的服务越来越便利我们生活的同时，网约工正在我国快速增加。据国家信息中心信息化研究部的《中国分享经济发展报告：现状、问题与挑战、发展趋势》指出，2015 年，中国分享经济领域从业者约 5000 万人，约占劳动人口总数的 5.5%，预计未来五年分享经济年均增长速度在 40% 左右。① 而据阿里研究院报告显示，到 2036 年中国可能有多达 4 亿人属于零工经济的自由职业者。②

一、关于送餐员的调查

本书采用问卷调查法，通过向饿了么送餐平台的网约工发放问卷的方式获取数据。根据比达咨询发布的 2016 年中国第三

① 分享经济发展报告课题组 . 中国分享经济发展报告：现状、问题与挑战、发展趋势 [J]. 电子政务，2016（4）.

② 婧濛 . 中国零工经济待掘金：移动科技如何改变世界最大的就业市场 [N]. 南华早报，2017-02-26.

方餐饮外卖市场研究报告，2016 年国内外卖市场保持着快速增长的态势，整体交易额达 1761.5 亿元，较 2015 年全年 382.1 亿元增长 361%。数据显示，饿了么作为整体市场份额的冠军，在 2016 年表现得十分全能，在白领、高校、社区等多个细分市场保持了全面的领先优势。[①] 2008 年，饿了么送餐平台创立于上海交大闵行校区，在行业爆发式发展的背景下，截至 2016 年 12 月，饿了么业务覆盖全国 1400 多个城市，加盟餐厅超过 100 万家，日订单超过 900 万单，员工规模超过 15000 人，服务于饿了么旗下蜂鸟配送的注册配送员超过 300 万人。[②] 因此，本文选择以饿了么送餐平台作为研究对象。

在以我国现有认定劳动关系的标准——2005 年原劳动和社会保障部《关于确立劳动关系有关事项的通知》的基础上，本文在问卷设计中还结合了国际劳工组织 2006 年的第 198 号建议书《关于雇佣关系的建议书》中有关雇佣关系认定的标准。本文的问卷共设计 34 题，分为“基本情况”“工作情况”和“骑手对新型就业形态的认知”三部分。问卷在北京中关村、望京 SOHO、石景山万达广场等地共发放 137 份，最终回收率 78%，有效问卷 107 份。

在本次调查中，问卷人群包括三类：1. 自有员工：饿了么网

① 中国人 2016 年吃掉 1700 亿元外卖　饿了么领衔三巨头格局 . http://www.sohu.com/a/125150162_115362，2017-06-20.

② 数据来源 . 饿了么官网 . https://www.ele.me/support/about，2017-06-06.

上订餐平台自有全职从事送餐工作的人，在一些平台上这部分从业者也被称为“专送”。2. 众包骑手：自行注册成为蜂鸟众包成员，全职或兼职从事送餐工作的人，是典型新就业形态中的从业者。从近年来的发展看，这部分从业者中兼职的并未持续增加，注册者众多而又相对稳定参与的，多以全职为主。3. 站长：即片区经理，与饿了么网上订餐平台签署劳动合同，是其直雇员工，作为平台的代理人负责对所有骑手进行管理。其职责主要有：（1）负责一定时间内和众包骑手签订劳动合同；（2）每日 9 点在站点组织所有骑手进行晨训，并不定时巡逻，对骑手的违规行为，如未穿规定的送餐服等进行罚款；（3）为防止骑手利用抢单软件进行抢单，平台取消抢单功能，由片区经理建微信群，根据骑手的定位与私下交情等原因给骑手人工派单。这部分从业者的数量较少，通常一个片区经理手下有几十名甚至上百名送餐骑手（见图 10）。

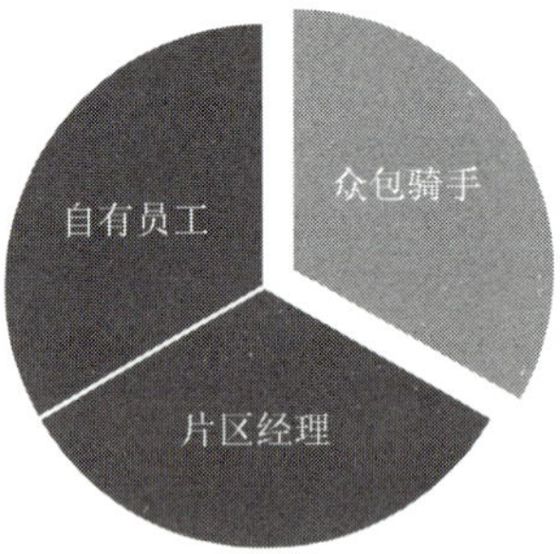

图 10　受访人员结构图

通过问卷，我们从性别、年龄、学历、身份及平台关系方面对送餐员的基本情况有了一个初步了解（见表 2）。

表 2　被调查送餐员基本统计特征描述（N=107）

编号	变量	类别	频数	所占比例（%）
1	性别	男	94	87.85
		女	13	12.15
2	年龄	16 周岁以下	0	0
		16—18 周岁	6	6.38
		18—60 周岁	86	91.49
		60 周岁以上	2	2.13
3	学历	高中以下	56	52.34
		高中	46	42.99
		大专 / 本科	5	4.67
		硕士	0	0
		博士及以上	0	0
4	您与网上订餐平台的关系	自有员工	78	72.9
		众包	29	27.1
5	身份	在校学生	0	0
		公司职员	77	71.96
		个体商户	5	4.67
		无业人员	24	22.43
		退休	1	0.93

此外，为了更好地研究饿了么平台，我们通过网络进行了注册并获得了企业的相关资料。饿了么在送餐员注册时明确规定，骑手年龄不得低于16周岁。而在问卷调查中，也确实未发现低于16周岁的人员。但我们发现存在隐瞒退休的情况，有两名骑手已达到法定退休年龄，通过借用他人平台账号的方式进行送餐工作，属于违反平台规定的行为。这也反映出对于送餐员的真实情况，饿了么平台在一些方面并没有进行核实或采取其他监管措施。由此推论，如果存在低于16周岁以下未成年人借用他人信息注册的情况，平台同样难以发现。

结合问卷和访谈情况看，绝大多数的骑手文化水平处于九年义务制教育的较低水平，高中以下56人，高中46人，共占95.33%。换言之，目前从事送餐员工作的主要是文化水平较低的劳动者，说明网约工对于较低劳动技能劳动力来说是重要的就业渠道。

在此基础上，为了精确了解网约送餐员的就业情况，本文以问卷为工具调查送餐员在工时、工资、规章制度、劳动管理等各个方面的情况，将问卷中反映出的情况整理如下。

1. 送餐员的工时

工作时间是就业的主要内容，从《劳动法》的发展看，工时标准是最早的劳动基准。《劳动法》为保护劳动者的休息休假权，设计了一套劳动工时基准。同时，工作时间的长短也是划分不同类型劳动的标准，工时较长的被定义为全日制工作，而工时较短的则是非全日制工作。

从调查中的工时看（见表 3），送餐员大部分工作时间都超过了法定工时的每周 40 小时，近 80% 的送餐员每日工作时间超过 8 小时，并有近 3/4 的送餐员每周工作 7 天。访谈中，很多送餐员都表示基本没有休息，为了挣钱都在工作。从工时数量不难发现，对大部分送餐员来说，这就是他们赖以为生的工作。

表 3　送餐员工时情况的调查结果

编号	变量	选项	小计	所占比例（%）
1	每日工作时间	4 小时以下	6	5.61
		4—8 小时	16	14.95
		8 小时以上	85	79.44
2	每周工作天数	5 天以下	7	6.54
		5 天	4	3.74
		6 天	16	14.95
		7 天	80	74.77

2. 送餐员的工作证件

在员工管理中，工作证既是雇主管理员工的工具，也是员工证明与雇主身份关系的证明。在司法实践中，工作证可以作为认定劳动关系的证据之一。在日常生活中，工作证也被视为代表雇主业务的证明。

按照饿了么的注册规则，送餐员下载蜂鸟众包 App，填写资料注册后即获得一个注册号码，该号码即送餐员的工号。从调查数据看（见表 4），绝大部分送餐员表示有工号。对于工作证，大部分送餐员表示没有，而同时大部分送餐员知晓按照平台规定，在餐馆取餐时应当出示工作证。对此，在进一步的询问中，送餐员表示，由于业务发展迅速，平台未能及时制作工作证，但是应该有工作证存在。目前的操作方法是，取餐时送餐员向餐馆出示 App 上的订餐信息。

表 4　送餐员工作证件的调查情况

编号	变量	选项	小计	所占比例（%）
1	平台工号	是	101	94.39
		否	6	5.61
2	工牌或工作证	是	15	14.02
		否	92	85.98
3	送餐时，是否需要向餐馆出示订餐平台工作证（有效作答人数 15 人）	是	11	73.33
		否	4	26.67

3. 送餐员的生产工具自行配备

在传统劳动关系理论中，生产工具是区别劳动关系与劳务关系及承揽关系的要件之一。参照我国通说，劳动关系与劳务关系的主要区别包括：主体是否特定、主体地位是否平等、劳动工具提供、关系存续长短、归责原则等。而判断劳动关系与承揽关系的标准也包括：主体地位是否平等、合同标的、报酬给付方式、归责原则、劳动工具提供等。从中可以看出，一般劳动关系中应当由雇主提供生产工具。

从调查结果看（见表 5），几乎所有的生产工具都是由送餐员自己配置的，饿了么平台主要是要求送餐员必须从外观上体现统一的平台 Logo。作为送餐员最主要的工具，手机和电动车由送餐员自己购置的高达 99%，平台对手机和车辆没有具体的品牌和型号要求。而对于具有明显饿了么特征，装饰有平台 Logo 的工服、头盔、送餐盒则主要指定购买，仅有少部分发放。从访谈中了解的情况看，在送餐员开始工作时一般直接从片区站点购买平台指定的服装、头盔等，负责管理的片区经理会定期检查。

表 5　送餐员生产工具的调查结果

编号	变量	选项	小计		所占比例（%）
1	平台是否要求您使用标有饿了么公司名称的服装、保温箱等工具	是	103		96.26
		否	4		3.74
2	其他送餐工具谁提供	自己配置	订餐平台统一发放	指定购买，不强制	指定购买，定时检查
	手机	106（99.07%）	0（0%）	0（0%）	1（0.93%）
	电动车	106（99.07%）	0（0%）	0（0%）	1（0.93%）
	送餐箱	4（3.74%）	15（14.02%）	2（1.87%）	86（80.37%）
	送餐服装	5（4.67%）	15（14.02%）	0（0%）	87（81.31%）
	头盔	5（4.67%）	9（8.41%）	4（3.74%）	89（83.18%）

4. 送餐员相关规章制度与奖惩情况

企业应建立完善的规章制度，这是现代企业制度的要求，同时在人员管理中，企业也应当建立完善的规章制度。《劳动法》第四条和《劳动合同法》第四条均要求企业建立完善的规章制度，规章制度的显性化既是保障劳动者劳动权利的基础，同时也是企业对员工做出奖惩的依据。

对于送餐员，饿了么平台制定了相对完善的制度，在下载App注册时，必须点击确认已阅读规章。同时，平台向大部分送餐员发放了规章手册，并进行培训。几乎所有的送餐员都知道必须遵守平台的规章，如果违反规章将受到平台的处罚，包括扣积分、扣信用分、限制接单、封禁账号等方式。其中，平台对最为核心的业务——送餐有尤为严格的规定，要求送餐员必须在半小时内完成送餐，如果不能完成将给予扣分处理。而扣分对送餐员来说，就同时意味着经济处罚。当然，如果送餐员的业绩表现突出，也有一定的奖励，如升级配送等级，这也将转化为一定程度的经济奖励。但平台这些规章制度的制定，完全是平台单方的，并没有经过民主程序，绝大部分送餐员表示向平台提出的意见不会被采纳（见表6）。

表 6　送餐员相关规章制度与奖惩的调查结果

编号	变量	选项	小计	所占比例（%）
1	入职时平台是否就配送规则等规章制度进行培训（有效作答人数 101 人）	是	98	97.03
		否	3	2.97
2	平台是否发放规章制度手册	是	71	66.36
		否	36	33.64
3	是否必须遵守订餐平台的规章制度	是	104	97.2
		否	3	2.8
4	如果违规是否会受到处罚	是	103	96.26
		否	4	3.74
5	处罚的类型主要有	赔偿积分与信用分	64	59.81
		赔偿积分与信用分，并限制接单	36	33.64
		封禁账号（拉黑）	7	6.54
6	平台是否对你的送餐时间有所要求，如必须在一定时间送达，否则给予一定的扣分处理	是	107	100
		否	0	0
7	平台是否会根据您的优秀业绩，给予一定奖励，例如升级配送等级	是	22	20.56
		否	85	79.44

续 表

编号	变量	选项	小计	所占比例（%）
8	您是否对平台的配送规则、评分等级或报酬标准提出意见，并被公司采纳	是	18	16.82
		否	89	83.18

5. 送餐员报酬、福利情况

获得收入是劳动者最基本的权利，是保障劳动者生存的基础，也是劳动基准的核心标准。从收入看，所有的送餐员收入高于最低工资，大部分送餐员收入超过个税起征点的3500元/月[①]，超过1/4的送餐员收入超过5000元/月，少数送餐员收入超过8000元/月。而同期，北京市社会平均工资为7706元，最低月工资1890元，最低小时工资10.86元。与此对比可以发现，作为对劳动技能要求相对较低的纯体力劳动，送餐员的收入并不低。从饿了么平台送餐员快速发展到300万人的规模，不难看出收入吸引是很大原因，难怪新华社都发文表示“一单多挣7元，快递待遇不敌送餐员”[②]。

从支付方式看，100%的报酬是由饿了么平台通过银行转账支付给送餐员的。饿了么平台一般按月结算报酬，每月25号左右转入银行卡，送餐员绝大部分按月提取收入。有意思的是，平台在发放报酬时会按劳务收入扣除送餐员的个人所得税。送

① 2018年10月1日起，个税起征点调至5000元。

② 郭琳琳.一单多挣7元　快递待遇不敌送餐员[N].北京青年报，2017-03-01.

餐员为完成业务出现的所有费用，如油费、交通工具修理费等均由送餐员自行承担。在调查中，仅有极少数平台直雇人员享有“五险一金”，对于绝大部分送餐员，平台没有缴纳社会保险，或是送餐员自行缴纳社会保险（见表7）。

表7　送餐员报酬和福利的调查结果

编号	变量	选项	小计	所占比例（%）
1	您的每月平均收入为	2200元以下	4	3.74
		2200—3500元	11	10.28
		3500—5000元	58	54.21
		5000—8000元	27	25.23
		8000元以上	7	6.54
2	您的报酬是否由平台支付到您的指定银行账户	是	107	100
		否	0	0
		不清楚	0	0
3	您多久对账户进行提现	每天	1	0.93
		每周	1	0.93
		每两周	3	2.8
		每月	102	95.33
4	平台是否会扣除您的一些费用，如个人所得税	是	57	53.27
		否	16	14.95
		不清楚	34	31.78
5	送餐过程中产生的成本，如油费等，由谁承担	平台承担	0	0
		个人承担	107	100
		个人与平台分摊	0	0

续　表

编号	变量	选项	小计	所占比例（%）
6	您的社会保险缴纳情况	未缴纳社会保险	74	69.16
		由订餐平台公司缴纳“五险一金”	3	2.8
		由其他公司提供“五险一金”	6	5.61
		自行缴纳社保	24	22.43
7	公司是否提供了一定措施来保障您送餐过程的人身安全，例如为您购买人身保险等	是	56	52.34
		否	30	28.04
		不清楚	21	19.63

6. 对送餐员的工作管理

管理是企业的核心，企业的管理包括人、财、物，而对人的管理方式，决定了企业与人的关系。在我国传统学说中，劳动关系中企业对人的管理是高度的控制，而劳务关系中则相对较弱；非全日制就业尽管也是劳动关系，但是鉴于时间较短，其管理必然较弱，承揽关系则几乎不强调对人的管理。在美国税务局制定的区别劳动者与合同工的标准中，控制要件被认为是最重要的因素。此外，是否在雇主的监管下劳动，是否要遵守雇主的工时、地点、工作方式，是否接受雇主的培训以按特定的方式进行工作，是否必须亲自完成工作，是否按雇主规定步骤工作，是否承担工作风险，雇主是否有权终止等，几乎近一半的内容与管理相关。可见，不论中外企业，对员工的管理方式都是认定是否存在劳动关系的重要依据。

从培训看，平台比较重视培训，为保证服务的一致性会提供送餐员各种线上线下的培训。但与网约车的做法不同，平台并没有对送餐员每月最低完成单数的要求。平台有专门的片区经理负责特定区域的人员管理，这些经理是平台的直雇员工，签订有劳动合同，缴纳社会保险。经理的管理内容非常具体，包括派单，即由经理决定送餐业务由谁完成，并非如网上宣传的纯粹由 App 派单。绝大部分送餐员表示，平台不允许他们在其他送餐平台兼职（见表 8）。

表 8 送餐员工作管理的调查结果

编号	变量	选项	小计	所占比例（%）
1	是否接受过平台线上或者线下的培训	是	101	94.39
		否	6	5.61
2	平台对您是否有工作量的要求，如每月至少送几单	是	6	5.61
		否	101	94.39
3	平台是否有片区经理负责一定区域的送餐员管理	是	105	98.13
		否	2	1.87
4	公司是否同意您同时兼任其他订餐平台的送餐员	同意	13	12.15
		不同意	94	87.85

7. 送餐员对劳动关系的认知

表 9　送餐员劳动关系认知的调查结果

编号	变量	选项	小计	所占比例（%）
1	您是否认为网上订餐平台与您之间存在雇员—雇主关系	是	84	78.5
		否	11	10.28
		不清楚	12	11.21
2	您是否认为网上订餐平台应与您签订劳动合同，为您缴纳社会保险	是	87	81.31
		否	11	10.28
		不清楚	9	8.41

当送餐员被问及是否认为自己与送餐平台之间存在雇主—雇员关系时，绝大部分送餐员选择了是。同时，绝大部分送餐员也希望与送餐平台订立劳动合同和缴纳社会保险。这个结果不难理解，对大部分将送餐作为职业的送餐员来说，当然希望获得《劳动法》的保护。从一系列网约厨师、网约美甲师、网约车司机等与平台的纠纷看，这种注重确认劳动关系的诉求，正在越来越普遍。

二、送餐员的人物形象

从上述问卷调查的结论，结合笔者对部分外卖送餐员的访谈记录，我们已经可以初步勾勒出一位外卖送餐员的人物形象。

他，男性，30岁左右。

他不是这个城市的原住民，没有这个城市的户口。他的家乡在遥远的山村里。自从初中毕业之后，他就打好行囊跟着村里已经南下的哥哥姐姐们，背井离乡开始了打工生涯。

他第一次走出家乡的大山，坐着绿皮火车，来到了南方，来到了祖国最繁华的地方。在这里，他进入了一家工厂，成为一名流水线工人。

都市的繁华和工厂的机器并没有让新鲜感持续太久，在工厂里的他每两周才有一天休息，而每天早上6点在工厂的宿舍醒来后，等待他的是12个小时的繁忙工作。在工厂需要赶订单的日子，他工作的时间更长。

他感觉疲倦，从身体到精神都疲倦。由于长时间的工作，每一天回到宿舍的时候，他已经没有力气干更多的事情，没有时间读书、学习，因为连睡眠的时间都不够。手机提供了他大部分的娱乐，当他看到网上说富士康举办了一场励志交流大会，只要能说全同宿舍室友的名字，可以拿到1000元奖金，却没有人最终获奖时，并不惊讶，因为他也无法说全自己同宿舍室友的名字，他们来来去去，有些人住了几天就走了。即使常见的那几副老面孔，他也叫不上名字，因为下班后大家都懒得说话。

他换了几家厂，却没有换出那种生活。他依然在流水线上工作，从组装电脑配件到组装手机配件。他没有学历，只能找到最普普通通的普工岗位。他也没有机会参加培训，除了每次入厂时的简单业务培训。他听说参加政府的培训并不需要花钱，但他实在没有更多的时间去参加那些培训。

就这样，他已经30岁，已经结婚，已经有了孩子。他感觉自己的经济负担更重了。但是，随着年龄的增加，他慢慢开始感觉，找工作越来越困难了。不少企业在招聘普工的时候，总是把他这样30岁以上的人放到第二批，只有无法招到足够多小年轻时才轮到他们。他开始担心自己的未来，年龄越大他越无法改变，以后他要如何挑起养活一家人的重担，给孩子更好的教育呢？

事情发生得猝不及防，工作了几年的厂子效益其实还不错，可是却突然宣布要搬到东南亚去，这里的车间全部关闭，员工全部裁员。类似这样的情况，在他们附近的园区里开始慢慢出现。一些外资背景的厂子，明明效益都挺好，却要搬走。他听说，因为外国的工人更便宜，只有他们工资的几分之一。

他向一位老乡诉苦，老乡却告诉他，大城市里有了一种新的工作，给别人送餐。只要有一部手机，一台助动车，注册一个App账户，就可以开始挣钱了。老乡说，只要他肯干，一个月到手的钱有大几千块，比他在工厂里累死累活加班拿到的还多。听到这样的工资，他已经开始心动，而让他做出决定的另一个原因是，他希望有机会给孩子更好的教育。

他终于来到了祖国的首都，穿上从×××外卖送餐平台买来的统一制服，骑上电瓶车，开始了送餐工作。他发现工作并不难，只要按照 App 的指示到指定餐厅出示取餐码取餐，然后按照手机导航的路线送到订餐人手中就可以。

他喜欢上这份工作，和他从前所有的工作不同，每一天他穿行在城市的街道，看到不同的风景。他遇到形形色色的人，有时也遇到些令他不太开心的订餐人，但大部分人对他挺友好。送餐的时间长了，和常送的那几家餐厅熟悉起来，每次走进餐厅都有人和他打招呼。他特别喜欢和别人聊上几句家常，这让他感觉温暖。还有一些订餐人，礼貌地对他说：师傅，谢谢。他感觉自己的工作得到了尊重。这种感觉在从前工作的厂子里是没有的，那时他一天也说不了几句话，大部分的时间只是在流水线上一遍又一遍地重复他已经重复过千万次的动作。连妻子都说，他变得开朗了。

他一周工作 7 天，一天工作 10 个小时。每个月到手的工资确实有七八千元，干得好的时候超过一万元也有过。这样的收入他很满意，更满意的是，有时如果妻子不能陪孩子上课的时候，他可以休息半天陪伴孩子。他随时可以在 App 上查看自己的收入，平台也准时地把钱打给了他，曾经担心这种新企业会不会拖欠自己工资的忧虑也随之而去。

尽管满足于现在的工作，他的心里也常常有些担忧。他不知道这样的工作可以做多久，是不是足够他把孩子养大，足够他和妻子养老。养老是他不太敢想的事，虽然在厂子里也缴过几年社保，但换了好几个地方也不知道缴的这些钱有没有用。眼前的事让他也不敢生病，看病花钱不说，还耽误工作。

他更担心的是，如果在送餐路上发生事故了可怎么办。几乎每个月，他们的群里都会传哪个片区的某个送餐员发生了交通事故，或是负伤，需要巨额医药费，甚至是死亡。如果不幸送餐员撞到了路上的行人，还将面临数万元到数十万元的赔偿。而这种事公司并不会积极地管，很多送餐员为此闹到了公司，似乎也没有多大的用。

每天早上手机群里的群友们都会互相提醒，要注意交通安全，电影《流浪地球》里的那段经典台词，“道路千万条，安全第一条，行车不规范，亲人两行泪”，是他们最常发的表情包。每天早上片区经理训话的时候，注意安全也是最后的结束语。他真心祈祷，每一天都平安。

第四章　一群外卖小哥的劳动纠纷

为了更好地剖析外卖小哥（送餐员）的困境，本文通过公开渠道收集了 118 件涉及送餐员的司法判例。从这一百多个送餐员的故事里，可以发现不仅送餐员对现实的处境和未来的发展存在忧虑，法院的法官们在审理相关案件的时候也是“一个头、两个大”。司法判例呈现出法官群体对这一新业态的新兴从业群体的法律关系还没有形成统一的观点，甚至在司法者当中对这一问题的争论也非常激烈。不仅中国法官们在热烈讨论，国外的法官们一样在笔战，一审法院法官与二审法院法官意见相左、针锋相对的情形并非个例。

随着互联网经济、共享经济、平台经济的发展，新就业形态从业者人数不断扩大，社会和学术界也掀起了对这种新型用工形式的讨论热潮。在共享经济的背景下，人们可以充分利用自己的闲暇时间分享闲置资源，灵活地选择工作模式，于是零工经济蓬勃发展。但在此种新兴的用工模式下，新就业形态从业者的权益保障成了焦点。探讨网约工的劳动权益保障问题，首先需要解决的是平台企业与新就业形态从业者之间是否存在劳动关系的问题。因为这些问题的答案在司法实践中往往存在因果关系：如果两者是劳动关系，则新就业形态从业者可以依据现有的劳动法律制度享受相应的劳动权益，如社保待遇、加班工资、年休假、劳动保护等；如果不是劳动关系，那么这些权益都无法实现。之所以出现这样的结果，是因为在我国目前的制度设定中，劳动者必须与用人单位存在劳动关系，才能享受到全面的劳动权益。

新就业形态从业者这样的新型就业是否属于劳动关系，近年来成为学界研究的热点问题。与此同时，新就业形态从业者提出的劳动争议开始越来越多地进入仲裁、法院等司法机构。尽管立法者、学者对这一问题还没有形成定论，但司法者无法回避社会现实。如“北京网约工劳动争议第一案”等案件，引起了社会的广泛关注和讨论。因此，本书从现有判例出发，结合国外典型判例，以期从司法实践的角度，为新就业形态从业者的法律定性研究提供一个全面的视角。

一、一个送餐员的典型纠纷

此处要讲述的这个送餐员的案例并不出名，并非各位读者通过互联网读到的所谓“网约工第一案”。从各个方面看，都算不上“第一案”。但这个案例非常典型，典型到在诸多其他案例中，你会发现他们的相同之处。这个案例也肯定不会是“标的最高”或是“最后一案”，因为本书后续的内容证明此类案件还在快速增加。这是必然的，新就业形态从业者越来越多，职业风险高，职业保障缺失，而制度规则尚不清晰，司法纠纷不可避免。

（一）案情背景

刘某超，男，2016 年 5 月到威海 F 配送服务有限公司应聘，面试他的是片区站长崔某强。站长告知他工作内容是在威海市经济技术开发区送餐。没有底薪，工资就是按单提成，每单按 5 元计算。需要自带摩托车并有摩托车驾驶证。油费和摩托车保险费都由刘某超自己承担。公司要求每天早上 9 点到晚上 8 点工作，不能干活的要提前请假。工作内容通过网络后台分配，如有特殊情况，可申请调度员另行指派给其他送餐员。对于重要事项或临时性工作，片区站长会通过电话等方式通知。试用期 7 天。如果不干了，必须要提前半个月给片区站长说一声。

刘某超接受了这些条件，自 2016 年 5 月 19 日起他就成为饿了么在威海市经济技术开发区的一名送餐员。按照站长的要求，他下载注册了手机 App，手机和摩托车是他最主要的生产工具，通过手机接单，通过摩托车取单、送单，在手机上了解客户评价和收入情况，相关工作信息都体现在手机 App 中。

在工作中，站长崔某强除了要求及时取餐、准时送达、着装整齐、热情服务外，对他们还有各种考核，如“准时取餐率”“准时送达率”“骑手取消单”“用户评价”等方面都体现在手机软件上。同时对送达多、出勤高的送餐员还有“满600单奖100元”“干满半年交车险”等奖励措施。

站长通常会在经济技术开发区乐天大厅里开会，开会的时候他一般就是给大家讲一讲服务态度要好，正常上下班别旷工，以及本站的业绩情况等。站里有专门的调度员接收订单，若有事可以跟调度员说，由调度员重新发送给别人。订单不需抢单，如正好有送餐员挨着这个商家近，调度员就发送给这位小哥。

刘某超送餐时，必须穿着有F公司字样的衣服，摩托车上的保温箱也写着醒目的F公司字样，到商家取餐也需要出示相应App记录。一般上班的时间点为早9点、晚8点，中午有2个小时左右休息吃饭的时间。早9点、晚8点是指骑手通过手机软件点击上班、下班，中间要休息吃饭的时候就点击下班，2个小时之后再点击上班。不需要到哪个地方去报到，电脑调度员根据骑手点击的上下班时间，给骑手们记录考勤。但为了保证及时送达，站长要求骑手们在商家附近休息，并就近安排派送，该工作的特殊性导致骑手无法在统一固定的办公场所工作。在工作时间、地点等方面均服从站长的指挥安排，在不送餐的时候，刘某超他们常常将临近商家的经济技术开发区怡安苑B区作为临时的休息点，等待派单。

刘某超可以从手机上的接单软件显示出送单数，他可以自己计算出来提成数。站长也是按照骑手手机上显示的送单数来计算工资。工资由站长崔某强通过支付宝或微信转账的方式发放给他们。

2016 年 6 月 2 日，仅仅干了两周后，刘某超在送餐途中发生交通事故。

（二）审判过程

刘某超向劳动争议仲裁委提出申请，要求认定与威海 F 配送服务有限公司之间存在劳动关系，从而享受工伤待遇。

在对仲裁结果不服之后，刘某超向威海市环翠区人民法院提起诉讼。要求确认与威海 F 配送服务有限公司在 2016 年 5 月 19 日至 2016 年 6 月 2 日期间存在劳动关系，并获得工伤待遇。

一审法院审理后认为：原告（刘某超）的诉讼请求，理由不当，不予支持。参照原劳动和社会保障部《关于确立劳动关系有关事项的通知》（劳社部发〔2015〕12 号）第一条之规定，判决：原告与被告自 2016 年 5 月 19 日至 2016 年 6 月 2 日期间不存在劳动关系。案件受理费 5 元，由原告承担。

对一审判决不服的刘某超再次向山东省威海市中级人民法院提起上诉，要求：（1）撤销一审判决，依法改判或发回重审；（2）一、二审诉讼费由被上诉人承担。

二审法院审理后，最终认为上诉人（刘某超）的上诉请求不能成立，应予驳回；一审判决认定事实清楚，适用法律正确，应予维持。依照《中华人民共和国民事诉讼法》第一百七十条第一款第一项规定，判决如下：驳回上诉，维持原判。

（三）争议焦点

本案的争议焦点非常清楚，在于刘某超与威海F配送服务有限公司之间是否存在劳动关系。

一审法院认定劳动关系是否存在的核心是劳动的地点、内容、方式、过程，以及在即使无工作但劳动关系仍然存续的情况下，还需要受到用人单位的约束，约束的方式既包括规章制度，也包括具体的管理行为。本案中，通过相关证据可以证明刘某超确系在威海F配送服务有限公司处从事送餐工作。虽然刘某超每天通过手机软件平台点击上下班，并通过该网络平台接单、取单、送单，但刘某超主要工作于经济技术开发区商家附近，无须到公司办公场所上下班；威海F配送服务有限公司对骑手没有明文的规章制度要求其遵守，对其服务态度等要求并不是严格意义上的规章制度；威海F配送服务有限公司仅是通过网络平台关注骑手的工作成果，并不关注其工作过程，亦不会通过点击上下班而计量其考勤，仅是用来计算其一天的工作量。刘某超自带交通工具，公司按单支付提成给他，多送多得，没有底薪，这种做法不同于一般意义上的工资，也不受最低工资标准的限制。从相关证据看，双方也没有签订劳动合同的共同意愿。因此，一审法院综合各方面证据认为，刘某超与威海 F 配送服务有限公司之间的新用工形态不符合劳动关系的特征。

二审法院认为，关于判断刘某超与威海 F 配送服务有限公司之间的关系性质问题要从其性质出发。劳动关系的本质属性是“人格从属性”，劳动者接受用人单位的管理，劳动者与用人单位之间存在从属关系。劳动者的劳动给付行为具有高度的人身属性，不能替代履行；劳动者在劳动过程中，受用人单位的指挥或管理，自主性低。本案中，刘某超自备交通工具，通过手机系统软件平台接单、取单和送单。从相关证据和刘某超的陈述来看，包括刘某超在内的送餐员接单之后，可以转让给他人进行送单。由此可见，外卖送餐员对送餐工作的安排具有自主权，并非如与单位建立劳动关系的员工一样，具有不可替代性。因此，刘某超与威海 F 配送服务有限公司之间不存在劳动法意义上的从属关系。此外，从刘某超的工作情况看，他并没有固定的办公场所；从刘某超的工资发放情况看，公司向他发放的报酬，以量（件）计酬，与劳务付出具有对价性，不含工龄补贴等相关福利待遇，与一般劳动者领取的工资在性质上并不相同；从保险缴纳情况看，公司亦未为刘某超缴纳社会保险。刘某超主张公司对其进行劳动管理，主要通过手机软件发送派单任务，通过手机系统软件中自带的评价体系进行考核。但是，正如已查明的事实，刘某超接单后也可转让他人，且他并未提供证据证明所谓的考核与其收入存在关联性。故刘某超所主张的劳动管理并非劳动法意义上的劳动管理，对刘某超的主张，不予采信。

两级法院最终得出的结论是一致的，即刘某超与威海F配送服务有限公司之间形成的关系不属于劳动法上的劳动关系。注意，本书在此特别强调不是劳动法上的劳动关系，因为从广义而言，刘某超通过自身劳动获得相应报酬属于广义劳动关系，这一点其实大部分法官并不反对。而在司法判例中所认定的劳动关系是指劳动法上的劳动关系，关于什么是劳动法上的劳动关系，后文我们将着重详加讨论，在此不加赘述。

但两级法院在审理中的视角有所不同，基层法院的审理主要还是依据原劳动和社会保障部《关于确立劳动关系有关事项的通知》（劳社部发〔2015〕12号）中规定的认定劳动关系的标准加以对照。而中级人民法院在审理该案件时，已经不完全拘泥于原劳动和社会保障部规定的认定规则。笔者认为，中级人民法院实际已经注意到作为一种新就业形态从业形式运用标准劳动关系认定标准的不适应。因此，中级人民法院选择了从劳动关系的本质属性出发，用理性依据加以裁判。中级人民法院首先从本质上否认了新就业形态就业关系与传统标准劳动关系的相同性，认为刘某超与威海F配送服务有限公司不存在劳动关系中的从属性。进而，结合相关形式要件，进一步与传统劳动关系对比，发现两者的差异，从而否定其属于劳动法上劳动关系的性质。

刘某超案仅仅是外卖骑手劳动争议中具有典型性和代表性的一个司法案例。一方面，刘某超案发生的原因是外卖骑手刘某超在送餐过程中发生了交通事故造成了人身伤害，而刘某超和威海F配送服务有限公司未签订劳动合同，威海F配送服务有限公司也未给他缴纳社会保险。另一方面，刘某超案反映了当前法院在审理外卖骑手劳动争议时的争议焦点——外卖骑手与平台企业或第三方公司之间是否存在劳动法上的劳动关系。

本书选择该判例在此加以呈现的原因在于，一方面，其案件背景非常简单和清晰，由于刘某超仅仅在威海F配送服务有限公司工作了两周，因此本案件并不涉及更多争议诉求。另一方面，该案件从仲裁到一审法院、二审法院在裁决和判决结果上保持了一致，可以说一裁、二审的态度是统一的。但一审法院和二审法院在具体论证和审理思路上有明显的不同，而这种不同也代表了目前审理这类案件的两种主要流派。一审基层法院，主要是形式审查，即从外部要件加以判断是否符合现有认定劳动关系的法律标准；而二审终审法院，则以法理学说为基础，从本质属性出发做出判断。

二、外卖小哥的一百个司法判例

此处基于中国裁判文书网以美团外卖、饿了么、百度外卖等为关键字检索到的所有民事案件的判例，并进行逐一筛选。

通过全案例式分析，发现外卖骑手与平台企业纠纷的现状，以及在司法审判过程中，在目前立法层面不明确的情况下，司法者对相关问题的主要观点和态度。

此处收集的判例截至2018年11月25日，总计获得生效判决书118份，其中一审判决书84份，二审判决书34份。在判例收集中剔除了裁决书等其他文书，仅保留了生效的涉及劳动关系的纠纷判决书。在上述判决书中，按照相关平台企业分类，美团外卖的判决书为82件，饿了么平台的纠纷为27件，而百度外卖的纠纷判例仅9件。中国裁判文书网作为官方的裁判文书发布网站，我们认为通过该网站收集的案例具有充分的权威性，能较为全面地反映平台经济模式下外卖骑手劳动纠纷争议审理的情况。

从判决书产生的地点来看，江苏省居于首位，共17起；北京11起居于第二位；四川省、湖北省各9起；湖南省、辽宁省8起，其他省、自治区、直辖市虽然判例个数不是很多，但是基本上也有判例。从地域上来说，基本涵盖我国大部分地区；从地区分布的情况来看，也反映出我国东南沿海地区新就业形态发展得相对较快，因此纠纷数量较多。上述地域分布较好地反映了我们目前的总体状况。

（一）互联网平台劳动争议增速明显

如图11所示，从案件判决的时间来看，互联网平台劳动争议

2016 年 1 起，2017 年 26 起，2018 年 91 起（截至 11 月 25 日）。随着 2015 年之后外卖行业井喷式的发展，外卖骑手在送餐过程中发生的纠纷数也是一个爆发式的上涨，从 2016 年到 2017 年产生的判例上涨了 25 倍多，2018 年在 2017 年基础上上涨了 2 倍多。随着外卖行业的进一步发展，发生的纠纷的数量也可能变得更多。

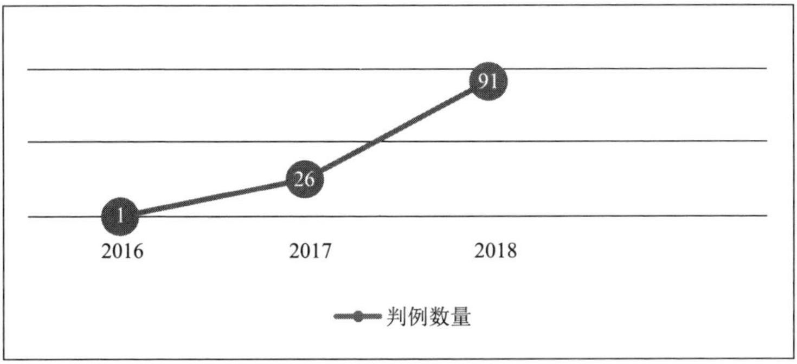

图 11　判例增长趋势

资料来源：根据问卷收集数据制作

从图 11 上升的曲线可以清楚地看到，互联网平台劳动争议判例数量呈现迅速增长之势。随着互联网平台的迅速发展，新就业形态从业者数量不断增加，且与互联网平台和新就业形态从业者相关的劳动法律法规仍未能及时出台对其做出规范，我们认为此类劳动争议不断增加的趋势不会改变。

另一角度也能说明这种趋势。2018 年，北京市一中院发布的《劳动争议审判白皮书》指出，涉网约车、网络主播等基于网络平台运营的新兴行业案件不断涌现，给劳动争议审判带来新的困难和挑战。近年来，这一观点在诸多法院发布的审判白皮书中都有体现。山东省青岛市中级人民法院还专项发布了《青岛地区新业态用工纠纷审判白皮书（2016—2018年度）》，该《白皮书》数据以2016年至2018年期间全市两级法院受理的外卖、网约车及快递案件为样本，对新就业形态用工纠纷案件进行统计，三类新就业形态用工纠纷案件共94件，其中外卖类占14%、网约车类占23%、快递类占63%。[①]

（二）新就业形态从业者与平台企业之间的法律关系认定纠纷突出

在118个案例中，涉及外卖骑手劳动关系认定的民事案件判例达到88个，其中一审判例有61个，而二审判决书有27个。从中反映出，新就业形态从业者要求确认与平台企业存在劳动关系的诉求占到全部案件的75%，也就是说绝大部分的劳动争议诉求是围绕劳动关系认定的。这一比例与《青岛地区新业态用工纠纷审判白皮书（2016—2018年度）》中的数据基本接近，该报告中新就业形态用工关系中确认劳动关系的诉求占新就业形态劳动争议案件总数的60.31%。当然，这不仅与新就业形态从业者的需求有关，更与我国现有的劳动立法体制有关。如前所述，我国《劳动法》的立法模式是“全有或全无”，即存

① 时满鑫，吕佼．应对外卖网约车快递纠纷有新招[N]．人民法院报，2019-06-25.

在劳动关系即能享有全部劳动权利和保障，而如果不存在劳动关系则几乎什么也没有。

在要求确认劳动关系的判例中，共有 61 个判例最终认定新就业形态从业者与平台企业存在劳动关系，占到此类案件的 69%；8 个判例否认新就业形态从业者与平台企业存在劳动关系；其余 19 个判例中，判定新就业形态从业者与平台企业存在雇佣关系或者合作关系，从而否定劳动关系的存在。

从总体来说，在获得的主张认定劳动关系的案例中，约三分之二得以确定劳动关系，约三分之一未认定劳动关系。对此，我们要进一步加以说明。在所有直接对平台企业提出的诉讼中，绝大多数判例否认新就业形态从业者与平台企业，即北京三快科技有限公司（美团外卖平台的经营实体公司）、上海拉扎斯信息科技有限公司（饿了么外卖平台的经营实体公司）等存在劳动关系。而认定劳动关系的绝大部分案例，系认定新就业形态从业者与平台企业的外包商存在劳动关系。部分判例中，新就业形态从业者将平台企业的外包商列为第一被告，而平台企业列为第二被告。

（三）司法判例总体否定新就业形态从业者与平台企业存在劳动关系

对于直接以平台企业为被告的判例，判决基本明确否定双方存在劳动关系。本书摘取部分判决内容如下：

“本案中，桑天云主张其与上海拉扎斯信息科技有限公司存在劳动关系，仅提供了其在饿了么外卖平台担任配送员的手机截图等，并不能直接反映其系上海拉扎斯信息科技有限公司的员工。经查，饿了么外卖平台上的配送员身份、管理及工资发放多样，有上海拉扎斯信息科技有限公司自营方式管理的配送员，有区域代理公司招聘的配送员，也有自行注册的配送员。桑天云陈述其系天长饿了么分公司招聘，工资是由梁超发放。但对于桑天云的身份，以及其与天长饿了么分公司、天长饿了么分公司负责人梁超以及上海拉扎斯信息科技有限公司四者之间的关系，桑天云未提供证据加以证明，也未在本院给予的合理期限内到庭说明情况，应承担举证不利的后果。故桑天云主张其与上海拉扎斯信息科技有限公司存在劳动关系的诉讼主张不能成立。”——“桑天云与上海拉扎斯信息科技有限公司劳动争议上诉案”，（2017）皖11民终938号。

“张勇以兼职身份担任代驾司机，工作时间灵活，其是否提供、何时提供代驾服务均由其本人决定，原、被告之间不属于劳动关系，故原告基于劳动关系的各项诉讼请求，没有事实依据及法律依据，本院不予支持。”——“张勇诉北京亿心宜行汽车技术开发服务有限公司劳动争议”，（2016）京0107民初4021号。

张勇诉北京亿心宜行汽车技术开发服务有限公司（即e代驾平台经营实体公司）一案中，判决书中明确写道：“被告亿心宜行公司经本院依法传唤，未到庭应诉，应视为放弃抗辩和质证的权利。”换言之，该案件是在被告未依法到庭、做出答辩的情况下的缺席裁判，但法院依然认定双方不存在劳动关系。

在另一起美团外卖送餐人员引起的机动车交通事故责任纠纷的判决中，法院对送餐人员与外卖平台法律的关系的定性是：“北京三快公司虽系美团网网站的运营主体，但与直接侵权人贾国军之间并非雇佣关系，故原告的主张依据不足，本院不予支持。”——“刘湘潭诉北京三快科技有限公司、天津义金堂餐饮管理有限公司机动车交通事故争议”，（2017）津 0103 民初 585 号。

通过上述判决书中法官的意见，可以发现目前大部分法官并不支持新就业形态从业者与平台企业存在劳动法上的劳动关系。当然，也有部分判例支持两者存在劳动关系，“本院认定电动车驾驶员为被告的员工，事故发生时正在履行职务，被告应当对原告的损失承担赔偿责任”。——“侯念鑫与拉扎斯网络科技（上海）有限公司生命权、健康权、身体权争议案”，（2016）津 0102 民初 8658 号。

当然，此认定劳动关系存在的案例有一定的特殊性，因被告拉扎斯网络科技（上海）有限公司并未到庭应诉，系缺席审理。

（四）司法判例基本肯定新就业形态从业者与外包企业存在劳动关系

而在涉及外卖平台第三方外包商时，大部分案例认定存在劳动关系。本书同样摘取部分典型判例观点加以展示，以飨读者。

“故原审法院对刘云雷主张柒零部落公司与其存在劳动关系予以采信，并依据刘云雷所述有关工资情况判令柒零部落公司向刘云雷支付尚欠工资、未签订劳动合同二倍工资差额及解除劳动合同经济补偿金，并无不当。”——“北京柒零部落餐饮管理有限公司与刘云雷等劳动争议上诉案”，（2017）京 02 民终 2952 号。

本书共收集了七则北京柒零部落餐饮管理有限公司为被告的劳动争议案件，均为二审终审案件。法庭向案外人拉扎斯网络科技（上海）有限公司（饿了么外卖送餐平台经营实体公司）进行调查，该公司相关负责人称，拉扎斯网络科技（上海）有限公司与上海拉扎斯信息科技有限公司均运营饿了么品牌，柒零部落公司为该品牌下蜂鸟配送代理商。柒零部落公司于 2016 年 3 月 25 日加盟了蜂鸟配送，并于 2016 年 4 月 22 日成为蜂鸟配送代理商。刘云雷系依据以柒零部落公司名义发布的蜂鸟配送配送员的招聘而应聘从事了送餐员工作，蜂鸟配送配送员系统登记及《配送代理商违规行为处罚单》也可以证实刘云雷等配送员系柒零部落公司实际管理。因此，法院认定刘云雷与蜂鸟配送外包商之间存在劳动关系。

“原告神行者公司系依法注册成立的有限公司，被告王宗民具有完全劳动权利能力，被告王宗民在原告处从事快递送餐员工作并在工作中受伤，双方未签订书面劳动合同。原、被告双方虽未签订书面劳动合同，但《劳动和社会保障部关于确立劳动关系有关事项的通知》（劳社部发〔2005〕12号）第一条规定："用人单位招用劳动者未订立书面劳动合同，但同时具备下列情形的，劳动关系成立。（一）用人单位和劳动者符合法律、法规规定的主体资格；（二）用人单位依法制定的各项劳动规章制度适用于劳动者，劳动者受用人单位的劳动管理，从事用人单位安排的有报酬的劳动；（三）劳动者提供的劳动是用人单位业务的组成部分。参照上述规定，原、被告之间符合存在劳动关系的构成要件，应当确认双方存在劳动关系。"——"临沂神行者电子商务有限公司诉王宗民劳动争议案"，（2017）鲁1312民初3095号。

在临沂神行者电子商务有限公司一案中，临沂神行者电子商务有限公司在庭审中主张王宗民与北京三快在线科技有限公司（美团外卖平台经营实体公司）建立了劳动关系，相关的费用也是该公司进行发放，因此王宗民与临沂神行者电子商务有限公司没有关联性。上述主张没有得到法院认可，法官通过网上招聘信息、银行交易明细等综合证据，认为王宗民与临沂神行者电子商务有限公司存在劳动关系。

在认定劳动关系的案件中，北京三快科技有限公司等诉刘亚亚劳动争议纠纷案更为典型。该案件的特殊之处在于系北京三快科技有限公司（美团外卖平台经营实体公司）起诉自然人，要求“确认刘亚亚与我公司之间不存在劳动关系”。而北京市海淀区人民法院最终判决，“确认刘亚亚与北京三快科技有限公司之间不存在劳动关系”。该案件同样涉及三方关系，包括：北京三快科技有限公司、河南省老兵快跑商务信息咨询有限公司（美团外卖平台外包商）及自然人。海淀法院的判决清楚地表明了对三者关系的界定，三快公司与外包商通过合作协议建立了业务外包关系，而自然人系外包商招聘、管理，与外包商存在劳动关系，故自然人与三快公司不存在劳动关系。

“三快科技有限公司作为互联网企业，经营美团外卖业务，对外使用印有‘美团外卖’和‘美团专送’字样的统一样式的工作服、头盔、送餐箱等，符合品牌建设和品牌推广的需要。刘亚亚作为美团外卖的配送人员，自然可以领到这些工作装备，但不能据此就得出其与三快科技有限公司之间存在劳动关系的必然结论。要确认是否存在劳动关系，还应从劳动关系的本质和构成要件出发，即劳动者与用人单位有建立劳动关系的合意，劳动者为用人单位提供劳动，用人单位对劳动者进行管理、向劳动者支付劳动报酬。本案中，根据签订的《美团外卖配送合作协议》，三快科技有限公司将河南省范围内的美团外卖配送服务委托给老兵快跑公司，由老兵快跑公司的员工进行配送服务，三快科技有限公司支付服务费。发布在网络上的招聘信息显示，老兵快跑公司是以其自身的名义对外招聘郑州的美团外卖配送人员，刘亚亚是在郑州帝湖站从事美团外卖的配送服务，故刘亚亚与三快科技有限公司之间并没有建立劳动关系的合意。同时，刘亚亚每天到美团外卖郑州帝湖站集合，接受该站点的服务文明用语教育等培训和管理，并由该站点的站长支付其2016年7月的工资，而该站点是老兵快跑公司下属站点。三快科技有限公司按《美团外卖配送合作协议》的约定向老兵快跑公司结算外卖配送服务费，并未向站点的外卖配送人员直接结算过工资。综上，刘亚亚与三快科技有限公司之间缺乏建立劳动关系的事实依据。本院对三快科技有限公司要求确认刘亚亚与其之间不存在劳动关系的请求，予以支持。”——“北京三快科技有限公司等诉刘亚亚劳动争议纠纷案”，（2016）京0108民初40818号。

综合上述判例结果，笔者发现，从目前的司法判例结果看，当新就业形态从业者主张与平台企业，如美团外卖、饿了么、e代驾等存在劳动法上的劳动关系时，基本难以得到法院的支持。而如果新就业形态从业者主张与这些平台企业的外包商、代理商存在劳动关系时，则大部分获得支持。对于这一判例结果背后的原因，我们将在后文详加分析。

（五）互联网平台用工模式多样

经过上文对互联网平台相关的劳动争议判例整理分析不难发现，其中存在的用工模式并不统一，而是多种用工模式混杂。这也是新就业形态与传统就业关系的重要不同之处。在传统的大工厂就业中，一般劳动关系呈现高度的统一性，整齐划一。即使在近年来随着灵活用工发展出现了劳务派遣等方式，从劳动过程看，一致性仍然非常显著。但在新就业形态中则不一样，不仅传统的标准劳动关系大量存在，劳务派遣、非全日制、业务外包、零工等形态也普遍存在，甚至业务外包与劳务派遣的混合模式也存在。各位读者可能不太容易理解什么是业务外包与劳务派遣的混合模式，比如，A公司作为外包商与某外卖平台订立合作协议，承接某一区域的外卖业务。而后A公司与B公司订立派遣协议，由B公司向A公司派遣劳动者。更甚至还存在“外包加外包”的模式，即A公司与平台订立业务外包协议后，与B公司订立劳务外包协议。

由于互联网的特点影响，这些关系还在不断变化中。例如，不论是美团外卖还是饿了么外卖平台在处理初期，都曾存在直接雇佣订立劳动合同，或大量招收App注册外卖员。但在经过一定的运营周期后，平台企业不断调整用工关系。据笔者观察，从2018年开始，主要外卖平台就逐步把送餐员的关系归入外包商企业，逐步减少平台企业与送餐员直接发生关联，而是引入“外卖平台—外包公司—送餐员”的模式。此外，笔者也观察到，部分有一定规模的外包公司也开始逐步调整用工关系，出现外包公司与派遣公司合作的模式。笔者认为，这与传统劳动关系追求稳定不同，一方面是受到互联网经营形态的影响，以适应快速变化的互联网经济需要；另一方面，显然是对相关劳动争议司法判例做出的反应，进一步厘清法律关系，控制法律风险。

笔者排除劳动者为公司管理人员等非新就业形态的判例后，发现超过半数的判例中涉及了第三方外包商公司。新就业形态从业者虽是通过平台提供劳动，但实际是与第三方的外包商公司形成劳动关系。互联网平台公司或与第三方外包商公司签订合作协议，如《美团外卖配送合作协议》和《蜂鸟配送代理合作协议》等，也有部分与第三方公司及劳动者形成劳务派遣关系。

若互联网平台公司与第三方外包商公司签订了合作协议，第三方外包公司承包了某一区域的外卖配送业务，协议中一般约定乙方（第三方外包公司）配送人员与甲方（互联网平台公司）不存在任何劳动、劳务关系或者劳动派遣关系，乙方配送人员在配送过程中出现的任何用工问题，包括但不限于工伤、意外事故、对第三方造成侵权，均由乙方自行承担。

若送餐员与第三方签订劳动合同，被派遣至互联网平台公司，则三者形成劳务派遣关系。当送餐员出现工伤时，不仅第三方公司需承担相应的责任，互联网平台公司也需承担连带责任。例如，在北京万古恒信科技有限公司劳动争议一案[①]中，法院判决拉扎斯网络科技（上海）有限公司对各项赔偿承担连带责任。本案中，万古恒信公司与张海军签订有劳动合同，并将

① （2018）京 02 民终 883 号。

张海军派遣至拉扎斯网络科技（上海）有限公司工作，三方之间形成劳务派遣关系。

总体来说，目前平台用工中存在各种用工方式，呈现为用工关系多元化、用工关系交叉化、用工关系复杂化、用工关系变动化。

第五章　新就业形态的法律关系

自 2015 年起，“互联网 +”的概念屡见于政府工作报告，国家提出制定“互联网 +”行动计划，推动移动互联网、云计算、大数据、物联网等与现代制造业结合，促进电子商务、工业互联网和互联网金融健康发展，引导互联网企业拓展国际市场。[①]各种类型的“互联网 +”业态如雨后春笋般快速涌现，成为推动我国经济发展的新引擎。随之而来，这一领域中新就业形态层出不穷。

从宏观就业数据看，我国就业人口还在持续增加中，2016 年已超过 7.7 亿人。而原来主要消化就业的第二产业部门就业人数呈下降趋势，这是由于我国已进入产业结构调整期，工业部门“去产能”，以及“工业 4.0”下 AI 技术“无人工厂”的出现。第一产业部门的农业劳动者数量仍不断减少，处于输

① 国务院 .2015 年政府工作报告——2015 年 3 月 5 日在第十二届全国人民代表大会第三次会议上 [EB/OL] .http://www.gov.cn/guowuyuan/2015-03/16/content_2835101.htm，2017-04-27.

出劳动力的趋势。在GDP持续下降的背景下，我国年新增就业岗位持续增加，第三产业部门对就业的贡献尤为突出。其中，新就业形态从业者成为就业增长的重要亮点。

据国家信息中心信息化研究部的《中国分享经济发展报告：现状、问题与挑战、发展趋势》指出，2015年中国分享经济领域从业者约5000万人，约占劳动人口总数的5.5%，预计未来五年分享经济年均增长速度在40%左右。① 有专家预测在未来20年里，平台经济将为中国直接提供4亿个工作机会，相当于中国总劳动力人口的50%。另据网约车企业滴滴平台披露，其注册网约车司机过千万人，全职网约车司机超过100万人；而饿了么送餐平台的注册配送员人数已超过300万人②。

伴随着这类就业人数的快速增长，劳动纠纷随之而来。2015年末，白先生等7名厨师将上海乐快公司诉至劳动争议仲裁委，要求确认劳动关系，支付解除劳动关系经济补偿金、未签订劳动合同的双倍工资差额、加班费等共计40余万元。他们都是“好厨师”App平台的私厨，该案被媒体称为“网约工劳动争议第一案”。事实上，即使是在北京，这样的案件也不是网约工劳动纠纷的第一案。2014年，代驾孙先生将北京亿心宜行汽车技术开发服务有限公司诉到了劳动争议仲裁委，要求确认劳动关

---

① 分享经济发展报告课题组．中国分享经济发展报告：现状、问题与挑战、发展趋势[J]. 电子政务，2016（4）.

② 数据来源，饿了么官网，https://www.ele.me/support/about，2017-06-06.

系并补缴社保等。然而，代驾孙先生直至二审均未获得支持，法院否定他与代驾公司存在劳动关系。而网约厨师们则最终被北京中级人民法院认定存在劳动关系，并支付违法解除的赔偿金。

同样是新就业形态司法认定，结果截然不同，差别到底在哪里呢？笔者认为，对于一类新型就业，从理论出发探讨其属性确有必要，但首先需从实证的角度，透析其现状、特征，在定量研究的基础上做出定性结论。故笔者选择了目前“互联网 +”就业中较为典型且就业人数较多的新就业形态从业者为研究对象，并着重选择了其中较有代表性的饿了么送餐平台为实证对象，通过问卷法、访谈法、田野调查及典型案例研究的方法，对这一新型就业做出细化分析。

一、学者间的争论

对于新就业形态从业者与平台的法律关系，已成为近年来学界的研究热点，劳动法学界、管理学界、社会学界的学者们都表达了各自的观点。这一主题不仅是我国学者研究的热点，而且可以说是世界热点。但与我国不同，国外学者主要研究的是 Uber 等网约车司机的劳动纠纷案件。总体来说，国内外学者的观点可以分为四大类：劳动关系说（雇佣关系说）、非劳动关系说、合作关系说（独立承包人说）及其他关系说。

其一，劳动关系说。持该种观点的学者认为，尽管互联网经济、分享经济等是新兴事物，但并未改变新就业形态从业者与平台企业的从属性关系。如常凯（2016）认为，互联网经济并未改变劳动和资本之间的关系，互联网经济下的用工关系仍是雇佣关系。而闻效仪（2018）指出，雇主们之所以不承认劳动关系，是因为由此带来的劳动保障成本是他们不愿承受的，这会大大影响他们的企业收益，虽然他们正源源不断地从平台就业者的劳动收入中高额获利。持此观点的学者基本沿用了传统的劳动关系认定的从属性标准，相对而言有较多劳动法学者和劳动关系学者认同此观点。

不仅我国学者有此观点，国外亦有。鉴于国外法律制度与我国的不同，对应我国劳动关系的在国外一般被称为雇佣关系，且国外一般不区分劳动关系和劳务关系。Ian Lloyd（2016）的研究发现，部分网约车司机认为网约车平台是自己的雇主，双方存在雇佣关系。

部分司法判例支持这一观点。2015年，英国劳动法庭对Uber公司的司机是否属于雇员做出判决，认定网约车司机适用部分劳动基准，包括享受全国最低工资和带薪休假等员工待遇。其判决理由包括：（1）Uber公司与传统的出租车公司具有一样的核心业务与监管责任，调度手段的不同不能作为其与传统公司的本质区别。（2）Uber公司的条款制度严格约束着Uber司机，其工作细节受到Uber公司的监控。（3）Uber公司与乘客之间的交易在司机开始为乘客提供服务前就已经达成，所以司机与乘客属于服务关系。而司机获得报酬的前提在于为 Uber 公司将乘客送到目的地，因此两者之间存在合同关系，Uber 公司扮演着雇主的角色。（4）Uber 公司招录的司机是 Uber 公司一员，两者并非独立的工作关系。（5）合同各方存在不平等的谈判地位。同时英国劳动法庭还认为“待命”同样是司机提供的服务，属于 Uber 公司为乘客提供实时用车的业务的重要组成部分（黄文旭，2017）。

这一观点也获得了美国司法判例的支持。2015 年 6 月 3 日，美国加州劳工委员会做出裁定，认定 Berwick v. Uber 一案中的 Uber 专车司机 Barbara Ann Berwick 为该公司雇员（Employee），而不是 Uber 公司一直主张的独立合同工（Independent Contractor）。加州法院在认定雇员身份时，主要采取了“Borello Test”标准，在加州产业关系部的官方网站有关如何区别雇员与独立合同工的介绍中，也以“Borello Test”为标准。[①] 需要说明的是，尽管法官采用了这一标准，但并不需要一一符合才能进行劳动关系

① “Borello Test”标准，该标准包括 11 项内容：（1）工作内容是否与雇佣人的业务有区别；（2）工作内容是否是雇佣人业务的组成部分；（3）生产工具和工作场所是否由雇佣人提供；（4）是否需要为工作购买设备或材料；（5）是否需要特定工作技能；（6）是否在工作中需要雇佣人或者专家的指导；（7）是否因管理技能影响其收入的损益；（8）服务持续时长；（9）工作关系的持续时长；（10）计酬方式，计时还是以工作计；（11）各方是否认为他们之间存在雇佣关系，该因素属于次要条件。State of California Department of Industry Relations . http://www.dir.ca.gov/dlse/FAQ_IndependentContractor.htm，2018-06-06.

的认定。并且，法院在进行判决时也可以同时考察[①]其他的要素（蔡雄山、徐俊，2017）。

其二，非劳动关系说。著名劳动法律师姜俊禄在接受媒体采访时表示，这些平台类似于网络化的传统中介公司，劳动者仅是服务的提供方，通过平台公司获得服务需求信息，并提供服务，获取报酬，其与平台公司不形成安排与被安排、管理与被管理的关系，双方不是劳动关系（赵泽众，2016）。学者王天玉（2016）也认为，在我国现行的制度框架下，不应当认定基于互联网平台提供劳务属于劳动关系。持此类观点的学者，尽管比较明确地否定了新就业形态从业者与平台间的劳动关系，但没有进一步提出两者关系的定性。这些学者普遍认为这样的新型关系不应沿用传统的认定标准，黄韵（2017）认为在“互联网 +”时代，用人单位会更多地采用非固定人员、地点的模式，因此不能单单凭借劳动关系从属性直接做出劳动关系是否存在的判决。这些学者普遍认为对新就业形态应采取包容、审慎的态度，并应对现有劳动法律框架加以创造以适应发展。

国外同样有学者持非雇佣关系说，Steven Greenhouse（2015）认为网约车平台帮助司机联系乘客打理订单，并且将报酬按照约定的比例存入相应的账户，使其享受到了更加灵活自由的工

① Paula M. Weber AND Erica N. Turcios .Uber Hits a Speed Bump in California: Labor Commissioner Rules Driver Is an Employee [J]. Employee Benefit Plan Review, 2015（9）: 10–13.

作方式，很难说网约车平台是他们的雇主。

其三，合作关系说。与劳动关系相对的，部分学者提出了合作关系。他们认为，平台和劳动者基于共同的利益，一方提供信息，另一方完成劳动过程，双方合作共赢（王卉，2017）。董柳（2017）也认为，如果劳动者不需接受公司的管理和支配，而是有业务时接受公司安排的业务，无业务时则可以自由活动，或是自由选择接受其他的业务，甚至可以拒绝公司安排的业务，该种模式缺少管理上的人身依附性，双方应当是一种松散的合作关系。这种提法不同于传统劳动关系研究中的“劳动、劳务二元论”，显然这部分学者使用合作关系的概念，意图区别于劳务关系。即他们认为，合作关系是一种比劳务关系更为平等的关系。

根据国外法律制度，部分学者认为网约车司机应该被定义成独立承包者，Nicholas L. DeBruyne（2017）从控制权、经济现实性、创业机会等多个维度展开研究。其观点与我国持合作关系说的学者比较接近。

其四，其他关系说。还有一些学者对于新就业形态从业者与平台的定性提出了创造性的概念，如王兴全（2017）认为网约工作为互联网平台组织外部成员，具有部分组织从属性，外部经济从属性、继续性，互联网平台企业从其劳动中得利，因此两者之间的关系是一种类似德国“类劳动者”或意大利“准从属性劳动关系”。田思路（2019）从“工业 4.0”的视角提出，在这种当事人之间的契约既具有外包、委托的自主从业性质，又具有雇佣的从属劳动性质时，可以考虑将其视为一种“混合契约”。但他认为，对“混合契约”同样可以从从属性的角度加以保护。此外，唐鑛（2018）虽然没有做出定性，却提出规置原则：定性为劳动关系的，应当严格按照现有法律规定进行认定；定性为合作关系或者雇佣关系的，应当按照民事法律规定进行规范和调整；慎重对待性质分类，若是网约用工双方的关系既不属于劳动关系，也不属于民事关系的，应当慎重进行分类。

主张构建一种新型关系以适应经济新发展的学者在国外也不少，Seth Harris 等（2015）认为网约工属于介于劳动者与独立承包人之间的独立劳动者。Alyssa M. Stokes（2017）认为，在共享经济迅速发展的同时，劳动法也应该同步更新，为共享经济中的劳动者提供新的分类。

二、新就业形态从业者法律性质解析

（一）新就业形态从业者不是隐蔽雇佣

基于对全球就业的观察，国际劳工组织最早提出了隐蔽雇佣的概念，并在 2003 年《雇佣关系的范围》报告中指出，所谓隐蔽雇佣关系，即指假造某种与事实不同的表面现象，从而达到限制或削弱法律所提供的保护的目的。因此，这是一种旨在隐藏或扭曲雇佣关系的行为，其手段包括以另一种法律外壳加以掩盖，或赋予其另一种使工人获得更少保护的工作形式。[①]用通俗的话说，隐蔽雇佣就是给正常的劳动关系穿上了一件马甲，使其看起来不像劳动关系，从而降低员工的法律保护，规避雇主的法律责任。

按照国际劳工组织《雇佣关系的范围》报告的分类，隐蔽雇佣可以分为两类：雇主身份的隐蔽和雇佣关系的隐蔽。雇主身份的隐蔽，指通过一系列安排将真实的雇主身份隐藏起来，如我国建筑行业长期存在的“包工头”。业主将工程发包给“包工头”，由“包工头”雇佣工人，表面上看似乎工人与业主没有雇佣关系，这种隐蔽雇佣形态最终被我国法律所否定，并确定了发包人的雇主责任。雇佣关系的隐蔽则是用其他的民事合同包装劳动合同关系，如微软雇佣的独立合同工最终被认定为劳动者，即使微软与这些员工订立有民事合同，其劳动者身份依然被认定。

那么，到底如何认定隐蔽雇佣呢？国际劳工组织给出的答案是，“事实第一原则”。确定一种雇佣关系的存在应当以事实为依据，而不能根据双方对其赋予的名称或形式来决定。这就是为什么一种雇佣关系的存在应取决于某些客观条件是否得到满足，而不是取决于一方或双方对这种关系进行怎样的描述。[②]

从本文实证的结果看，新就业形态从业者确实具有许多与

① 国际劳工局 . 雇佣关系的范围 [R]，国际劳工大会，2003.

② 国际劳工局 . 雇佣关系：报告五（1）[R]，国际劳工大会，2006.

劳动关系相似的特征，尤其是如果以原劳动和社会保障部《关于确立劳动关系有关事项的通知》为标准考察，则似乎完全符合。

首先，网上订餐平台与骑手两者都符合法律法规规定的主体资格。饿了么网上订餐平台由拉扎斯网络科技（上海）有限公司开发运营，属于适用《劳动合同法》的9类用人单位中的“依法成立并存续的企业”，而其本身确有直雇员工。同时，尽管不排除个别骑手低于劳动年龄或者超过法定退休年龄，但绝大多数骑手的年龄在16周岁至60周岁之间，不是在校学生也没有开始享受基本养老保险待遇，不带有特殊的行政属性与职业属性，属于现有劳动法适用的劳动者的范围。

其次，平台针对骑手工作全过程制定了严格的规章制度和相配套的惩罚措施，在管理制度的约束下，骑手高度自觉遵守平台规定，通过完成送餐工作从平台处获得劳动报酬。平台对骑手可以实时动态监控、多维度监督，并全程保留骑手工作过程的各项数据，平台对骑手的控制程度甚至比传统劳动关系中用人单位对劳动者的控制更强。

最后，骑手所提供的送餐服务是网上订餐平台业务的组成部分，是网上订餐平台主营收入的来源，并且从问卷和访谈的内容看，订餐平台也要求骑手只为单一平台服务，不得兼职。

我们进一步把《关于确立劳动关系有关事项的通知》中列举的认定劳动关系的凭证，与饿了么网上订餐平台的实证内容加以比较，详见表10。

表 10　劳动关系认定凭证与饿了么对骑手管理细节的对比

序号	劳动关系认定凭证	饿了么对骑手的管理细节
1	工资支付凭证或记录（职工工资发放花名册）、缴纳各项社会保险费的记录	平台每月按时将工资打入骑手预留的银行卡中，骑手可以提供银行对账单
2	用人单位向劳动者发放的“工作证”“服务证”等能够证明身份的证件	骑手在注册饿了么时就生成了平台工号，并已计划逐步发放工牌
3	劳动者填写的用人单位招工招聘“登记表”“报名表”等招用记录	骑手在注册饿了么时需详细填写一系列表格，与“登记表”“报名表”内容接近
4	考勤记录	骑手缺勤需提前通知站长，对骑手的出勤情况在平台可实时反映

通过上述比较，就不难理解为什么北京“网约工第一案”中，7 名厨师被判定与“好厨师”平台存在劳动关系了。法院认为，个人与某单位之间是否存在劳动关系的根本在于双方的“合作”模式是否符合劳动关系的法律要件，而不在于双方对于彼此之间法律关系的“认识”。双方虽签订了否定劳动关系的《合作协议》，但双方仍具有较强的从属关系，双方建立的关系符合劳动关系的特点。[①]

从本文的实证看，如果我们采用原劳动和社会保障部《关于确立劳动关系有关事项的通知》的标准作为参照，则新就业

① 颜斐. 网约工劳动争议第一案 :7 人诉“好厨师”App 非法解雇获赔 [N]. 北京晨报，2017-06-14.

形态从业者几乎符合所有标准。是否因此我们可以得出结论新就业形态从业者就业关系就是隐蔽的劳动关系呢？笔者认为，不能轻易得此结论，即使有诸多符合的标准，我们也需检视那些并不符合的要件。

（二）新就业形态从业者并非单纯的民事雇佣关系

在北京的王某某诉北京亿心宜行汽车技术开发服务有限公司（e代驾运营公司）、程某刚诉北京亿心宜行汽车技术开发服务有限公司、董某群诉北京亿心宜行汽车技术开发服务有限公司、郭某迪诉北京河狸家信息技术有限公司，以及上海的吕某娇诉上海勾圈开网络科技中心、张某莫诉上海奋杰企业营销管理有限公司（百度外卖合作方）、赵某某诉上海正东人力资源有限公司和拉扎斯网络科技（上海）有限公司（饿了么订餐平台）、刘某某诉拉扎斯网络科技（上海）有限公司、李某某诉奇心（上海）信息技术有限公司（快的打车）等笔者收集的百余个新就业形态从业者案例中，所有平台均否认与新就业形态从业者之间存在劳动关系，而新就业形态从业者尽管最终诉求各有不同，如为缴纳社保、获得工伤待遇、获得补偿金等，但均提出要求与平台企业确定劳动关系。

这当然从一个侧面反映出我国劳动立法的弊病——“全有或全无”。如是劳动关系，则各项法定福利和保障全有；如是劳务关系，则保障非常有限。劳动关系与劳务关系的一字之差，带来的是保障水平的巨大落差。劳务关系与劳动关系的保障落差在于适用民法、合同法等，劳务关系是两个及以上平等主体间因劳务合同产生的各项权利义务的关系。当然，民事法律并不常用劳务关系这个概念，而是雇佣关系。《最高人民法院关于适用〈中华人民共和国民事诉讼法〉若干问题的意见》第四十五条规定：个体工商户、农村承包经营户、合伙组织雇佣的人员在进行雇佣合同规定的生产经营活动中造成他人损害的，其雇主是当事人。对于劳务关系与雇佣关系的关系，学者中存在“等同说”“并列说”等不同观点，但是不论哪种观点均不否认这两种关系都属于民法调整的范围。

参考学者们的观点①及最高人民法院指导案例②，劳务关系具有四个特征，我们将其与饿了么平台的实证结果加以比较，详见表 11。

表 11　劳务关系特征与饿了么对骑手管理细节的对比

序号	劳务关系特征	饿了么对骑手的管理细节
1	主体是否特定，雇主可以是自然人或法人	饿了么平台已注册公司具有法人资格

① 冯彦君，李娜 . 退休再就业 : 劳动关系抑或劳务关系——兼评“社会保险标准说”[J]. 社会科学战线，2012（7）；胡新建 . 劳务关系、雇佣关系、劳动关系之辨析与建构 [J]. 温州大学学报（社会科学版），2010（5）.

② 郭敬波，何彬彬 . 车辆挂靠营运中劳动关系的认定——浙江宁波鄞州法院判决张晓芬等诉锋达运输公司确定劳动关系案 [J]. 人民法院报，2009-08-07.

续　表

序号	劳务关系特征	饿了么对骑手的管理细节
2	主体地位是否平等	送餐员与平台的关系较为平等，如送餐员可随时停止工作、没有特定的请假程序等
3	生产工具由谁提供	送餐员的工作设备基本自行购买，即使统一的工服等也由送餐员购买指定商品
4	关系存续期间长短	送餐员在平台的工作时间并不长，“跳槽”情况较为普遍

从表 11 的比较可以发现，从对饿了么订餐平台送餐员的实证看，似乎送餐员与平台之间也很符合劳务关系的特点。而有学者研究后认为，网约车司机与网约租车平台之间存在的是劳务关系。[①]

如果我们将之与承揽关系比较，则会发现似乎也很相符，详见表 12。承揽关系的特点参见黄越钦教授《劳动法新论》的观点。[②]

表 12　承揽关系特征与饿了么对骑手管理细节的对比

序号	承揽关系特征	饿了么对骑手的管理细节
1	承揽人之劳务给付系“独立劳动”	送餐员均是独立完成送餐工作，送餐员之间基本无合作关系

① 彭倩文，曹大友 . 是劳动关系还是劳务关系 ?——以滴滴出行为例解析中国情境下互联网约租车平台的雇佣关系 [J]. 中国人力资源开发，2016（2）.

② 黄越钦 . 劳动法新论 [M]. 北京：中国政法大学出版社，2003.

续　表

序号	承揽关系特征	饿了么对骑手的管理细节
2	承揽人之报酬系计件报酬	送餐员的报酬按照送餐件数计算
3	承揽以一次给付为准	平台目前是按月支付送餐员报酬，但如果从订餐者的角度看，这种支付是一次性的
4	承揽系特定劳动	送餐员提供的服务需本人完成，内容特定
5	承揽人负危险责任	订餐平台明确规定，如果送餐员在送餐过程中损失了餐品，需自行补购。如果发生交通事故或车辆损坏也基本由送餐员承担
6	承揽人使用自己的设备并承担业务风险	送餐员的生产工具基本自行配备

根据表 12 中的对比，似乎送餐员的工作也符合承揽关系的大部分特点。这恰恰是新就业形态令人迷惑的地方，如果我们持有某种假设，这是劳动关系、劳务关系或是承揽关系，似乎我们总可以找到其符合的部分。

经过以上分析，我们不禁要问这到底是一种什么关系呢？笔者认为，如果我们继续沿用现有劳动关系的认定标准，已无法正确地判断这类关系。如同加州 Uber 案的主审法官 Edward Chen 说的那样，依据 Borello 测试体系不能得出清晰明确的结论。[①]

探讨新就业形态就业关系需要梳理其特征，从实证看，我们

① 王天玉 . 基于互联网平台提供劳务的劳动关系认定——以“e 代驾”在京、沪、穗三地法院的判决为切入点 [J]. 法学，2016（6）.

认为其至少具有以下几点：

其一，用工形式的多元性。尽管我们将从事此类就业形态的人员统称为网约工，但其构成不是单一的。其中既包含了标准劳动关系的员工，也有劳务派遣员工，还有如饿了么平台上的众包人员这类形式。这些用工方式差异巨大，并且还会互相转化。如在饿了么平台的众包员工告诉笔者，平台会吸收业务较好的人员订立劳动合同，转为正式雇员。

其二，从业人员的自主性。“互联网 +”下的网约工与传统就业相比，其自主性有很大提高。比如，送餐员可以自行决定工作时间，所谓上班不再是雇主规定的“朝九晚五”，而是从从业者自己打开 App 开始接单的时候开始。同样的，从业者也可以通过关闭 App 决定何时下班，甚至可以选择一段时间休息而完全不接单。据财新网数据，至 2016 年底，滴滴北京注册司机数量为 110 万人，活跃司机数量逾 20 万人。[①] 也就是说，大部分网约车司机处于休眠状态。

其三，工作方式的移动性。与传统的服务业工作场所相对固定不同，网约工提供登门服务，由消费者移动变为服务者移动。如提供美容服务的平台，以往是消费者去美容院，现在是美容师登门。移动性加强直接导致工伤风险加剧，据上海市公安局交警总队统计，仅 2017 年上半年，涉及送餐外卖行业的道

① 刘晓景，屈运栩．北京网约车细则落地后合规车辆到底有多少？［EB/OL］. http://companies.caixin.com/2016-12-26/101030721.html，2018-3-2

路交通事故就有 76 起。[①]

如果回到传统劳动关系的从属性标准看，网约工对平台具有一定的人身依赖。网约工得到的不是工作指令而是业务信息，按照“双边市场”理论，平台收集双边信息通过平台实现对接。点单者在平台发布送餐需求，送餐员通过平台获取信息，这与传统的雇主工作指令有显著不同。特别是，在订餐人通过平台发布信息后，送餐员自行抢单，而非雇主指定特定送餐员接单，这与传统劳动关系模式有很大不同。此外，送餐员对自己行为的控制度更大，可以自由决定工作或休息，不需要履行手续，甚至决定停止工作时，也无须提前通知。在上海普陀法院判决的顾某诉拉扎斯公司一案中[②]，法官注意到，原告开始工作后，其间曾经停止 2 个月，员工单方面中止工作无须履行任何手续，也不影响他继续从事送餐工作。在这样的关系中，送餐员显然获得了更大的自主权。

从经济从属性看，送餐员与平台之间的经济关系是平台的部分收入是从商家（饭店）收取费用，部分收入是从订餐费中抽取。送餐员与平台之间是一个分成的关系，这样的模式接近于出租汽车司机与出租车公司间的经济关系。

此外，在组织从属性方面，送餐员业务的高度分散化，导致组织性的弱化。送餐员彼此独立开展工作，不需要在特定生

---

① 胡喜辉 . 外卖送餐事故多发责任谁来承担 [N]. 经济参考报，2018-02-14.

② 上海市普陀区人民法院民事判决书（2017）沪 0107 民初 22421 号。

产场所完成工作。送餐员根据订单需要在不同场所完成工作，不与平台的组织发生直接联系。送餐员也不再长期从属于一个平台，他们可能在同一时段内为数个平台工作，传统的长期雇佣关系被打破，网约工可能在较短的周期内连续不断从属于不同的生产组织。

那么，是否因此可以说网约工是一种新型的非标准劳动关系呢？对此，笔者更倾向于认为，这是一种国际劳工组织定义的模糊雇佣关系。模糊雇佣关系（ambiguous employment），又称不确定雇佣关系，国际劳工组织在 2003 年的《雇佣关系的范围》中写道，除了隐蔽雇佣关系以外，在某些情况下，那些用于判定雇佣关系特征的要素并不明显。与其说是因为人们故意想掩盖它，倒不如说是因为这种情况下雇佣关系是否存在，确实会有疑义。这种情况的产生，可能是由于工人与其劳动或服务对象之间的关系呈现为某种特别的复杂形式，也可能是这种关系随着时间发展不断变化。[①]

一方面，在对饿了么平台进行实证研究后，我们发现网约工作为一个统称，其中包含的就业形态非常多元。仅在饿了么平台上，从事同样工作的网约送餐员中既有订立标准劳动合同的员工，也有通过劳务公司外派的派遣员工，还有众多自行抢单的众包员工。对这些员工，无法以单一的调整模式一言以蔽之。另一方面，网约平台的管理模式也在不断变化中。互联网

① 国际劳工局 . 雇佣关系的范围 [R]，国际劳工大会，2003.

的逻辑是从 1.0 开始，不断进化和迭代。在顾某诉拉扎斯公司一案中，饿了么公司承认自公司成立以来，其 App 平台的《蜂鸟众包用户协议》版本始终在不断修改中。在最新的版本中，协议写入“双方不存在劳动、劳务及雇佣关系”。可见网约工与平台的关系，并非单一的存在形式。同时，两者的关系也在不断变化中。这些特征符合国际劳工组织关于模糊雇佣关系的描述。

当前网约工就业形态的形成，是市场业务发展主导的结果。从主观来说，平台企业更多考虑的是业务的需要，而非恶意制造隐蔽雇佣，以规避雇主责任。从客观来看，这种关系本身在发展、迭代中，并未形成如传统标准劳动关系一般稳定的就业形态。可以说，当下的网约工是一个动态的关系，而非相对静态。因此，本文认为，在当前阶段采用国际劳工组织不确定雇佣关系的界定较为合宜。既承认其雇佣关系的本质，也不急于将其固化于传统模式。

目前对网约车司机的规章，也从一个侧面反映了立法者事实上对模糊雇佣关系的认可。《网络预约出租汽车经营服务管理暂行办法》第十八条规定，网约车平台公司与提供服务的驾驶员可以签订多种形式的劳动合同或者协议，明确双方的权利和义务。《上海市网络预约出租汽车经营服务管理若干规定》第十四条规定，建立劳动关系的，应当依法订立书面劳动合同，依法缴纳社会保险费。在对网约车司机与平台的法律关系中，立法并没有强调必须建立劳动关系。这与《劳动合同法》中规定的用人单位自用工之日起即与劳动者建立劳动关系的思路已经发生变化。平台经济就业更灵活、更弹性体现在通过合意确立雇佣模式，与强调雇佣关系的法律界定相比，目前更重要的是解决数千万名网约工在现阶段的就业保障。

第六章　如何保护新就业形态从业者

2019 年 8 月 10 日晚上，超强台风“利奇马”以摧枯拉朽之势横扫上海。在狂风暴雨之中，一位送餐员疑似因电瓶车涉水行进造成电瓶漏电，不幸触电身亡。然而，更为不幸的是，这些意外死亡和受伤的送餐员、快递小哥却难以获得工伤保障，将使他们的家人承受更大的不幸。

这位送餐员的悲剧并不仅是极端天气造成的个案，据上海市公安局交警总队的数据，外卖等行业新就业形态从业者伤亡事件呈现增长态势。2019 年上半年，上海市共发生涉及快递、外卖行业各类道路交通事故 325 起，造成 5 人死亡，324 人受伤。发生交通事故较多的企业为饿了么、美团、盒马和顺丰等新就业形态平台。

互联网的迅速发展催生并繁荣了共享经济和平台经济，从滴滴打车到三大外卖平台，平台经济已经成为百姓生活中不可或缺的一部分。随着其规模和影响的不断扩大，吸引了大批就业人群进驻到各类共享平台。国家信息中心预计，到 2020 年，这个就业规模将达到 2000 万人。[①]

外卖已然成为我们日常生活中不可缺少的一部分，外卖骑手即网约送餐员的数量也快速增长，其劳动权益保障方面存在的很多问题也随之凸显出来。网约送餐员需要在交通高峰期争分夺秒地将餐送达，导致在送餐过程中发生事故频率极高。虽然网约送餐员的工作安全风险极高，但他们的风险保障却依旧缺位。由于网约送餐员普遍没有与网络平台签订劳动合同，无法享受工伤保险的保障，一旦出现工伤就需要承担高昂的医药费和无法工作带来的生活压力。

社会保障的全民化是重要的趋势，千万级就业规模的互联网新就业形态群体不能成为盲区。从国家战略的高度看，数千万人被排除在社保体系外必将构成对国家整体社保系统的威胁和重大社会风险。研究健全完善网约送餐员的工伤保险制度，实现网约送餐员的社会保障权是亟待解决的重大现实问题。

一、新就业形态从业者面临的风险

本书将用问卷调查以及访谈结果来分析网约工的劳动现状，对其权益保障方面的问题展开调查。鉴于我国目前社保的“全有、全无”模式，本书并未将工伤保险单独列出。

---

① 闻效仪．正确认识和把握共享经济对劳动关系的影响 [N]. 工人日报，2017-08-29.

（一）网约送餐员问卷调查及访谈结果分析

笔者在上海市商圈及小吃街附近网约送餐员聚集休息的地方进行问卷的发放，共发放问卷211份，有效回收了105份，回收率49%，数据基本情况及体现出的问题如下。

1. 个人信息

网约送餐员多为青年男性，接受调查的网约送餐员中，男性的比例高达95.24%，年龄在39岁以下的占到94.29%。教育水平多为高中及以下，占比80.95%。婚姻家庭状况以未婚和已婚有孩子为主，分别占比37.14%和45.71%。健康状况自我评价都很高，认为自己健康状况很好和较好的人占比92.38%。

2. 工作相关情况

网约送餐员的收入情况较良好，70.47%的网约送餐员月平均收入在5000元以上，收入高于6000元的占比更是达到了44.76%。工资比较高是吸引许多送餐员从事这份工作的重要原因之一。从工资构成来看，网约送餐员的工资主要是按单计费，60%的送餐员选择了按单计费，21.9%的送餐员选择了按单计费加奖金。76.19%的网约送餐员选择的工资结算方式为月结，也有16.19%的人选择了日结。

而从工作年限来看，从事网约送餐员这份工作6个月以下的人最多，占比37.4%，从事2年以上的仅有13.33%，这表明不断有新的网约送餐员加入，同时一直从事这份工作超过2年的人非常少，可见网约送餐员的流动率也比较高。从工作时间来看，每天工作时长以8—12小时为主，占比71%。从每天接单量来看，30单以上占比最多，为49.52%。从工伤情况来看，一年中受伤1次以上的人数占比约达49%，工伤发生较频繁。

3. 社会保险相关情况

该部分问题涉及劳动合同、劳动关系、社会保险和商业保险等较专业的概念，绝大部分网约送餐员难以理解或不了解相关情况，因此收集到的数据并不能较准确地反映真实情况。例如，大部分送餐员并不知道自己与公司签订的是劳动合同还是协议；虽然也知道社保，但并不知道社保的“五险一金”具体是指什么，也不知道购买的保险是社会保险还是商业保险，当做到“您是否参加了工伤保险”等题时，许多人误以为意外伤害险就是工伤保险、意外医疗险就是医疗保险而选择了“是”，导致问卷结果中参加了工伤保险和医疗保险的比例高达57.14%和56.19%（见表13）。而参加了养老保险、失业保险、生育保险以及有住房公积金的比例仅为29.52%（养老保险可以自缴，因此比例可能较高）、15.24%、9.52%、10.48%。因此，笔者进行了一系列访谈来进一步了解网约送餐员的就业和保障情况。

表 13　网约送餐员社保相关情况

题目	选项	小计	比例
是否签订了劳动合同	是	60	57.14%
	否	45	42.86%
是否参加了工伤保险	是	60	57.14%
	否	45	42.86%
是否参加了医疗保险	是	59	56.19%
	否	46	43.81%
是否参加了养老保险	是	31	29.52%
	否	74	70.48%
是否参加了失业保险	是	16	15.24%
	否	89	84.76%
是否参加了生育保险	是	10	9.52%
	否	95	90.48%
是否有住房公积金	是	11	10.48%
	否	94	89.52%
是否愿意参加社会保险	非常愿意	48	45.71%
	比较愿意	20	19.05%
	一般	32	30.48%
	不愿意	0	0%
	完全不愿意	5	4.76%

续 表

题目	选项	小计	比例
是否认为 11% 的缴费比例较高	是	60	57.14%
	否	45	42.86%

资料来源：根据问卷收集数据整理

通过访谈得知，网约送餐员主要有团队和众包两种形式。团队主要负责某个区域的配送，该区域的配送业务被某家第三方公司承包或代理，团队中的送餐员与第三方公司签订劳动合同。而众包的送餐员表示仅在 App 中上传资料、通过审核即可开始配送，并没有和美团等外卖公司签过任何纸质协议。鉴于我国《劳动合同法》对书面劳动合同的强制要求，可以认为未订立劳动合同书。

问卷调查结果中，有 53.33% 的人可以自由决定是否接单、54.29% 的人不需要进行考勤打卡的情况是相互印证的。工资一般都为月结，但众包送餐员第二天即可申请提现前一天的工资，这可能也是问卷调查结果中有 16.19% 的人选择工资结算方式是日结的原因。部分团队送餐员所在第三方公司为其缴纳社会保险费用，同时也缴纳每天 2 元意外伤害商业保险的保费。而众包送餐员则仅有每天保费 2 元的意外伤害商业保险。

（二）网约送餐员工伤保障中存在的问题

1. 网约送餐员工伤事故频发

在接受调查的网约送餐员中，工作一年中受伤 1 次及以上的人数为 51 人，比例将近 50%，工伤事故发生频率较高。从工作形态上看，网约送餐员工作中大部分时间都在路上骑车，其受工伤的风险自然较大。另外，由于送餐时间有限制，网约送餐员可能会时常处于争分夺秒的紧张状态，并且绝大多数网约送餐员都是按单计费，因此有的送餐员可能会因此铤而走险，超速行驶。工作形态和不合理的管理制度，都大大增加了出现工伤事故的概率。

笔者通过“北大法宝”上对美团、饿了么、百度外卖、e 代驾、AA 租车、好厨师、58 到家 7 家网约工平台企业的机动车交通事故侵权责任判例进行搜索。从 2015 年起，共收集到 77 件判例，交通事故发生概率高于劳动争议，是涉及网约工的最主要争议类型，其中有不少严重伤亡事故。同时，前文所述 2017 年上半年上海市送餐外卖行业平均约 2.5 天就有 1 名送餐员伤亡的报道，都说明了网约工就业的“移动性”决定了这个群体属于“工伤高发群体”。

2. 大部分网约送餐员没有工伤保障

从访谈内容看，网约送餐员的保护装备往往只有一个头盔，少部分人会有护膝等装备，如果发生事故很难起到有效的保护作用。在站点工作的团队送餐员可能会在入职时接受公司的安全培训，了解安全须知，有的公司可能还会提供安全防护装备。而众包形式的送餐员则是极少有机会参与安全教育的，保护装备也需要自己购买。

笔者在“北大法宝”对7家互联网平台企业劳动争议判例的搜索中，发现最主要的案由就是劳动关系认定，占比达到44.64%，将近一半。而网约工主张确认劳动关系的主要目的是获得工伤保障。按照现有法律规定，如果认定双方存在劳动关系，则雇主必须为劳动者缴纳社保。一旦员工受工伤，企业要承担相应的保障责任。但从调查问卷看，网约工的参保比例并不高，一旦受伤如要获得工伤待遇，就必须首先确认劳动关系。

3. 网约送餐员纳入工伤保险的需求与现有制度不兼容

从问卷数据看，对于是否愿意参加社会保险的问题，非常愿意的达到45.71%，而比较愿意的也有19.05%，两者合计达到64.76%，近三分之二。选择一般的比例也有30.48%，可以说网约工的参保意愿非常强烈。

然而，现有制度中工伤保险与劳动关系挂钩，缴费需要通过用人单位进行，网约送餐员无法通过自行缴费的方式获得工伤保险的保障。众包的网约送餐员处境比较严峻，他们与饿了么等网络平台之间的法律关系模糊，在没有确定和平台是劳动关系前，众包的网约送餐员是无法加入现有的工伤保险体系中的。还有部分和第三方公司签订合同的网约送餐员，公司也往往逃避缴费。

4. 企业对员工进行劳动保障的意识薄弱

企业虽然强制网约送餐员购买了统一的商业保险，但其出发点还是为了规避企业的风险，并非以劳动者权益保障为出发点来考虑。例如，有的网约送餐员与第三方公司确定了劳动关系，但公司会找借口拖延、不帮送餐员缴纳社保费用；也有公司利用网约送餐员希望拿到较多的薪水而忽略长远的保障计划，双方约定好不缴纳社保费用，也没有积极采取一些预防网约送餐员工伤的措施。

二、将新就业形态从业者纳入工伤保障

对于将网约送餐员乃至整体的新就业形态从业者纳入工伤保障体系的重要性和应然性，笔者相信对大部分人来说不必赘言。在此本文仅做简要论证，为后文的具体建议提供理论支撑。

（一）社保全覆盖的国家目标

党的十九大报告在第八部分对社会保障体系建设提出了新的原则和要求，全面建成覆盖全民多层次社会保障体系。普遍

性是社会保障的重要原则,《世界人权宣言》和《经济、社会、文化权利国际公约》均规定人人有权享受社会保障权。这一理念应被体现在两个方面，一是制度覆盖度，不应设置不合理的准入门槛；二是应当在制度的覆盖框架内，推进所有人员参保。工伤保险是社会保险的一种，自然也需要遵循普遍性原则，将新就业形态从业者纳入其中。

我国2010年颁布的《社会保险法》所构建的社会保险体系，即城镇职工险、城镇居民险、公务员保险和新型农村保险，形成的“全覆盖”系统在新就业形态从业者保障方面已面临挑战。新就业形态从业者工伤保障的缺失，成为我国社保全覆盖体系中的“盲点”。

我国在党的十八大报告中就提出了，到2020年全面建成覆盖城乡居民的社会保障体系，做到“应保尽保”。国务院印发的《关于进一步做好为农民工服务工作的意见》中也规定，到2020年，农民工劳动条件明显改善，参加社会保险全覆盖。对于我国社保“全覆盖”和“应保尽保”的目标，笔者认为不能停留在形式层面，应从就业者的实际需求出发。按照现有社会保险制度设计，城镇职工险包含人身保障（养老、医疗）与职业保障（失业、工伤），而城镇居民险和新型农保则只有人身保障。在制度设计层面，立法者认为只有城镇职工险参保人才有职业保障的需求，这显然已经不能适应我国社会经济的发展需要。

从上文中我们的实证研究看，新就业形态从业者群体在大部分劳动关系的确认之诉中被认定为不属于劳动关系，因而也就被排除在城镇职工保险的范围外。尽管新就业形态从业者可以选择缴纳城镇居民险或新农保，但我们认为这与“应保尽保”的宗旨相背离。从实证研究看，新就业形态从业者是意外事故的高发群体，他们对获得工伤保障的意愿十分强烈。从完善我国社保“全覆盖”的角度来看，应该将其纳入。

（二）新就业形态从业者的社会保险权

新就业形态从业者有没有社会保障权？这一点本身不应有争议，新就业形态从业者也是我国公民，作为公民享有《宪法》赋予的公民权，社会保障权就是基于《宪法》第四十五条的规定。社会保险制度又被称为劳动保险制度，因为其保护对象是劳动法中的劳动者。[①]传统理论认为，社会保险权是对劳动者生存权的保障。但也有学者认为，社会保险权的主体并非劳动者。杨思斌认为社会保险权是“公民在遭遇社会风险时，可以请求国家和社会提供物质帮助，以确保每一个公民有尊严地、体面地生活，共享社会经济发展的成果”[②]。这一将社会保险权的主体定位在公民的思路，也是我国台湾地区的主流观点。我国台湾地区学者林炫秋认为，社会保险权利是指人民请求国家机关

---

① 史尚宽 . 劳动法原论 [M]. 中国台湾地区：正大印书馆，1978.

② 杨思斌 . 中国社会保险法制建设述评 [J]. 财贸研究，2007（3）.

（特别是立法机关）建立与维护社会保险法律制度，并且依据这样的法律制度，让人民得以参加社会保险成为被保险人，而且享有保险给付等权利。

从对学者观点的梳理可以发现，在理论层面，社会保险权的主体并不仅仅是劳动关系中的劳动者。笔者认为，从劳动法的权利体系出发，认为劳动关系中的劳动者享有社会保险权并无不当，也不能因此否认劳动者之外的群体享有此权利。从《社会保险法》看，第一条就开宗明义表述，社会保险法的主体是公民而非劳动者。

目前，困扰新就业形态从业者加入社保的主要障碍是劳动关系的认定。在前文收集整理的诸多案例中，相当比例是要求认定劳动关系诉讼，其目的是获得工伤保障。从现实看，公民要获得工伤保障，必须要有劳动关系。按照《工伤保险条例》第二条的规定，将工伤保险的缴费义务规定为雇主责任，且劳动者无须缴费，全部由雇主缴费。究其原因在于，工伤保护施行的是无过错责任原则。这固然极大地保护了劳动者，但从发展的眼光看，在今天恰恰变成一种限制。

我们应该认识到，新就业形态从业者和其他新型就业的出现说明了就业形态已经开始转变，已经不再是以传统第二产业部门为主，而是在第三产业部门快速增加，并向着更新的形态发展。工伤保障制度的基本理念和立法模式需要顺势做出调整。

（三）新就业形态从业者的职业安全权

当然，新就业形态从业者享有社会保险权并不等同于享有职业安全权。有学者主张职业安全卫生权的权利主体为从事职业劳动的雇员，非职业劳动者（如在自家从事家务劳动者）和个体经营者（self-employment）则不享有该项权利。[①] 基于现有的法律规定，这一观点并无不当。但从本文的应然角度讨论，是否现有法律规定中没有就不应该有呢？

从历史的维度看，今天劳动者所享有的职业安全权也不是与生俱来的。在德国1883年和1884年分别颁布《劳工疾病保险法》和《劳工伤害保险法》之前，劳动者并无工伤保险，可以说和今天的新就业形态从业者的处境差不多。工伤保险作为最早的社会保险制度，推进了整个人类社会的进步。从“侵权损害赔偿”到明确雇主的“无过错责任原则”，其基础是确立了劳动者的职业安全权。

从我国看，与新就业形态从业者类似的情况也曾发生。农民工在很长一段时间无法缴纳城镇职工保险，这一情况在《社会保险法》中基本解决。建筑行业工人的承包模式导致一个时期内建筑工人工伤保障缺失的情况，也基本得到解决。黄越钦教授认为，20世纪以来，职业安全不再只是“国家”强制雇主保护劳动者的义务，而且也是劳动者在安全法律保护中应享有的

① 刘超捷，傅贵．论职业安全卫生权[J]. 学海，2008（5）.

积极权利。[①]

将职业安全保障从雇主责任转向劳动者权利的思维值得我们借鉴，更为宏观地看新就业形态从业者工伤保障问题，其本质是我国工伤保险制度有待从“雇主集团损害赔偿责任模式”转向“工伤保险社会保障化”。从本文的实证研究看，新就业形态从业者群体的职业属性非常明确。未来平台经济就业越来越多地出现“去雇主化”的趋势，我们应该用发展的眼光承认这一群体的职业安全权。

三、纳入工伤保障的实现路径

综上所述，新就业形态从业者理应享受劳动保障，但实际上作为整日奔波、工伤风险极高的就业群体，由于制度性障碍，他们难以获得工伤保险。新就业形态从业者群体的工伤保障成为亟待解决的课题，因此本文提出了一些建议作为参考。

（一）从消极雇主义务转向积极劳工权利

从长期看，解决新就业形态从业者社会保障的终极手段是创造符合他们就业特征的保险制度，现有主要由雇主承担的城镇职工险与主要由个人承担的城镇居民险均不能满足他们的需求。

本质上，现有工伤保险制度建立的基础是标准劳动关系，

① 黄越钦．劳动法新论[M]. 北京：中国政法大学出版社，2003.

是雇主主导的劳动关系。而新就业形态的一个主要特点是“去雇主化”，在互联网时代，劳动者依赖平台自主就业的比例不断提高。工伤保险制度需要根据新的就业形态的变化而顺势发展，发挥保障就业和社会稳定终极目标。接受工伤保险制度“积极劳工权利”的理念，允许自主就业劳动者加入工伤保险，是社会经济发展的大势所趋。

新就业形态在各个方面发生了根本性改变，用传统社会保险形式显然不合理、不兼容，需要建立一个更具有灵活性、普惠性的社会保险制度。可以在以雇主为主的职工险和个人为主的居民险之间建立一个针对自雇群体的险种，既保障基本养老、医疗等人身需求，也涵盖工伤、失业等职业需求。虽然本文无意于讨论众包新就业形态从业者与平台之间是否是劳动关系，但这确实是一个绕不过去的问题。我们希望有关部门能本着制度创新的理念，尽快出台相关规定加以明确。

（二）以制度优化为阶段性目标

当然，构建一个新的社会保险种类不可能一蹴而就。在当前阶段，应该通过优化现有制度尽快实现保障互联网新就业形态就业人员的目标。笔者认为可以采取以下几种办法：

第一，借鉴学生实习责任险模式。2010 年，教育部印发了《关于在中等职业学校推行学生实习责任保险的通知》，为同样存在工伤保障盲区的在校实习学生提供基本保险。这一模式可以作为短期内建立互联网新就业形态就业者工伤保障的经验加以借鉴。

第二，借鉴上海外劳力综合险模式。2002 年，上海市为了解决当时非本地户籍员工的社保问题，设计了一种涵盖工伤（或者意外伤害）、住院医疗和老年补贴三项保险待遇的险种。这种情况与今天互联网新就业形态从业者因为户籍问题而无法参加地区灵活就业险的情况很类似。尽管随着我国制度的不断完善，上海外劳力综合险已经退出历史舞台，但从多年执行的经验看，其在一定的阶段切实解决了从业人员的保障问题，还是十分值得借鉴的。

第三，设计独立职业伤害险。可以考虑扩大《工伤保险条例》的保障对象，将新就业形态从业者纳入工伤保险体系的范畴，另外，设计一个单独的职业伤害险，允许新就业形态从业者自行参保，根据新就业形态从业者的工资待遇、工作强度与工作量、工作时间的长短等比例的不同进行自愿缴费。

此外，有必要对传统工伤认定标准加以改进。按照目前的规定，认定工伤的标准是：在工作时间、工作场所，因工作原因受伤。而互联网就业的“移动性”决定了，他们没有固定的工作场所；互联网就业的“自主性”决定了，工作时间由参与者自行决定。因此，相关工伤认定标准也需要与时俱进。

（三）以政府主导为推进主力

团队承包配送服务的新就业形态从业者社会保险缴费中存在的问题与传统形式用工中出现的问题有相似之处，需要加强政府部门对实际操作的监督和指导，加强对平台的规范，特别是对其费用结算、用工管理，以及资金监管等方面的监督与指导。同时，工伤问题应该更加重视预防，做好事前防范工作。

结合“互联网＋政务”的开展，通过微信、微博、平台企业和各类 App 渠道向新就业形态从业人员宣传社会保障信息，增强他们的参保意识。简化参保程序，让他们以更便捷的方式参与到这种类型的保障中。尤其是鼓励平台企业参与创新，技术是平台企业的优势，应发挥它们的积极性实现保障创新。

（四）以多方参与为辅助手段

第一，成立新就业形态行业联合工会，吸引和帮助新就业形态从业者入会，并积极调研和了解这个群体的维权需求，同时根据“互联网＋”模式下的行业发展形势组织工会的职能架构，更好地为工会会员服务，让工会成为新就业形态从业者们寻求救济、维护合法权益的重要媒介。第二，针对目前的平台行业，工会可以建立行业标准，对关系到新就业形态从业者群体的较为突出和迫切的利益需求问题制定清晰的标准，让这个群体的利益诉求进入公众视野。第三，发挥工会的协调商榷作用，将这个群体亟待解决的如社会保险、工伤保险、失业救济等社会保障问题进行及时反映。第四，充分发挥工会的法律援助作用，对这个群体中出现的自身合法权益受到侵害的纠纷，工会应当积极给予法律援助，为维护新就业形态从业者的合法权益进行专业法律救济。

网约送餐员仅仅是“互联网 + 就业”下就业群体的一小部分，随着我国改革的深化和推进，这一群体必将快速壮大起来。随之而来的一系列问题需要我们逐一解决，既要有发展的眼光，充分肯定互联网新就业形态对扩大就业的重要价值，也不能忽视数千万乃至上亿就业群体的基本保障。

2016 年 7 月，交通运输部会同 7 部委出台了《网络预约出租汽车经营服务管理暂行办法》，为规范这一新兴行业制定了第一个专项规定，初步提出了多元保障的新思路，十分可取。我们希望在社保问题上，各部门也能积极创新、勇于突破。

第三编　理解劳动就业

在对平台企业新就业形态从业者就业类型做出上述实证研究后，相信读者们已经发现在数字经济中出现的就业类型多种多样，而非单一类型。事实上，在数字经济领域，迄今我们已有的所有就业形态和法律关系都存在。用工关系的多元性，造就了数字经济领域用工的复杂性。本书认为，与当前引发热议的新就业形态从业者法律关系属性相比，多元性与复杂性的问题才是数字经济领域更值得研究的课题。

本书借鉴上海市劳动和社会保障学会"'互联网+'背景下新业态企业就业形态变化研究"课题组的归纳方式，将数字经济、平台经济领域中出现的就业形态分为以下几类，包括标准劳动关系、非标准劳动关系和非劳动关系三大类。

一、标准劳动关系

毫无疑问，即使在数字经济领域，传统的标准劳动关系依然存在，并且不在少数。一方面，数字经济企业内部需要正常的雇佣，维持企业日常的生产经营活动；另一方面，即使在平台企业的外部，即所谓新就业形态中，也同样存在传统的标准劳动关系。在笔者持续地对互联网平台企业的观察中，无论是美团还是饿了么等平台企业在创业初期均招收过一定规模的直雇送餐员，平台企业与这些送餐员直接订立劳动合同。

这种做法并不难理解。在平台企业创业的初期，基于前文分析的“双边市场理论”，平台企业必须具备一定规模的送餐员，否则就无法获得一定规模的用户。而这种规模就直接决定了企业的市场占有率，市场占有率则决定了创业企业的融资，乃至企业的生存。在初创阶段，为了稳定和保证企业的发展，建立一支稳定的送餐员队伍至关重要，企业选择通过订立劳动合同的方式快速形成规模也在情理之中。

在网约车行业，直雇的情况则更多。这同样不难理解。按照现有的网约车行业规定，部分地区对网约车的牌照属地等做出限制，导致本地从业者减少，网约车公司为保证行车数量，也即市场规模，通过采购车辆、雇佣司机的方式，维持地区车辆供给。

如图 12 所示，传统的标准劳动关系与平台经济的业务模式并无矛盾，完全兼容。平台企业直接雇佣劳动者订立劳动合同，接到服务需求者的订单后，安排劳动者前往提供服务。此时，平台企业与传统企业也可谓并无二致。一些平台企业将订立劳动合同作为一种奖励机制，特别是当劳动者需要具备一定的技能时，平台企业为了留住这部分技术骨干会采取此类策略。如网约家政、网约按摩、网约美甲等平台，它们不仅需要维持一定的服务者数量和规模，更需要一部分核心骨干技术型从业者维持平台的业务水平，订立劳动合同更多的是企业留住员工的需要。

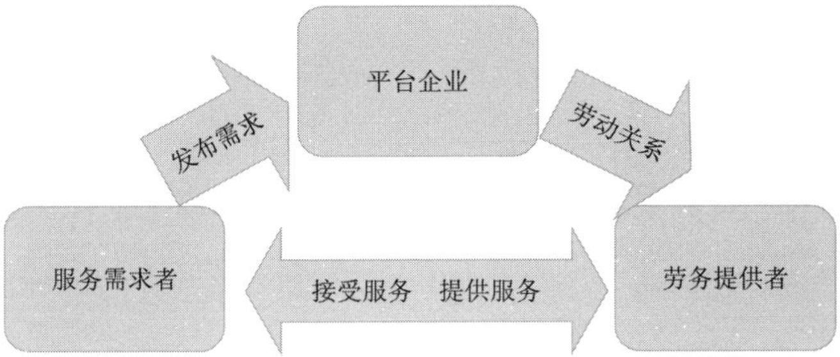

图 12 平台用工模式

因此，我们首先要说，在数字经济的就业中存在大量的传统标准劳动关系，不能谈到数字经济、平台经济、分享经济、互联网经济等就认为只存在新就业形态的全新就业方式，或认为传统的劳动法律制度将终结。尽管笔者充分重视新就业形态对传统劳动关系和传统劳动法律制度的挑战，但仍要强调，这套传统的模式和制度，今天依然是调整劳动与就业行为的主要手段，依然发挥着不可替代的作用，依然居于主体地位。

二、非标准劳动关系

根据 2008 年实施的《劳动合同法》规定，我国目前有法可依的非标准劳动关系主要包括劳务派遣和非全日制用工。这些非标准劳动关系的形态同样出现在数字经济领域中。

在前文的判例研究中，我们已经展示了现有新就业形态从业者与平台企业有关的劳动争议诉讼可以分为两类，一类是主张与平台企业存在劳动关系；另一类是主张与平台企业外包商存在劳动关系。这两类劳动争议诉讼的结果截然不同，从笔者的统计数据看，新就业形态从业者主张与平台企业存在劳动关系的，大部分不能得到法院的支持；而新就业形态从业者主张与平台企业的外包商存在劳动关系的，则大部分可以得到法院的支持。

如图 13 展示的，目前平台企业的主流做法是将一定区域的业务外包给某个外包企业，再由外包企业招聘、雇佣劳务提供者。从我们收集的案例看，外包企业的类型五花八门，有营销管理有限公司、电子商务有限公司、科技有限公司、餐饮管理有限公司等，似乎只要是一家具有营业执照的企业就可以成为平台企业的外包商。而这些外包商一般通过发放招聘广告等方式招募人员，在业务管理、薪资方法、绩效管理等方面与一般企业并无多大不同，故而法院通过一系列证据判断将其主要认定为劳动关系，可谓并无不当。但是，如果要深究这些实际上

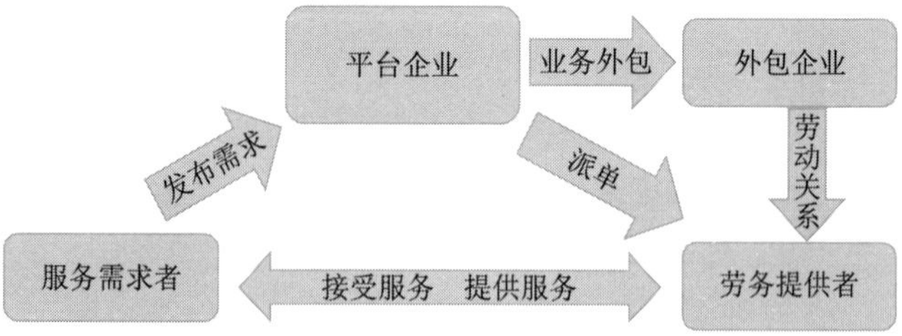

图 13　平台外包模式

支撑了平台企业业务的从业者与平台企业的关系，则我们只能将其定义为非标准劳动关系。

此外，从笔者收集的资料看，上述用工关系在实践中还可能更为复杂，即外包企业也不自行雇佣劳动者，而是通过专业的人力资源公司提供劳务。如图 14 所示，平台企业将部分业务发包给外包企业，这部分与图 13 一致。但是，不同之处在于，外包企业并不自己雇佣劳务提供者，而是转包给另一个供应商。显然这就导致了用工形式的进一步复杂化。

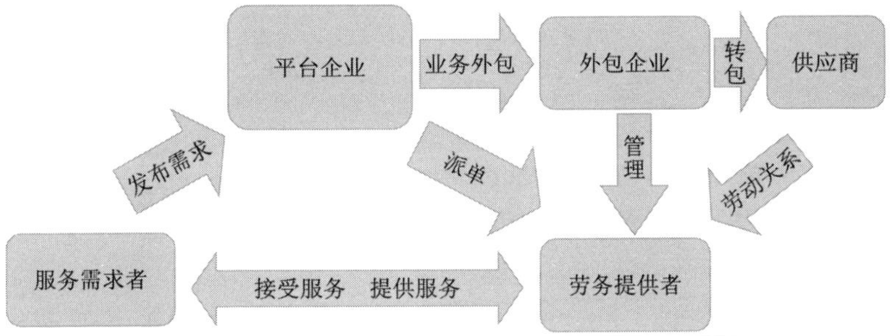

图 14　平台转包模式

从笔者在实证中接触的外包企业看，部分外包企业之所以采用此类模式具有以下目的：其一，外包企业招工困难，通过供应商招募员工，能解决企业短期内需要大量招聘的问题。其二，规避用工风险。在访谈中，有外包企业的负责人告诉笔者，他们认为平台企业采取外包的目的就在于规避用工风险，而越来越多的司法判例也确实认定外包企业与新就业形态从业者具有劳动关系。这些外包企业通常规模较小，管理不规范，且外包企业收益较低，一般按照每单提取一定比例的收益，加之企业的运营成本，如果被判定补交社会保险费，或者因交通事故对外赔偿，又或者因未缴纳社会保险而赔偿受伤员工工伤保障费用，往往可能导致外包企业破产。在实证调研中，不少外包企业的负责人原本是某一片区的经理、队长等负责人，在平台企业推动业务外包模式后，这些原本的区域负责人转为承包人。由于平台企业要求外包企业必须具有营业执照，一些外包企业甚至专门成立了公司。这些外包企业的负责人大部分对其承担的用工风险并不了解，不订立书面劳动合同，不缴纳社保的情况非常普遍。在实证调研中，有外包企业的负责人告诉笔者，他就是学习了平台企业的模式，才把员工都外包了出去，而他的外包供应商是一家异地企业，实际上从事送餐业务的人员与异地的供应商并无接触。

这种进一步“异化”的用工关系，显然给法律关系的调整和政府管理带来了挑战。在一项工会的调研课题中，工会发现对于这样的模式，传统的劳动行政部门也难以发挥作用。外包企业为承接本地业务，往往企业注册在本地，至少实际经营的负责人在本地，但其劳务外包供应商如果是异地的话，本地的劳动行政部门就难以进行管理。而且，我国现有《劳动法》对于劳动合同订立在异地，社保在异地缴纳并无禁止。即使劳动行政部门发现这部分员工未缴纳社保，但由于劳动合同订立在异地公司，也难以进行管理。

非标准劳动关系的产生原因是复杂的。从全球看，“二战”后经济全球化开始席卷全世界，资本主义的商品市场全球化，制造工厂也随之全球化。资本的逐利本性使得资本在全球自由流动，并不断寻找生产成本更低的国家。制造型产业逐渐从发达国家移出，转入发展中国家。在这一过程中，发达国家中第二产业的就业岗位逐渐减少，大工厂的减少也造成了标准劳动关系岗位的减少。同时，第三产业的快速发展，促进了对灵活就业的需求。此外，新的资讯技术的发展，使远程就业、零工就业等成为可能，劳动者的就业场所不再局限于雇主的生产场所，而更趋于弹性化。此外，自 20 世纪第二次世界大战后，世界人口的快速膨胀也很大程度上造成了就业岗位增速与人口增速的不相匹配，促进就业问题成为各国政府的重要课题。非标准劳动关系也正是顺应了这一趋势，逐渐得到了各国政府和国际劳工组织的认可。对于非标准劳动关系，我们将在后文做进一步的系统分析。

三、非劳动关系

至于引发广泛争议的用工模式，如图 15 所示，平台企业通过互联网招募的劳务提供者，由新就业形态从业者自行通过网络注册或 App 注册的方式，建立就业关系的模式，笔者从劳动关系的角度将其称为非劳动关系。尽管前述有学者主张这就是劳动关系，但目前还未形成学界通说。从前文的判例研究看，司法中主流的观点是否认其为劳动关系。因此，本文采用上海市劳动和社会保障学会课题组的观点，将其归为非劳动关系。

所谓非劳动关系，就是按照我国目前劳动法律的规定，不属于劳动法上的劳动关系，并因此不能享有各种劳动法赋予劳动者的权利，不能享有对劳动者的保护。

从图 15 的结构可以发现，其与图 12 标准劳动关系的用工结构相同，只有平台企业、服务需求者和劳务提供者三个主体，二者的差别仅在于平台企业与劳务提供者之间的法律关系，因此有部分学者主张平台企业与劳务提供者具有事实劳动关系，亦有其原因。

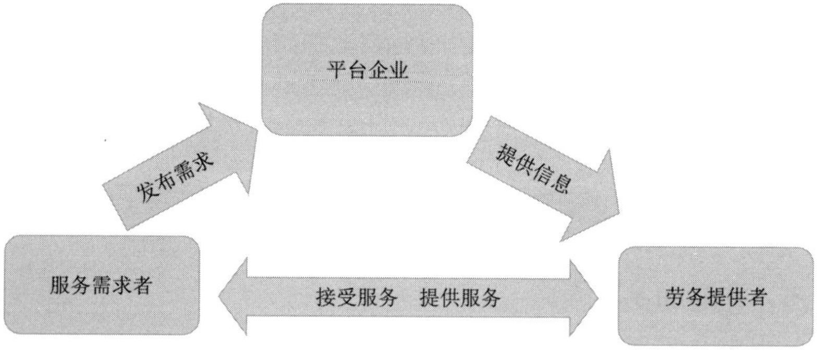

图 15　平台业务模式

此外，还有一类非劳动关系，与前述因法律规定不明存有争议、尚无定论而被归于非劳动关系的情况不同，这类关系法律规定清晰，依法属于非劳动关系。典型的如网约车行业，部分平台企业与专业的车辆租赁公司建立业务关系，车辆租赁公司将汽车租赁给劳务提供者，而劳务提供者的劳动关系建立在劳务公司。

从图 16 可以看出，这类用工关系同样较为复杂，与非标准劳动关系也比较类似。但这类用工形式虽然主体繁多、关系复杂，但从法律角度看关系基本清晰，按照现有法律规定，劳务提供者与平台企业间不存在劳动法上的劳动关系，属于非劳动关系。

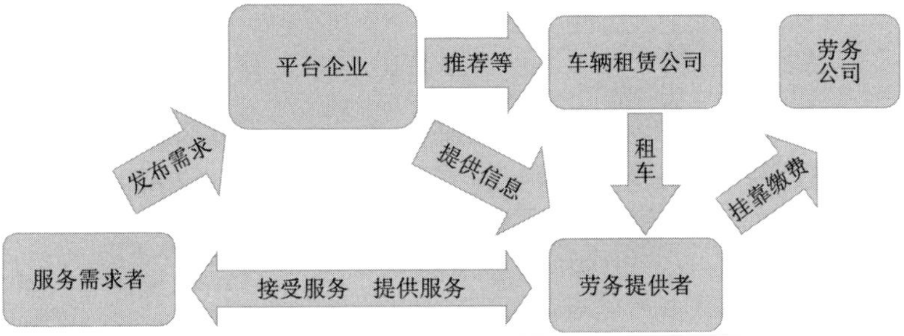

图 16　平台企业车辆租赁模式

第七章　工业革命的产物

恩格斯在《劳动在从猿到人转变过程中的作用》一文中开宗明义地写道："政治经济学家说：劳动是一切财富的源泉。其实劳动和自然界一起才是一切财富的源泉，自然界为劳动提供材料，劳动把材料变为财富。但是劳动还远不止如此。它是整个人类生活的第一个基本条件，而且达到这样的程度，以致我们在某种意义上不得不说：劳动创造了人本身。"[①]

劳动既推动了人类从猿到人的转变，也推动了整个人类社会的发展。对此马克思说道："任何一个民族，如果停止劳动，不用一年，就是一个星期，也要灭亡，这是每个小孩子都知道的。"[②] 劳动对人类社会是如此的重要，无疑劳动关系对人类社会也是最为重要的社会关系之一。由此可知劳动法律的重要性。

事实上，自人类社会有法律以来，以劳动关系为调整对象

① 恩格斯（F.Engels），曹葆华、于光远译.劳动在从猿到人转变过程中的作用[M].北京：人民出版社，1962.

② 马克思恩格斯选集（第4卷）[M].北京：人民出版社，1972.

的法律就是其组成部分之一。已知人类社会第一部成文法典的《汉穆拉比法典》中就对“雇佣”“报酬”“责任事故的追究”以及“佣工”等做了规定。我国亦然，自战国秦汉时期起，就出现法律允许的雇佣劳动者，这种封建雇佣关系至唐代有了很大的发展。这些封建雇佣关系的劳动者具有良人的地位，有独立人格，以出卖劳动力为生，但也有选择雇主的权利。其与封建社会中的奴隶、奴婢等入贱籍、无独立人格、对雇主完全依附者，有本质的区别。我国古代法律对封建雇佣关系中劳动者的合法权利也给予保护。

而现代劳动法的产生则与封建法律有本质的不同，究其原因在于，现代劳动关系发生了根本性的改变。现代劳动关系是大工业文明的产物，伴随着资本主义生产方式的产生与发展。从 14 世纪以保护雇主利益为目的的劳工法规到 19 世纪工业革命后以保护劳动者利益为宗旨的现代劳动法。两者的差异亦与劳动关系的转变有不可分割的联系。在工业革命之前，劳动的形式以手工劳动、手工工场为特点；而工业革命导致了机器生产替代手工劳动，工厂生产替代手工工场。工业革命的巨大变革也引发了劳动组织的变革，劳动者高度密集的大工厂快速出现，社会结构、社会思潮乃至劳工运动随之发生变革。

如果说，是第一次工业革命的浪潮造就了现代劳动法律体系，那么自 20 世纪 80 年代以来的经济全球化和信息技术的发展则推动了劳动关系向着弹性化、灵活化、非标准化的趋势发展。正如日本学者马渡淳一郎指出的那样，现代劳动关系的发展趋势是“雇佣的柔软化，非典型雇佣的扩大，劳动力供需体制的多样化是世界各国雇佣体系变化的共同现象”。[①] 面对发展如此迅猛的灵活就业状况，无怪乎有人惊呼，只有一个雇主的长期工作是过去的事情了，工作稳定性 (Job Stability) 已一去不复返了。尽管我们不能叫“临时工作爆炸”，但临时工作在总就业量中的比例不断增加这个事实，显然说明了标准劳动关系已成为历史。[②]

一、前工业时代的民事雇佣关系

为什么我们要从头回溯劳动关系的发展，特别是劳动法律关系的发展。因为，在今天有部分学者持这样一种观点，即工业化以来的劳动关系已经走到尽头，劳动关系将重回雇佣关系的时代，重归民法的调整。笔者在此不急于表达观点，而是通过回望和梳理劳动关系的来路，希望读者理解劳动法律关系是如何走到今天的，并思考在数字经济时代又将走向何方。

对于劳动关系的变迁，中国台湾地区的黄越钦教授概括了五个阶段：（1）不自由劳动关系时代。奴隶社会中奴隶与主人

① ［日］马渡淳一郎，田思路译 . 劳动市场法的改革 [M]. 北京：清华大学出版社，2006.

② ［美］彼得 · 奥尔、桑德林 · 凯斯，王亚栋译 . 工业化国家就业的灵活性和稳定性问题 (一) [J]. 中国劳动，2005（7）.

之间的劳动关系，其特点是奴隶没有人身自由。（2）租赁劳动时代。罗马时代的自由人与雇主之间，以债权为基础的劳动关系。（3）团体主义时代。以日耳曼法时代的主从间忠勤关系为特点的劳动关系。（4）雇佣契约时代。启蒙时代后，以两个人之间劳务与报酬的交换关系为特点的劳动关系。（5）劳动契约时代。以劳务的交换而导致雇员对雇主的人格从属之劳动关系。①

如黄教授概述的那样，进入资本主义社会后，民法调整的雇佣关系开始成为主流。所谓“雇佣，谓当事人约定一方于一定或不定期间内，为他方服劳务，他方给付报酬之契约”②。1804年《法国民法典》第1711条规定：“雇佣，是指劳动与服务的租赁。”同法第1710条规定，“劳动力的租赁是指，一方当事人承担义务，为他方完成某种事务并由该他方向其支付经双方约定之报酬的契约”③。《日本民法典》第623条规定，“雇佣，因一方当事人约定为相对人服劳务，相对人约定对之付予报酬，而发生效力”④，等等。《瑞士债法典》第319条表述为“雇员负有为雇主在确定的或者不确定的时间内完成工作的义务，雇主应当依照时间（计时工资）或者完成的工作（计件工资）支付工资的合同”⑤。

---

① 黄越钦．劳动法论[M]. 中国台湾地区：三民书局，1994.

② 史尚宽．债法各论[M]. 北京：中国政法大学出版社，2000.

③ 罗结珍译．法国民法典[M]. 北京：中国法制出版社，1999.

④ 王书江译．日本民法典[M]. 北京：中国法制出版社，2000.

⑤ 吴兆祥，石佳友，孙淑妍译．瑞士债法典[M]. 北京：法律出版社，2002.

《法国民法典》中，将雇佣理解为劳动力的租赁，而至《日本民法典》则强调以劳务换取报酬的对等交易。雇佣乃自然人劳务与报酬的对价关系，这一点在劳动法律关系中也有体现，那么两者的区别何在呢，且看下文分解。

民法中对雇佣关系的界定是采用一种平等的法律人格。按照民法的基本逻辑，民事关系是平等主体之间的关系。在“天赋人权”思想上发展起来的民法，其所塑造的民事主体的“人”，可以说是“强有力的智者”。他们对世界有充分的认知，对自己的权利有充分的认知，从而可以做出完全正确的决定。然而，借用网络语言来说，“理想很丰满，现实很骨感”。这样的“强有力的智者”在现实中并不存在。即便是有“强有力的智者”，在资强劳弱格局的劳动关系中，也难以充分实现其权利。

然而，民法对劳动关系的影响是深远的，迄今在美国仍然奉行“雇佣自由原则”。1884年，美国田纳西州最高法院在Payne v. Western & Atl.R.R.案中首次通过判例确立了“雇佣自由原则”。至今，美国依然实行雇佣自由、解雇自由，与我国的高解雇保护形成鲜明反差。当然，美国也非完全对解雇不加限制，美国有我国所没有的歧视性解雇保护。“雇佣自由原则”可以看作民法“契约自由原则”的具体体现。1908年，联邦最高法院在Adair v. United States案中明确表示，“雇主和雇员的权利是平等的，任何破坏这个平等的强制性法律都是对合同自由的不正当干涉，没有一个自由的政府可证明这种干涉的合法性”。

然而，大部分国家并不认为这种合同自由对劳动者来说是真正的自由，有学者把雇员的合同自由称为“小鸟的自由”。[①]日本学者星野英一在分析了劳动关系的特点后指出：劳动法“从正面承认了如前所述的雇主与劳动者之间在经济、社会方面的不平等，并企图纠正从那些不平等产生出的不正当的结果”，并“将人按照雇主和劳动者这一具体的类型来处理”。[②]基于对上述工业社会现实的认识，劳动法的时代逐渐开启。

二、工业化时代的标准劳动关系

劳动关系指用人单位与劳动者在实现劳动过程中形成的社会关系。劳动关系是劳动力的所有者（劳动者）与劳动力的使用者（用人单位）之间在使用劳动力的过程中的社会关系，受劳动法调整而形成劳动权利义务关系。

劳动关系是劳动法的研究对象，但对于何为劳动关系，学者各有表述。例如，史尚宽认为，劳动关系谓调整以劳动给付为目的之受雇佣人与雇佣人之间关系[③]；有学者认为是指劳动者与劳动力使用者以及相关组织为实现劳动过程所构成的社会经

① 施耐德．联邦德国劳动法与劳动合同、集体合同．中德劳动立法合作项目成果概览（1993—1996）。

② 同上。

③ 史尚宽．劳动法原论[M]. 中国台湾地区：正大印书馆，1978.

济关系[①]；还有学者尝试借助人力资源的角度认识劳动关系，“劳动关系是在就业组织中由雇佣行为而产生的关系，是组织管理的一个特定领域，它以研究与雇佣行为管理有关的问题为核心内容”[②]。

抛开学者的观点，也暂时放下我国内地对劳动关系的定义。我国香港地区在认定劳动关系的司法实践中采用的标准如下：一是双方是否议定一定报酬和是否有固定的工作范围；二是雇主在工作上是否有控制权；三是谁提供工具；四是是否有雇佣帮工，谁决定聘用及解聘；五是谁承担经营风险；六是谁承担投资管理责任。我国香港地区的标准显然属于英美法系控制权论的流派，与内地的标准不同，但笔者认为其可操作性方面还是值得我们借鉴的。

综合上述各种观点，笔者归纳了标准劳动关系的几个基本特征：其一，劳动者在用人单位具有从属性的状态下从事劳动。具体表现为：劳动者成为用人单位的成员，按用人单位的要求提供劳动义务；劳动者在劳动过程中需接受用人单位的指挥、管理；劳动者在劳动过程中需遵守用人单位的规章制度。其二，标准劳动关系当事人双方符合法律规定的主体资格条件。其三，劳动者从事的属于职业性的有偿劳动。其四，劳动者与用人单位形成长期、稳定的全日制劳动关系，并在履行过程中具有一

① 常凯主编 . 劳动关系学 [M]. 北京：中国劳动社会保障出版社，2005.

② 程延园 . 劳动关系 [M]. 北京：中国人民大学出版社，2005.

定的规律性。对于工业化时代标准劳动关系的特征、属性和主体，下文将逐一做进一步的分析。

三、标准劳动关系的解构

（一）标准劳动关系的从属性分析

劳动关系是劳动法的研究对象，尽管对劳动关系的定义，学界没有形成共识，但学者都不否认劳动关系的基本特征是从属性，如恩格斯在《权威论》中说的，大工厂是以“进门者放弃一切自治”为特征的。用人单位和劳动者之间必须建立一种以指挥和服从为特征的管理关系①。恩格斯对从属性的论述是以大工厂为前提条件的。

大陆学者受我国台湾地区学者的影响，一般认为劳动关系的从属性主要是人格从属性。即指“除法律、团体协约、经营协定、劳动契约另有规定外，在雇主指挥命令下，由雇主单方决定劳动场所、时间、种类等之他人决定劳动而言”。② 而我国台湾地区学者黄越钦教授进一步提出了判断人格从属性的具体要素：一是服从营业组织中的工作规则，如工作日、工作时间的起止等。二是服从指示：在劳动契约存续期间，雇主有指示

① 董保华. 劳动法论 [M]. 上海：世界图书出版公司，2004.

② 刘志鹏. 论劳动基准法上之“劳工”. 劳动法理论与判决研究 [M]. 中国台湾地区：元照出版公司，2000.

之权，劳工则有服从的义务。三是接受监督、检查：即劳工有义务接受考察、检查，以确定是否遵守工作规则或雇主个人指示。四是接受制裁：劳工应对自己的错误行为负责，雇主有权对其进行一定制裁。[①] 黄越钦教授还认为“人格上的从属性系劳动者自行决定之自由权的一种压抑”[②]。我国台湾地区学者刘志鹏认为，人格从属性是指“除法律、团体协约、经营协定、劳动契约另有规定外，在雇主指挥命令下，由雇主单方决定劳动场所、时间、种类等之他人决定劳动而言”。[③] 上述对劳动关系本质的定义主要反映的是在传统的大生产条件下对劳动关系的认识。对劳动关系的定义虽各有侧重点，但都不否认劳动关系的基本特征是从属性。劳动者与用人单位是雇佣和被雇佣的关系，“劳动者在劳动过程中处于一种被支配和被管理的地位，因而不得不依从或从属于资本”[④]。

当然，我国台湾地区学者的观点主要是受了德国学者的影响。仔细分析黄越钦教授提出的判定人格从属性的四点标准不难发现，其所指的人格从属性与组织从属性存在重合。强调雇主对雇员在特定生产场所、生产纪律、组织规则方面的要求，如劳动场地、工作时间起止等内容。黄越钦教授在谈到此点时

---

① 黄越钦 . 劳动法新论 [M]. 北京：中国政法大学出版社，2003.

② 同上。

③ 刘志鹏 . 论劳动基准法上之“劳工”. 劳动法理论与判决研究 [M]. 中国台湾地区：元照出版公司，2000.

④ 常凯主编 . 劳动关系学 [M]. 北京：中国劳动社会保障出版社，2005.

指出："劳动法在近代国家法律体系中，系指对从属劳动者之特别法；凡经纳入他人劳动组织中，受指示而为劳动力之给付者概为从属劳动者。"他还指出，独立劳动者，如自由职业者、承揽人，虽亦为劳动力给付，但不受劳动法规范所及。黄越钦教授还进一步明确：凡纳入他人劳动组织，受他人指示而劳动之人即具备从属性之要件。劳动的从属性在法律上的集中表现就是雇主对劳动力的使用权。

分析上述对人格从属性的定义，其所指的人格从属性主要是从组织从属性出发的。强调雇主对雇员在特定生产场所、劳动方式、组织规则方面的控制，这反映了建立在工业化和工厂制度基础上，传统的主流生产方式下的劳动关系。从有效管理生产资料的角度，劳动者必须到特定场所完成与生产资料的结合，因此劳动者接受用人单位的管理、参与特定生产组织、在指定生产场地劳动属于人格从属性。从劳动法的发展看，劳动法是工厂化大生产的产物，甚至劳动法的前身就是"工厂法"，其所调整的是在大生产条件下以工厂为地点的生产关系中的劳动者和用人单位的关系。因此，传统的劳动关系的人格从属性主要以劳动者的组织从属性体现。

尽管劳动关系的从属性理论几乎已经成为我国劳动法学界的通说，但笔者还要指出英美法系的"控制权说"同样值得我们借鉴，尤其在面对非标准劳动关系、新就业形态时，从属性的弱化是明显的，甚至从某种角度观察从属性已局部消失。故而，学者中存在“从属性弱化说”以及“部分从属性说”等不同观点。英美法系在长期的判例中形成的各种认定标准，为我们认识这一问题提供了新的视角。

四、三角雇佣关系

“二战”后，ILO 取得的巨大成就之一是，通过一系列国际劳动公约不断推动和提高全球劳工保障的标准。然而，随着经济全球化，劳动关系发生了根本性的转变，各种有别于传统大工业时代劳动形态的新型就业方式不断产生。其中，有的劳动形态是对传统模式的再发展，也存在部分就业形式旨在规避不断提高的劳动保障标准，从而使劳工难以获得应有的权益。劳动形态的不断变化促使 ILO 再次思考劳动关系本身的内涵和外延，在经济全球化背景下需要做出与之相适应的规范。

2003 年，ILO 在第 91 届大会发布了《雇佣关系的范围》的报告，提出了一个这样的命题，即 ILO 一直致力于在传统劳动关系的框架内，通过法律法规保护劳工。“雇佣关系已经证明是一个合理并且可靠的框架，工人从中能够得到主要的保护和权利”[①]。然而，作为一系列劳动法律体系基础的这一框架，正在受到巨大挑战。一些试图避开这一框架，以使得劳动者无法享有其权利的雇佣形态开始出现。这种趋势对以往的劳动关系调

① ILO.The Scope of the Employment，2003.

整模式是根本性的冲击，ILO 需要顺应这一趋势适时调整雇佣关系的框架。2006 年，ILO 第 95 届大会通过了《雇佣关系建议书（第 198 号）》及雇佣关系的决议，并在大会提交了《雇佣关系 (报告五)》，其中提出了三角雇佣关系的概念。

ILO 2003 年及 2006 年的公约和报告具有以下意义：一是首先向各国政府提出了重新认识雇佣关系框架的理念；二是对雇佣关系提出了可供参考的定义和指标；三是呼吁各国政府与隐蔽雇佣关系展开斗争；四是提出了三角雇佣关系的概念。

第一，ILO 对雇佣关系做了如下定义：不论在具体国家的具体定义是什么，雇佣关系是一个总的概念，指的是一个人，称之为雇员 (经常被称为工人)，和另一个人，称之为雇主，之间所建立的法律关系。雇员为了换取报酬而根据一定条件向雇主提供劳动或服务。[①] 同时，ILO 在《雇佣关系（Report 2B）》中提出了具体认定雇佣关系的指标：一是根据另一人的指令和在另一人的控制下进行工作；劳动者已完全融入企业的组织；完全或主要是为另一人的利益而进行工作；是在下达工作的人指定或同意的场所或时间安排内，由劳动者亲自完成的工作；工作有一定的期限，有一定的延续性；或者劳动者在随时待命。二是工具、材料和机器是由下达工作的人提供的。三是定期向劳动者支付报酬；这种报酬是劳动者唯一或主要收入来源；用食物、住所、交通工具或其他实物的形式付酬；对某些权利的

① ILO. The employment relationship. Report V(1)，2006.

承认，比如中间休息和年度休假等；下达工作的人资助劳动者的职业差旅费；或劳动者没有财政风险。

第二，ILO 认为当某企业（“供给方”）的雇主为第三方（“使用方”企业）提供劳动或服务，因此该企业的雇员亦同时为此第三方的利益而工作时，三角雇佣关系即因此产生。三角雇佣关系可以以多种形式出现。例如，劳务派遣。对于三角雇佣关系，ILO 在公约里提出了三个问题：“谁是雇主？”“工人的权利是什么？”“谁来为工人的权利负责？”

隐蔽雇佣关系亦称非正式雇佣或非典型雇佣关系，是相对于正式雇佣或典型雇佣关系而言的。[①] 这种观点将隐蔽雇佣关系与非标准劳动关系等同起来，笔者认为这两者还是有区别的。隐蔽雇佣关系具有主观上的恶意，将事实上的劳动关系伪装成其他合同关系，如将雇佣关系伪装成承揽关系；而非标准劳动关系不一定具有主观上逃避雇佣关系法律责任的故意，仅是外观上与标准雇佣关系有所不同。三角雇佣关系也不能简单地等同于隐蔽雇佣关系，尽管在三角雇佣关系中真实的用工主体可能不是法律上的雇主，而法律上的雇主也没有真正地在使用雇员，也确实存在部分三角雇佣关系就是意图使劳动关系隐蔽的。但笔者认为，两者还是有一定的区别。随着劳动立法的完善，如劳务派遣等三角雇佣关系已经被纳入劳动法的范畴内，不再

① 汪军 . 隐蔽雇佣劳动关系的多视阈探析——兼与栗志坤、曹洪军教授等商榷 [J]. 经济研究导刊，2011（9）.

是一种隐蔽的雇佣关系。

从外观上考察，传统标准劳动关系是一种简单的“直线型”的关系，如图 17 所示。

图 17　传统雇佣关系

在传统标准劳动关系中，雇主与雇员之间是一种建立在劳动合同基础上的双务有偿契约关系。雇主基于劳动法、集体合同与劳动合同的约定对雇员承担责任，而雇员既享有相应的权利，也承担相应的义务。然而，当这种简单明了的传统雇佣关系转变为三角雇佣关系后，原有框架内所确立的权利义务体系就变得不那么清晰了，如图 18 所示。

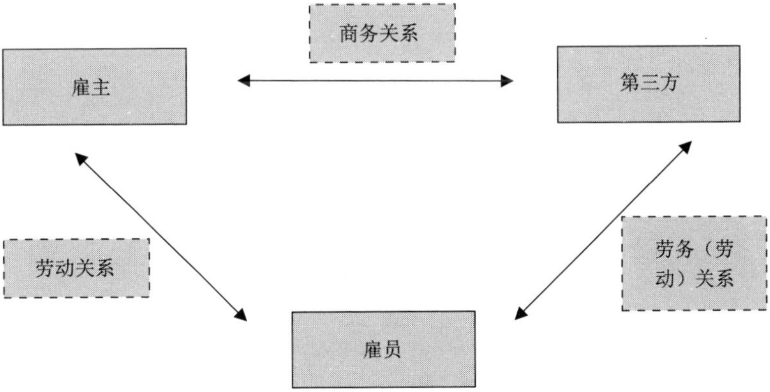

图 18　三角雇佣关系

如图 18 所示，三角雇佣关系是指雇员、雇主与第三方之间形成的关系。在三角雇佣关系中，雇员只有一名，同时至少应该有一个雇主，有时可能是两个雇主，如果按照我国最高人民法院的司法解释，在下岗再就业关系中，劳动者就是同时存在两位雇主。当然，也存在劳动者没有一位法律上的雇主的情况，如果按照原来的法律规定，建筑行业中普遍存在的“包工头”并不具有劳动法上的雇主资格，当建筑企业将业务发包给“包工头”后，从法律上就出现了在这个三角关系中“包工头”和发包企业都不是雇主，即只有雇员而没有雇主的情况。当然，我国立法已经完善了这个问题，在个人承包中由发包单位最终承担雇主责任。

笔者认为，非全日制用工不属于三角雇佣关系，而是数个短时劳动关系的并行存在。本质上，笔者认为，三角雇佣关系的主要特点是雇主的分化，由传统雇佣关系中的单一雇主，通过显性或隐形的契约关系使雇主分化为两个或更多。但劳动者在此过程中，仅完成了一个全时劳动，故而与传统雇佣关系相比，劳动者的权利没有增加，也不应减少，而由两个雇主加以分担。但非全日制雇佣关系则不同，虽然从数量看，劳动者也同时存在多个雇主，但雇主之间不存在责任分配的关联性，而是各自独立对劳动者承担雇主义务，劳动者的权利可少于或多于一个全时标准劳动关系的雇员。

第八章　劳动力市场灵活化

从统计数据看，据国际劳工组织 2018 年《数据表征：非正规经济中的女性和男性》(*Women and men in the informal economy: a statistical picture*）的数据，基于来自 100 多个国家的标准，全球就业人口中有一半都在从事非正规工作。在非洲这一比例为 85.8%，亚太地区为 68.2%，阿拉伯国家为 68.6%，美洲为 40.0%，欧洲和中亚为 25.1%。全球 93% 的非正规就业来自新兴和发展中国家。[1] 通过全球的数据不难发现，非标准劳动关系在全球迅猛发展，在部分地区已经超过标准劳动关系的比例，成为主要的就业形式。面对这样的形势，各国政府不得不对非标准劳动关系做出相应的法律规制。

---

① 国际劳工组织 . 数据表征：非正规经济中的女性和男性 . https://www.ilo.org/global/publications/books/WCMS_626831/lang--en/index.htm,2019-06-02.

一、非标准劳动关系的产生背景

非标准劳动关系在全球的发展蔚然成风，其原因何在呢？笔者认为至少存在以下四个方面的原因：

第一，全球化。全球化可以说是工业革命后，市场经济发展的一个新阶段，当然也可以说是工业革命的必然结果。工业革命创造的大机器化生产，必然需要更为广阔的市场，技术革命带来的交通技术的发展也使资本在全球流动更为便利。“二战”后，当和平与发展重新成为世界的主旋律后，各国经济高速发展。其重要特点是资本、资源、技术在全球的自由流动，导致越来越多的跨国公司出现。

全球化直接导致了“二战”后，特别是20世纪80年代后，全球产业格局的变革，劳动关系也随之出现新的变化。全球产业格局由以往的一国内的垂直分工，变为全球范围内的水平分工，[①] 当然，从发达国家和发展中国家的总体关系看，两者还是处于垂直国际分工中，即发展中国家的产品还主要是发达国家的原料，而核心技术主要掌握在发达国家手中。全球化导致的

① 所谓垂直分工，是指上游企业与下游企业形成产业链。下游企业生产的产品是上游企业的原料。产品的生产形成一个自下而上的垂直体系。最早实施垂直分工的典型个案是卡内基钢铁厂。而水平分工是与之相对的另一种模式，为适应全球化市场的需要，主要是跨国公司在各地设立公司生产相同的产品，如日本大型汽车企业在日本之外的北美、中国等分别设厂生产相同型号的汽车。

产业格局变革使得劳动关系发生了巨变。在发达国家，越来越多的制造型企业转移到发展中国家，传统的产业工人正在逐渐减少，即标准劳动关系逐渐减少。

第二，资讯化。20世纪90年代，随着资讯技术的成熟，引发了新的社会和技术分工，从而推动了劳动关系的变化。电脑和网络技术在工作中的广泛应用，带来了新的劳动分工模式。资讯化加速了经济全球化的发展，也推动了跨国公司在全球的扩张，随之出现如远程就业、外包就业等形式。发达国家的服务业也开始借由资讯技术的帮助向发展中国家转移，如印度大规模的服务外包产业和软件外包产业。资讯化的出现使得传统劳动组织形态出现革命性变革，劳动者的就业场所不再仅仅是雇主提供的办公室，而可能是家里或其他任何可以通信的场地。欧美国家目前正在积极研究“家内劳动”的法律保护。

资讯化导致标准劳动关系中的组织从属性被逐渐弱化，雇主对雇员的管理从组织行为的管理向工作成果的管理转移。但是，在这种劳动关系中，雇员对雇主的人格从属性和经济从属性并未完全弱化。

第三，弹性化。跨国公司是全球化的重要组成部分，雇主对劳动关系的弹性化需求越来越明显。发达国家以全球采购和业务外包的形式，将原有的生产性岗位转移到发展中国家。跨国企业直接开设海外分支机构，作为全球网络布局的一个组成部分，或者负责生产零部件，或者负责生产制成品，或者负责提供某项服务。与欧洲及日本企业相比，美国企业更多地采用这种外包形式。从我国承接的海外外包业务看，来自美国的发包业务最多（见表 14）。

而在欧洲，为了解决越来越严重的失业问题，一些国家尝试缩短标准劳动关系的工时，另一些国家则鼓励雇主将标准劳动关系的全日制就业转变为非标准劳动关系的非全日制就业，以期创造更多的岗位，并给予政府补贴。这一做法在欧洲多国被采用，但遭到学者的批评，从结果看，这虽然创造了一定数量的就业岗位，但劳动力市场的管制也随之松动，劳动关系趋于弹性化。

第四，灵活化。不能忽视的一点是，在劳动关系的非标准化中，劳动者并非都是被动的，存在一定比例的劳动者主动选择了非标准劳动关系，追求“生活与工作的平衡”（Job Life Balance），尤其在“80 后”族群中。我国台湾地区将其称为“飞特族”（Freeter，是一个混合词，来自英语的 free 自由，或指自由契约和德语的 arbeiter，即劳动者）。日本官方对“飞特族”的定义就是：年龄在 15 岁至 34 岁之间，没有固定职业、从事非全日临时性工作的年轻人。飞特族追求生活的自由，反对工作是生活的全部。而国外的研究也发现，劳动者主动或被动成为非标准劳动关系劳动者，两者的工作标准存在较大差异。Van Dyne 和 Ang（1998）基于新加坡劳动力供给相对短缺的市场环境，对 155 名银行和医院临时工进行的调查表明，主动选

表 14　2012—2017 年我国承接四大市场服务外包执行金额及占比情况 （单位：亿美元）

	2012 年		2013 年		2014 年		2015 年		2016 年		2017 年	
	执行金额	占比（%）	执行金额	占比（%）	执行金额	占比（%）	执行金额	占比（%）	执行金额	占比（%）	执行金额	占比（%）
美国	89.4	26.6	117.5	25.9	128	22.9	150.6	23.3	154.3	21.9	170.3	21.4
欧盟	54.6	16.2	71.4	15.7	83.4	14.9	98	15.2	116.0	16.6	129	16.2
日本	48.3	14.4	54	11.9	60.7	10.9	54.8	8.48	57.8	8.2	69	8.7
中国香港地区	33.9	10.1	51.8	11.4	74.2	13.3	95	14.7	116.8	16.6	123.1	15.5

数据来源：商务部相关数据

择与被动接受弹性就业的区别，会导致弹性员工组织承诺和心理契约方面的差异，持积极态度的弹性员工可能表现出更多的组织公民行为，甚至超过内部员工的平均水平，这有别于通常情况下认为非典型员工组织归属感相对较低的推断。[①]

当然，大量非标准劳动关系的存在主要还是为了解决就业问题，劳动者在就业困难的情况下会选择更为灵活的就业形式。按照上海外服集团发布的《2017 灵活用工业务现状与趋势报告》，从行业上看，灵活用工主要集中在制造业（12.9%）、互联网行业（11.2%）和批发零售行业（9.5%）；从岗位上看，灵活用工使用率最高的岗位依次为前台（49.6%）、IT 人员（46.12%）和办公室行政人员（45.69%）。[②]

二、国际非标准劳动关系的主要类型

大部分国家和地区非标准劳动关系的类型与我国相比最大的不同在于，大部分国家将固定期限劳动合同视为非标准劳动关系。其根本原因是这些国家对标准劳动关系的认定标准与我们不同。无论是我们的邻国日本、韩国等，还是美国及欧洲各国均认为标准劳动关系应是长期的、全日制的，基本指我国

① 时博，李新建．非典型雇佣关系实证研究困境及其本土化问题探讨 [J]. 外国经济与管理，2008.

② 上海外服集团 .2017 灵活用工业务现状与趋势报告 [R]，2017.

《劳动合同法》中所规定的“无固定期限劳动合同”，在此之外的均为非标准劳动关系。欧美地区对非标准劳动关系的研究主要集中在非全日制劳动关系、劳务派遣、临时用工及“家内劳动”上[①]。

以日本厚生劳动省平成十五年（2003年）所做的就业形态多样化的调查分类来看，在正社员（标准劳动关系者）之外，另有非正社员（非标准劳动关系者），包括以下几种：契约社员、嘱托社员、出向社员、派遣劳动者、临时雇佣者、非全日制劳动者及其他。

其中，契约社员与国外所指合同员工（Contracted Employee）比较一致，与我国的固定期限劳动合同比较相似，但也有所不同。最大的不同在于，日本的契约社员很大程度上是“一次性”的，即双方只订立一次劳动合同，到期后双方的劳动关系就终止了。而我国的固定期限劳动合同则通常订立很多次，出现“劳动合同短期、劳动关系长期”的情况。嘱托社员是指受公司委托完成业务的员工，双方订立的契约一般被认定为劳务承包合同。嘱托社员一般都具有某种专业技术，薪资较高。有人认为嘱托社员也属于契约社员的一种。出向社员指向其他企业劳务输出的劳动者，这类情况在我国并不多。其他如派遣劳动者、临时雇佣者、非全日制劳动者的含义与我国的界定基本一致。

① 欧洲学者所谓“家内劳动”基本接近我国的SOHO概念，而非家庭劳动。

此外，日本著名劳动法学者菅野和夫将非标准劳动关系分为三类：期间雇佣劳动者、非全日制劳动者和他企业劳动者。其中，期间雇佣劳动者包括：临时工、季节劳动者、期间社员、学生打工、契约社员等。而他企业劳动者则包括：业务处理请负、劳动者派遣、出向社员等。[①]

三、我国非标准劳动关系的类型

事实上，对于非标准劳动关系或灵活就业等概念的外延，不同的研究者定义不同，本文也不做着重分析。但我国已存在数量庞大的非标准劳动关系劳动者是不争的事实。在笔者检索的材料中，有学者甚至认为如果将隐性就业和自雇就业计算在内，则我国非正规就业的劳动者可能达45%。[②]

（一）我国法律认可的非标准劳动关系

1.劳务派遣就业

劳务派遣是指提供派遣劳动者的派遣机构与使用派遣劳动者的用工单位订立提供与使用派遣劳动者的协议，派遣劳动者在与派遣机构建立劳动关系的前提下，被派遣到用工单位工作，

---

① 菅野和夫．劳动法 [M]. 日本：弘文堂，2009.

② Albert Park.The Informalization of the Chinese Labor Market [D]. 美国康乃尔大学中国劳工问题研讨会论文集，2008.

并在用工单位的监督指挥之下劳动。劳务派遣将传统劳动关系雇主与雇员的两方关系变成了派遣机构、雇主、雇员三方参与的关系。将原本在雇主、雇员两方主体间分配的权利、义务在三方主体间再分配，特别是将原本完全由雇主承担的责任转移到了派遣公司，最终将标准劳动关系异化为非标准劳动关系。

2. 非全日制就业

非全日制就业相对于用人单位而言，即非全日制的用工形式。我国劳动法将非全日制用工定义为以小时计酬为主，劳动者在同一用人单位一般平均每日工作时间不超过 4 小时，每周工作时间累计不超过 24 小时的用工形式，且非全日制用工小时计酬标准不得低于用人单位所在地人民政府规定的最低小时工资标准。

全日制劳动可以说是标准劳动关系的特点之一，而全日制劳动带来的结果就是劳动者对用人单位强烈的从属性。而非全日制劳动关系由于其劳动时间的缩短，按现行规定一般每日工作时间不超过 4 个小时，因此必然导致劳动者对用人单位的从属性降低，从而使其有别于传统的标准劳动关系。

3. 非正规就业劳动组织就业

非正规就业劳动组织，根据上海市劳动局制定的《关于规范非正规就业劳动组织管理的若干意见》中的界定，是指失业、待业、协保等就业困难人员以社区服务、家庭作坊等方式进行生产自救所组建的社会劳动组织。其中包括自主型，即自己找项目；非自主型，如开设加盟店等。非正规就业劳动组织对帮助城市就业困难群体就业、消除城市贫穷等问题发挥了显著作用。上海市的此种成功做法不仅吸引了其他省市竞相效仿，也得到了国际劳工组织的充分肯定，被命名为“上海模式”。①

上海市劳动局的《关于规范非正规就业劳动组织管理的若干意见》，规定这些非正规就业劳动组织主要的经营范围有：修理修配、物业维修、零售配送、小餐饮服务、家政服务、缝补洗理、文体服务、租赁服务、代办服务、公益劳务、家庭工业、计算机应用服务、汽车保洁装潢、种植养殖、可再生资源回收利用服务、旅店服务、会展服务、信息咨询服务等。

4. 青年职业见习就业

2002 年初，上海市劳动局和社会保障局推出了青年职业见习计划，通过政府补贴的方式，选择沪上众多知名企业作为青年见习基地，鼓励青年进入其中，在具有一定技术含量的岗位上见习，从而提高青年的动手能力、敬业精神等综合职业素质。见习期间，见习学员和见习基地不建立劳动关系；政府给予见习学员一定的生活补贴，并为其购买特定的综合保险；对见习基地，政府也给予一定的带教补贴。

① 杨宏生等 .“上海非正规就业模式”渐行渐热 [N]. 中国商报，2004-09-14.

依据上海市的相关规定，见习者报名条件为：具有本市常住户口、年龄在16—25周岁（特殊需要可适当放宽到30周岁）的本市青年；具有符合见习岗位要求的条件（对于符合见习岗位要求的残疾人员，也可参加见习）。

5. 停薪留职者再就业

所谓停薪留职，是指企业富余的固定职工，保留其身份，离开单位，从事政策上允许的个体经营或与其他单位建立用工关系。按照《劳动人事部、国家经济委员会关于企业职工要求“停薪留职”问题的通知》的规定，停薪留职的时间一般不超过两年。停薪留职期间，不升级，不享受各种津贴、补贴和劳保福利待遇；因病、残而基本丧失劳动能力的，可按退职办法处理。停薪留职人员在从事其他收入的工作时，原则上应按月向原单位缴纳劳动保险金，其数额不低于本人原工资的20%。

6. 协保人员就业

协保人员是在推进国企改革和产业结构调整过程中，采取特殊分流安置办法所产生的特殊群体。凡进入再就业服务中心的托管人员和各区、县所属企业的下岗人员中于1997年时男性年满40周岁（含40周岁）、女性年满35周岁（含35周岁）的，按规定于2000年6月前与企业签订协议保留劳动关系的人员被称作协保人员，也就是协议保留劳动关系人员。

有关配套政策为协保人员再就业提供了以下有利条件：协保人员走向社会后，可以凭《劳动手册》，按相关规定从事劳务性的工作；用人单位使用协保人员的，可以免缴社会保险费或者补缴社会保险费差额。因此，协保协议是再就业工程中，为帮助下岗人员走向劳动力市场采取的一项政策。有关协保协议期限，上海市政府沪府办（2000）32号文中明确，协保的期限一律签到签约的下岗人员年龄符合退休条件日止。如果在2000年6月前已经签订了协保协议，协议期限不到退休年龄之日的，按照该文件精神，应将期限改签为到达退休年龄的那一天止。协保协议履行期间，如果单位因为分立、合并等各种原因发生变化时，由接受协保人员的单位和协保人员继续履行协保协议，也就是说，单位一方由原单位转变为接受单位，而原协议中明确的权利与义务不变。需要变更协保协议的，必须经接受单位与协保人员协商取得一致。如果单位破产，协保人员按有关破产企业职工的规定处理。

7. 返聘就业

返聘，即离退休人员的再次被聘用，因为退休员工不属于劳动部门管理，不能签订正式的劳动合同，所以聘用离退休人员不能依据《劳动合同法》执行。离退休人员与用人单位发生争议，目前不属于劳动争议仲裁委员会受理范围，由法院按照劳务关系处理。

根据劳动部《关于实行劳动合同制度若干问题的通知》(劳部发〔1996〕354号)第13条的规定，其聘用协议可以明确工作内容、报酬、医疗、劳动保护待遇等权利、义务。离退休人员与用人单位应当按照聘用协议的约定履行义务，聘用协议约定提前解除书面协议的，应当按照双方约定办理；未约定的，应当协商解决。

（二）我国法律不完全认可的非标准劳动关系

如果说上述用工关系在我国劳动法及相关法律中还能找到一些法律依据的话，以下这些非标准劳动关系却难以找到相应的法律依据，但在社会实践中长期存在。

1. 自雇就业

自雇就业，顾名思义就是既当老板又当员工，雇主与雇员合二为一。在全世界范围内，自雇就业的人群都非常广泛，可以说随处可见。自雇就业主要包括：小摊贩、旅馆餐饮业、出租车司机、律师、无雇工的个体工商户和其他服务性行业。从业者大多靠手艺和技能，以养家糊口为主要目的，包括自我雇佣者（自谋职业）和以个人身份从事职业活动的自由职业者等。

我国对自雇就业没有明确的法律规定，较为接近的概念是灵活就业。我国对灵活就业采取了登记制的方式。按照《就业服务与就业管理规定》（人力资源和社会保障部2018年修订），

"劳动者从事个体经营或灵活就业的，由本人在街道、乡镇公共就业服务机构办理就业登记""从事个体经营或灵活就业的劳动者，由本人到街道社区公共就业服务机构办理就业登记。凭登记证可享受相应扶持政策"。我国多个地区实施了"灵活就业社保"，即灵活就业人员按规定办理就业登记后，可向户籍所在地或居住地街道、乡（镇）社区事务受理服务中心提出参保申请，费用由灵活就业人员自行承担。按照上海社保局依据本地实际情形制定的《关于本市灵活就业人员参加本市城镇职工基本养老、医疗保险若干问题的通知》中的定义："本通知所称灵活就业人员是指具有本市户籍，男性未满60周岁、女性未满55周岁，从事有合法经济收入的自雇人员、无雇工个体工商户、未在用人单位参加基本养老、医疗保险的非全日制从业人员以及其他灵活就业人员。"可见，在我国现有规定中，自雇人员是灵活就业的一种形式，甚至非全日制从业人员也是灵活就业的一种形式。但是，相关规定中就何谓自雇人员没有做出进一步的定义。

2. 承包就业

自然人以个人名义承担业务，双方订立承包合同。发包方只要求成果，不对生产过程加以管理。一般法律上认为，双方是劳务关系，而非劳动关系。但是，如果双方本来已经建立有劳动关系，再订立业务承包协议的，则一般还是以劳动关系处理。

3. 家庭就业

家庭就业主要从事密集型工作，分布在传统行业，如服装、皮革、玩具、制鞋、工艺品加工等。根据劳动保障部2002年城镇劳动力就业和社会保障状况抽样调查，城镇家庭帮工数量约为600万人。目前，以家庭就业的形式从事工作的人群主要包括小部件组装、钉纽扣、做绢花、加工圣诞卡、装信封等。

4. 内退就业

内退指的是国有企业职工的“内部退养”，它是我国在一定的历史时期，根据国有企业的特殊情况，针对国有企业中即将达到退休年龄，因身体原因无法进行正常生产工作的部分职工所制定的一项功能特殊的政策。在我国相关法律中，并无对内退的规定。这是在特定历史时期形成的一种惯例性做法，而非一种法律规定。内退者往往基于企业自己制定的政策，达到一定年龄，获得一定补偿，从而停止在企业继续工作，直至退休年龄达到再由企业办理退休手续。内退与下岗、协保、买断工龄等均是国企改革过程中劳动关系调整的一种措施。

内退职工再就业即内退就业。“内部退养”人员二次就业会对劳动力市场造成极大的冲击，相当大的一部分“内部退养”人员正处于劳动产出的高峰期，他们有技术、有经验，年龄多在50岁上下，甚至更年轻，收入预期也因为有了“内部退养”工资而比正常就业劳动力低，加之用人单位无须支付社保统筹中企业应缴纳的部分，因而增加了“内部退养”职工在劳动力市场中的竞争力。

内退人员就业与协保人员就业不同，协保人员订立保留社会保险关系的协议后，即转入地区劳动部门设立的再就业服务中心托管，与原单位的关系解除，不少单位在劳动关系都转出后实施改制、转制或关闭。而内退人员的劳动关系继续保留在原单位，直至退休。当然，这两种就业形式也存在诸多相同之处，按照学者董保华的归纳存在“虚实劳动关系”，即一个形式上的单位负责缴纳社会保险，保障劳动者的基本利益，而又并存一个实质上的劳动关系，但可免除社保缴纳的义务。当然，随着我国改革的推进，社保制度的完善，特别是《社会保险法》的出台，这些特定历史时期的产物都将慢慢退出历史舞台。

四、将非标准劳动关系纳入劳动法律体系的必要性

（一）现有对非标准劳动关系的处理存在弊端

如前文所述，非标准劳动关系虽然已经在我们的社会生活中大量出现，但有关立法规定还很有限。除2008年开始执行的《劳动合同法》中对劳务派遣和非全日制就业做出了规定，以及

部分地区对非正规就业组织、特殊劳动关系等做出规定外，大量的非标准劳动关系都缺乏相应的规范。

在实践中，一旦发生非标准劳动关系争议，都归入民事雇佣关系加以处理。本文收集了几个典型案例，从实证的角度加以阐明。

[典型案例一]学生到单位实习受伤不算工伤[①]

廖某原是成都某学校2001级的学生，经学校推荐安排，2003年9月到某汽车运输公司参加汽车维修实习。同年12月，他在上班时被车撞成七级伤残。随后，市劳保局认定廖某受伤属工伤性质。面对高额的医疗费，廖某将单位和学校告上法院，索赔7万余元。武侯法院一审判决认定，廖某实习是学校课堂教学内容的延伸，他与实习单位无劳动关系，虽在实习中受伤，但不能享受工伤待遇。最终，法院按照一般民事侵权纠纷，判令被告单位赔偿廖某各项损失3万余元，驳回廖某的其他请求。同时，成都市中院将此案作为示范性案例发布。

[典型案例二]退休返聘人员未签合同，没有二倍工资[②]

王女士是上海市农村户籍人员，1995年9月，王女士进入上海某事业单位，从事专业技术管理岗位工作，但未取得事业编制，双方也未订立书面劳动合同，工资则参照有事业编制员

① 杜雯.案例分析：学生到单位实习受伤不算工伤?[EB/OL].新华网，见 http://news.xinhuanet.com/employment/2006-09/01/content_5036235.htm，2016-03-05.

② 俞敏.返聘人员未签合同能否要两倍工资?[EB/OL].中国法律门户网，http://ldzy.fabao365.com/info/11514/，2016-03-06.

工的相同岗位发放。王女士一直在该事业单位工作至2008年5月。

2004年3月，因市政动迁需要，王女士成为被征地人员，由征地单位上海某实业总公司为王某按月缴纳城镇保险。2007年3月，王某年满50周岁，上海某实业总公司为其办理了退休手续，王女士每月领取退休金。

2008年1月，上海某事业单位要求王女士订立《退休返聘协议》，其工资按照退休人员的规定支付。王女士则认为，自己一直在该单位工作了10年以上，并从事专业技术岗位工作，不同意签订退休返聘协议，而是要求与单位订立劳动合同至55周岁。因王女士拒绝订立《退休返聘协议》，上海某事业单位书面通知王女士于2008年5月31日终止工作关系。

王女士遂向单位所在地劳动争议仲裁委员会提起仲裁，要求单位与其签订2008年1月1日至2012年12月31日的书面劳动合同，并要求单位按照4000元的标准支付2008年1月至仲裁裁决生效之日未订立劳动合同的双倍工资。上海某事业单位接到应诉通知后，委托律师代理此案。劳动争议仲裁委员会经过审理，最终裁决对王女士的全部仲裁请求不予支持。

[典型案例三] 工作了近11年，咋不是肯德基员工

在北京肯德基当了近11年仓库保管员的徐延格把肯德基告上了仲裁庭，却败诉了，原因是他被告知不是肯德基的员工，而是“北京时代桥劳动事务咨询服务有限公司”的派遣员工。

而后，不服裁决的徐延格再次向法院提起诉讼，也因同样的理由被驳回，最后判决由派遣公司向其承担赔偿义务。[①]

上述三个案例都是典型的非标准劳动关系，在校生毕业实习、退休人员返聘就业以及劳务派遣，这三个非标准劳动关系中的劳动者群体数量都十分庞大。但是，在发生争议后，他们都被认定为民事雇佣关系，并未参照劳动关系的法律规定审理。这就直接导致了劳动者同样的工作内容，因其处于非标准劳动关系中而得不到相应的保障。

以第一个案例为例，对于在校生毕业实习，此时其年龄已超过 16 岁，大于劳动法中对劳动者的年龄要求，其在企业中所从事的也是全日制的劳动，受到企业的全面管理。事实上，就劳动的内容而言，实习的在校生与企业自行招聘的普通劳动者没有太大的不同。然而，其法律保障却有很大不同，实习生没有社会保障，如案例中的情况，一旦发生工伤，无法获得应有的补偿。实习生也没有加班工资，实际上很多实习生已经成为企业的廉价劳动力。当然，有关实习生保障问题，我国人社部门已经逐步予以解决。

在第二个案例中，劳动者由于是退休返聘的人员，企业未与其订立书面劳动合同，但劳动者据此向企业主张两倍工资，却未得到司法机构的支持。裁判者的思路很明显，该劳动者已

① 工作了 11 年咋不是肯德基员工 . 品牌世家，http://guide.ppsj.com.cn/art/1148/11488/，2016-03-06.

经办理退休，按照现行标准劳动关系的法律规定，退休人员已不属于劳动者的范围，当然也就不能适用《劳动合同法》中的规定。非标准劳动关系中的劳动者就这样被划入了民事雇佣法律法规所调整的范畴。

第三个案例广为人知，虽然最后肯德基决定将所有劳务派遣员工转回并直接订立劳动合同，但其中所折射出的法律问题却很清晰。劳动者在肯德基干了近11年的时候被转而要求与派遣公司订立劳动合同，在工作地点、工作内容等均未发生变化的情况下，与一家从未见过的公司建立劳动关系。在劳动权益受到侵害的时候，他丧失了向肯德基主张的权利。这其中的不公，显而易见。

从上述典型案例中我们不难发现，简单地将非标准劳动关系归入民法的调整，一方面导致劳动者权益的极大损害；另一方面为企业逃避劳动法上的雇主责任打开了方便之门。

（二）非标准劳动关系具有从属性

从直观的角度就不难发现，非标准劳动关系与标准劳动关系的属性基本一致。很多时候，两者的区别只在于劳动者的非标准性。如果劳动者是学生或退休返聘人员，则两种劳动关系的内容并无太大不同。如案例一中的在校生，其实习的岗位很多时候就是未来其继续留用企业的岗位。虽然他干的工作与同类岗位的其他同事完全一样，但由于身份的差异，受到的待遇却不同。而案例二中的退休返聘人员，做的就是原本的工作岗位，内容也未发生什么变化，但身份的转变却直接导致了权利的不同。

（三）以民法调整非标准劳动关系导致劳动者权益受损

由于上述案件都是按民事雇佣关系处理的，导致劳动者的权益受到明显的损害。案例一中的劳动者若按照工伤标准赔付的话，可获得 7 万余元的补偿；可按照民法中的侵权损害赔偿，则只获得了 3 万元的补偿。其中的差异就在于立法模式的不同。按照工伤赔偿的规定，工伤实行的是“无过错原则”，即不问劳动者是否有过错，只要发生工伤就要按照一定的标准给予补偿。而按照民事侵权损害的规定，则适用的是“过错原则”，劳动者如果存在一定过失，也需要承担相应的责任。工伤中之所以采用“无过错原则”是由于在劳动关系中，劳动者接受用人单位的管理和指派，其行为主要是为用人单位提供劳动，因此其受到的伤害不论其本身是否有过错都应归由用人单位承担责任。同时，工伤补偿也考虑到了职业伤害对劳动者生活所产生的直接影响以及对未来职业的不利因素；而侵权赔偿仅考虑对所受直接损害的弥补。

1999 年，国际劳工组织在第八十七届国际劳工大会上首次提出了体面劳动的概念，并通过了《体面劳动议程》。其中对体面劳动的定义是：劳动者的权利得到充分保护，有足够的收入，充分的社会保障和就业机会。此后，国际劳工组织积极在全球推广体面劳动，为此制定了《体面劳动议程》。它明确指出：所谓"体面的劳动"，意味着生产性的劳动，包括为了保证体面劳动这一战略目标的实现，必须从整体上平衡而统一地推进"促进工作中的权利""就业""社会保障""社会对话"四个战略目标，包括：

（1）促进和实施国际劳工标准、工作中的基本原则和权利；

（2）为所有人创造更广泛的、体面的就业机会；

（3）为所有人提供广泛而有效的社会保护；

（4）加强三方性原则和社会对话。

体面劳动并不仅仅是针对标准劳动关系的，国际劳工组织同样提出对非标准劳动关系也应当帮助其实现体面劳动。在国际劳工组织发布的 *Visions for Asia's Decent Work Decade: Sustainable Growth and Jobs to 2015*①，*Realizing Decent Work in Asia*② 等报告中均明确指出，非正规就业部门的就业规模巨大，这其中的劳动者同样应当实现体面就业。而国际劳工组织制定的一系列针对非标准劳动关系的国际公约，如《非全日制就业》等，也明确了与标准劳动关系的劳动者享有同等权利的原则。

---

① ILO: Visions for Asia's Decent Work Decade: Sustainable Growth and Jobs to 2015, Paper prepared for the Asian Employment Forum: Growth, Employment and Decent Work, Beijing, People's Republic of China, 13–15 ,August 2007.

② ILO: Realizing Decent Work in Asia, Report of the Director-General, Fourteenth Asian Regional Meeting Busan, Republic of Korea, 2006.

习近平总书记在庆祝“五一”国际劳动节暨表彰全国劳动模范和先进工作者大会上的讲话中强调，党和国家要实施积极的就业政策，创造更多就业岗位，改善就业环境，提高就业质量，不断增加劳动者特别是一线劳动者劳动报酬。要建立健全党和政府主导的维护群众权益机制，抓住劳动就业、技能培训、收入分配、社会保障、安全卫生等问题，关注一线职工、农民工、困难职工等群体，完善制度，排除劳动者参与发展、分享发展成果的障碍，努力让劳动者实现体面劳动、全面发展。党的十九大报告中提出，完善政府、工会、企业共同参与的协商协调机制，构建和谐劳动关系。

虽然非标准劳动关系在我国被作为解决就业困难群体工作的重要手段，但是非标准劳动关系的劳动者同样具有就业质量的要求。事实上，从笔者访谈的20位非正规就业劳动组织的劳动者看，近半数的劳动者对就业质量有较高的要求，四分之一的劳动者有很高的要求，而只有四分之一的劳动者仅仅需要有工作。

笔者以为，对体面就业的诉求是所有劳动者的共同期望，这一点并不分标准或非标准劳动关系，而如果要实现非标准劳动关系的体面就业，构建相应的法律调整机制，明确劳动者的基本劳权则是必需的。

五、非标准劳动关系的属性分析

（一）非标准劳动关系的特征

从外观看，非标准劳动关系与标准劳动关系存在较大的差异；从雇佣周期看，标准劳动关系较为长期。特别是《劳动合同法》颁布以后，劳动关系的长期化趋势愈加明显。据北京市人力资源和社会保障局的统计数据，2009 年北京市地方企业城镇职工劳动合同续订一年及一年以下合同的占 44.85%，即大部分的标准劳动关系的一个劳动合同签订周期在一年期以上；而 2007 年劳动合同续订一年及一年以下合同的占 64.9%。[①] 这一变化显然主要受到劳动法律制度推行劳动关系长期化的影响。

从雇佣的稳定性比较，标准劳动关系的稳定性无疑要大大高于非标准劳动关系。我国劳动法对标准劳动关系规定了较高的解雇保护标准，非因法定理由不得解雇劳动者，且解雇需经法定程序，并通知工会。然而，非标准劳动关系的解雇标准则低很多。有关法律虽然针对劳务派遣规定其适用与标准劳动关系同等的解雇保护，但是由于对劳动者的退回没有法定限制，从而导致用工单位可较为容易地将劳动者退回派遣公司。而劳

---

① 新法实施两年，就业稳定性有所增强 .http://www.51ldf.com/ReadNews.asp?NewsID=4512，2018-10-08.

动者如被退回，按《劳动合同法》的规定，只能获得最低工资报酬。[①]相对于劳务派遣，其他类型的非标准劳动关系的稳定度则更没有保障。可见，劳动者的职业稳定性仍然较弱。当然，对这个问题需要秉持两分法的态度，一方面，这反映了非标准劳动关系的灵活性；另一方面，这也说明非标准劳动关系有待进一步完善，以防止侵害劳动者的基本权益。

从雇主责任看，我国已经对标准劳动关系建立了较为完善的雇主责任规范，雇主要承担工资支付、社会保险、解雇保护、职业安全等一系列义务。而对于非标准劳动关系来说，雇主的责任则相对较少。除劳务派遣是由两个雇主分担雇主责任外，其他类型中雇主的责任都相对较少。如雇主享有较大的解雇自由，对部分劳动者不承担或可选择性承担社会保险等。

从利益统合的角度看，标准劳动关系劳动者认为自己与企业的利益更为一致，由于标准劳动关系的劳动者雇佣周期更长、职业更为稳定，其职业发展与企业发展的关联性更大。而非标准劳动关系的劳动者则更多依靠自己。这种特征比较接近人力资源管理理论中的无边界职业生涯，但是又有所不同。很大程度上，非标准劳动关系中的劳动者是被动成为非标准劳动关系劳动者的，并希望在企业中有更长期的成长。

---

① 退回和解雇被派遣劳动者的条件与限制 . http://www.btophr.com/s_case/case1656.shtml，2018-10-17. 在上述案件中，派遣劳动者被用工单位退回无法律限制，雇主的责任仅为派遣公司应支付劳动者无工作期间不低于最低工资标准的报酬。

从人力资本投资的角度看，对于标准劳动关系中的劳动者，企业在其人力投资中占据了很大比重，特别是一些大型企业为员工提供了非常完善的职业培训和职业规划，劳动者的人力资本得到不断提升。与之相反，非标准劳动关系中的劳动者的人力投资主要依靠自己，典型的情况是，在同一个企业中，劳务派遣员工无法获得与正式员工同等的培训机会，而从事的职位也大部分较为基层，职业发展空间有限。

笔者将标准劳动关系与非标准劳动关系的差异概括为表 15：

表 15　标准劳动关系与非标准劳动关系的比较

	标准劳动关系	非标准劳动关系
雇佣周期	雇员与雇主的雇佣关系长期	雇员与雇主的雇佣关系短期、易发生变化
雇佣稳定度	较为稳定	不稳定
雇主责任	雇主对雇员承担完全雇主责任	雇主承担部分雇主责任，甚至只承担民事责任
利益统合	雇员职业发展与企业紧密结合	雇员依赖个人技能发展而非企业培养
人力投资	企业对雇员进行人力资本投资	雇员一般自我进行人力资本投资

基于上述对非标准劳动关系性质的分析，非标准劳动关系可以分为从属性弱化导致的非标准劳动关系、劳动者的非标准导致的非标准劳动关系、雇主的非标准导致的非标准劳动关系、劳动关系结构异化导致的非标准劳动关系等。

其中的核心问题是，非标准劳动关系是否还具有从属性，以及其中的从属性是否较为强烈。笔者认为，整体而言，虽然大部分非标准劳动关系的从属性弱化，但也存在从属性被强化的情况，即劳务派遣，劳动者对两个雇主都有不同程度的从属性，如果两者相加，劳务派遣相比标准劳动关系，其从属性更为强烈。而在笔者访谈的20位非正规就业劳动者中，绝大部分劳动者都表示是在雇主的全面管理下工作的，对雇主和组织要高度服从。

（二）非标准劳动关系的性质

随着市场经济的不断发展，整个社会的生产方式发生了巨大的变化，劳动关系也随之改变，一系列新型劳动关系逐渐出现。例如在远程就业中，雇主并不一定对工作日、工作时间起止或工作场所提出明确的要求，也不一定对其加以监督、检查，但远程就业仍被国际劳工组织定义为一种新型劳动关系。因此，我们有必要在新的历史条件下对劳动关系的本质加以思考。

这些新型劳动关系的组织从属性的变化反映在两个方面。从劳动者的角度看，劳动者对组织的依赖逐渐弱化；从组织的角度看，雇佣组织开始分化，从一个单一的组织分化为产业链上的多个组织。

在“远程就业”“家庭就业”“独立就业”“承包就业”等就业形式中，劳动者与用人单位的组织关系开始弱化，劳动者不以成为用人单位生产组织中的一员或出现在特定生产场所为要件。劳动者可以自己决定生产场所，不与用人单位的组织发生直接联系，劳动者与用人单位在距离上甚至可能是跨国界的。但是劳动者与用人单位的人格从属性并没有因此削弱。正如黄越钦教授所言："劳动法在近代国家法律体系中，系指对从属劳动者之特别法；凡经纳入他人劳动组织中，受指示而为劳动力之给付者概为从属劳动者。"在这些新型劳动关系中，劳动者接受用人单位指示给付劳动并换取报酬这一劳动关系的核心并没有发生动摇。

但与此同时，劳动者不再长期从属于一个组织。从横向看，劳动者可能在同一时段内不只从属于一个雇主，如"兼职就业"中，劳动者从属于两个以上的生产组织，"独立就业""自营就业""家庭就业"等均可能同时从属于多个生产组织。从纵向看，传统的劳动者与用人单位较长期的从属关系正在被打破，劳动者可能在较短的周期内连续不断从属于不同的生产组织，如各种短期就业、季节性就业等临时就业模式。劳动者也可能在维持一个较长期组织从属的同时，不断建立其他从属关系，典型的如劳动派遣关系。

另一种被普遍忽视的情况是，劳动关系的组织从属性正在发生异化。有一些劳动关系从外表上与标准劳动关系无异，但劳动者不仅要从属于直接雇主，还可能从属于直接雇主的采购商、产品定牌企业。典型的如"三来一补"企业中的劳动关系，品牌公司负责设计、营销，而定牌厂商负责产品制造。定牌厂商的生产过程是在品牌公司的直接管理之下进行的。一般来说，定牌厂商在生产中使用的机器设备、生产流程、原材料等均是严格按照品牌公司的要求购买的，甚至由品牌公司直接提供。品牌公司为保证产品的质量和价格，也会对定牌厂商的生产过程作详细的规定，甚至也会直接参与生产管理。定牌厂商很大程度上只是品牌公司的雇主指令执行人，定牌厂商对品牌公司而言实际上是一个具有独立法律人格地位的“生产车间”。在这种定牌厂商中工作的处于标准劳动关系中的劳动者，其实际上从属于多个生产组织，接受了多重雇主指令权。

有鉴于劳动关系的上述新特征，为区别于传统的标准劳动关系，我们称之为非标准劳动关系。历史地看，从工业化经济发展到全球化经济，传统的、标准的劳动关系时代已逐渐弱化，“世界进入了弹性劳动与经济不稳定、工作不稳定时代”[①]，这是因为全球化的市场经济内在地为长期的资本扩张、技术变革和市场消费需求变动所驱动。全球化下的流动资本和技术总是根据多种多样、千变万化的市场需求，在各个国家寻找劳动力并进行优化组合。随着流动速度和频率的加快，它要求弹性化和灵活化的就业方式。非标准劳动关系正是顺应了经济全球化的要求，其以弹性化的特性，在全球范围内得到了快速发展。

---

① 罗宾・科恩保罗・肯尼迪著，文军译．全球社会学 [M]. 北京：社会科学文献出版社，2001.

第九章　劳动关系中的人

一、标准劳动关系的劳动者

许多国家的劳动法中对劳动者都有一个定义，如英国《雇佣条例（2002）》中对雇员的定义是：凡16岁以上，无论基于服务合同有偿劳动或在办公室工作而需缴纳个人所得税的人。我国《劳动法》中虽提劳动者一词多达88次，但并未对劳动者做出清晰的定义，最为接近的规定是，“在中华人民共和国境内的企业、个体经济组织（以下统称用人单位）和与之形成劳动关系的劳动者，适用本法”，即劳动者是指与用人单位形成劳动关系的自然人。

当然，我国劳动法律中对人（劳动者）的定义远非如此简单，在各类相关规定中，与劳动者有关的内容碎片而复杂。例如，《劳动法》第十五条规定，禁止用人单位招用未满16周岁的未成年人。国务院第364号令公布的《禁止使用童工规定》

规定，禁止用人单位招用不满 16 周岁的未成年人。我国与英国一样，要求劳动者必须年满 16 周岁。实际上，诸如是否领取养老待遇等，均构成我国对劳动者定义的一部分。此外，《劳动部关于贯彻执行〈中华人民共和国劳动法〉若干问题的意见》对不属于劳动者的情况做了界定，公务员和比照实行公务员制度的事业组织和社会团体的工作人员、农村劳动者（乡镇企业职工和进城务工、经商的农民除外）、现役军人和家庭保姆等不适用《劳动法》。在校生利用业余时间勤工助学，不视为就业，未建立劳动关系，可以不签订劳动合同。根据现行法律的规定，是否具备劳动者的资格决定了劳动关系是否存在。原劳动和社会保障部《关于确立劳动关系有关事项的通知》规定，用人单位招用劳动者未订立书面劳动合同，但同时具备下列情形的，劳动关系成立。其中的首要条件是，用人单位和劳动者符合法律、法规规定的主体资格。

我国劳动法律对劳动者主体资格的规定首先是具有民事行为能力，其次是就业年龄的限定，法律禁止用人单位使用 16 周岁以下的童工，文艺、体育和特种工艺单位招用不满 16 周岁的未成年人，需经批准。劳动者超过退休年龄的，按现行劳动立法规定，应当退出劳动关系。因此，我国劳动法律中的劳动者是指在法定就业年龄内的有民事行为能力、从事生产劳动的自然人。我国劳动法律主要调整单一的劳动关系，即一个劳动者与一个用人单位之间的关系。法律规定，用人单位招用尚未解除劳动合同的劳动者，对原用人单位造成经济损失的，该用人单位应当承担连带赔偿责任。这意味着劳动者在未与用人单位解除劳动关系的情况下，不应与另一用人单位建立新的劳动关系，否则需要承担相应的法律责任。

劳动者作为劳动法律关系的一方主体，根据法律法规规定，应当同时具备劳动权利能力和劳动行为能力。根据这一原则，从自然人成为劳动者、成为劳动法律关系的主体，应包括三项标准。

第一，年龄标准。劳动者成为劳动法律关系的一方主体，年龄应在就业年龄和退休年龄之间。除特殊工作并经特殊审批外，16 周岁以下的自然人不能成为劳动法律关系的一方主体；16 周岁至 18 周岁的未成年人在一些工作岗位也受到就业限制；按照现有规定，退休年龄是劳动者结束劳动法律关系的终止年龄。

第二，体力和智力标准。体力和智力标准是劳动者可以从事某些工作的能力。如劳动者因疾病不宜从事某些禁忌工作岗位；女职工、未成年人因生理特性不能从事某些禁忌工作岗位；肢体残疾者只能从事与其残疾状况相适应的职业，智力残疾者不能成为劳动法律关系的一方主体；我国对某些工作岗位的职业资格和执业资格的限制，也使一些劳动者不能成为该工作劳动法律关系的一方主体。

第三，行为自由标准。行为自由标准是劳动者是否有权支配自己的劳动能力。按现有规定，我国未被司法机关限制人身自由的公民，以及持有中国台湾地区和中国香港、澳门特别行政区永久居留身份证的居民，获劳动行政部门在华工作许可的外国人或者无国籍人，才能成为劳动关系的一方主体；被我国司法机关限制人身自由的公民，在剥夺人身自由期间，不能成为劳动法律关系的一方主体。

纵观各国劳动法对雇员的定义，细加分辨，大体可以分为以下类别：

第一，雇员身份型。如《日本劳动基准法》规定，雇员是指“不论他从事何种职业，系指受雇于前条所列的企业或事务所(以下简称企业)而领取工资的人而言”。“二战”后，日本劳动立法受到美国的影响很大，其立法形式与美国较为相像。这类对雇员的定义从身份出发，直截了当地指出，雇员就是受雇于雇主的人。当然，在日本的相关规定中，除强调雇员的被雇者身份外，还要求必须是有偿的，即领取工资。

第二，劳动给付型。一些国家在定义雇员时从其行为特征入手，如《韩国劳工标准法》规定，雇员是指以获得工资为目的而从事向企事业或工作场所(下称“企事业”)提供劳动服务的任何职业的人。《西班牙劳动者宪章》规定，雇员是指一切自愿受雇于他人、领取报酬的雇佣劳动者，他们在某自然人或法人，即雇主的组织和指挥下从事服务劳动。在这类规定中，雇员是指提供劳动给雇主的人，强调劳动者的劳动行为，且此类劳动行为是在雇主的指挥下进行的。

第三，契约关系型。还有一些国家和地区对雇员的定义建立在契约关系基础上，主要见于英国及受其影响的国家和地区。英国《劳动权利法》规定，雇员是已缔结服务合同或根据服务合同工作的个人。《新加坡就业法》也采用了类似的规定，受雇人是指根据同雇主订立的服务合同而劳动的人。中国香港地区的《香港劳资关系条例》规定，雇员指已与雇主订立契约，或正根据契约为雇主工作之人士（如契约已经终止，则指以往曾根据该契约工作者）。

纵观这三类有关雇员的定义，尽管角度各有不同，但表达的含义并无本质冲突。首先，雇员是一种身份。在具有人身关系属性的劳动关系中，这种身份认定有其必要，如同在婚姻关系中确定配偶身份后，其相应权利便可以进一步进行确定。其次，雇员是提供劳动的人。这类定义更多考察法律行为，即劳动者有没有向特定对象给付劳动。法律行为是引起法律关系发生、变更和消灭的人们有意识的活动，它是引起法律关系发生、变更和消灭的最普遍的法律事实。从法律行为可以判断法律关系，进而确定法律主体。最后，雇员是契约关系的一方。英国关于雇员的认定强调契约关系，这与英国契约法的发展有关。早在 19 世纪，英国契约法就已经成形。但需要指出的是，英国法律中的契约与我国《劳动合同法》中合同的概念有很大不同，更不像我国《劳动合同法》要求劳动合同必须书面订立。英美法系对契约的定义是，由要约和承诺构成的协议，这种对契约的理解建立在意思自治基础上。

反观我国对劳动者的定义，无论是 1995 年的《劳动法》还是 2008 年的《劳动合同法》，均没有定义什么是劳动者。在法律上，对劳动者身份的认定来自一系列相关规定的推理与组合。例如，通过对童工的规定可知，我国劳动者年龄的底线是 16 周岁。又如，按照最高人民法院审理劳动争议案件的司法解释，已领取养老金的自然人再就业的，与用人单位形成劳务关系，故而可知领取养老金者不属于劳动者。当然，客观地说，尽管我国并无专门针对劳动者或雇员的定义，但随着司法实践的积累，我国关于劳动者的认定并无太大的争议。

二、非标准劳动关系的劳动者

在市场经济条件下，就业形式的多样化是社会经济发展的必然趋势。政府鼓励劳动者通过灵活就业的方式实现就业，并且提供相应的服务和帮助。灵活就业和正规就业相比，在劳动关系、工资支付、社会保障等方面有不同的特点和要求。特别是我国现有的劳动保障模式，决定了一个劳动者即便同时受雇于多个用人单位，也只能有一个雇佣关系是完全劳动法律关系。雇佣形式的不同，意味着劳动双方承担责任和履行义务的不同，并表现为完全劳动法律关系和不完全劳动法律关系。

完全劳动法律关系，是指符合就业标准的初次就业人员、与原用人单位已经解除劳动法律关系的再就业人员、由民政部门负责安置的复转军人和残疾人等，在与用人单位通过签订劳动合同建立劳动关系时，用人单位必须履行劳动法律法规规定的全部权利和义务，如为劳动者缴纳各类社会保险费、允许劳动者参加工会组织等。

不完全劳动法律关系，是指因劳动者本身的原因，在与用人单位建立雇佣关系时，用人单位不需要或不能为劳动者一方履行劳动法律法规规定的全部义务。这里主要指用人单位不需要或不能为劳动者缴纳社会保险费的情形，其主要包括：

第一，从事第二职业人员，与原用人单位没有解除劳动合同人员，受委派到另一单位从事临时性工作人员，被另一单位借调人员。这些人员在受雇于用人单位期间，因劳动者已与原用人单位建立劳动法律关系，除双方另有约定外，按现有社会保障体系模式，新的用人单位不能重复履行为其缴纳社会保险费的义务。第二，退休、退职、病退人员已按规定享受社会保险待遇，故在被返聘或再次工作期间，用人单位不需再履行为劳动者缴纳社会保险费的义务。第三，在校学生勤工俭学或参加生产实习期间，不属于用人单位职工，用人单位不需要履行劳动法律法规规定的全部义务。以上情况，双方只要明确工作任务、标准、工作时间、劳动报酬、工作条件等双方认为需要约定的相关事项即可。

我国劳动法律只调整完全劳动法律关系，不调整不完全劳动法律关系的结果，可能导致用人单位选择成为非标准用工主体的情况发生。因为只要用工主体是非标准的，就不再受劳动法律的调整，劳动法律所规定的义务就可以被逃避。非标准用工主体的出现使我国劳动法律遭遇难堪。更精确地说，我国现行劳动法律对劳动者的立法模式出现了问题，《劳动法》和《劳动合同法》将劳动者限定于完全劳动法律关系模式，已经不适应我国市场经济发展的需要。例如，在本书着力探讨的平台企业用工中，从判例看，绝大部分新就业形态从业者都符合劳动者的要求，在法定年龄范围内，具有民事行为能力。但不少判例否认他们与平台企业存在劳动关系的理由是平台企业具有特殊性，并非劳动法律中规定的“用人单位”。可以预见，随着新经济形态的进一步发展，现有劳动法律的不适应性将愈加明显。

当然，现有非标准劳动关系中也有很大一部分是由于劳动者因各种各样的原因具有非标准性，从而导致对现有劳动法的不适应。因此，我国劳动法律调整有必要对非标准劳动关系的劳动者界定加以完善。具体来看，劳动者的非标准性包括劳动者身份的非标准性、劳动者身份的两重性、劳动者就业方式的非标准性等。

劳动者身份的非标准性。劳动者身份的非标准性是常见的情形，包括大学生打工、在校生实习、青年职业见习、退休返聘就业等。身份的非标准性导致这部分劳动者对劳动法的适用有限。根据《劳动部关于贯彻执行〈中华人民共和国劳动法〉若干问题的意见》的有关规定，在校生利用业余时间勤工助学，不视为就业，未建立劳动关系，可以不签订劳动合同。该规定导致这部分群体无法建立标准劳动关系。

劳动者身份的两重性。经理、副经理等高级管理人员，身份具有两重性，应部分地不适用标准劳动关系的规定。雇主的概念通过委任关系被扩大，形成了衍生的雇主概念，其中不仅包括企业主，还包括代表企业主利益的经理人。正如黄越钦所说，雇主地位在法律上最主要的意义是对受雇人之劳务请求权以及指示命令权。劳务请求权与指示命令权可以分属不同的人行使，例如，事业主有劳务请求权，事业经营之负责人有指示命令权，而事业经营之负责人对事业主有服从义务。这一群体的非标准性不同于前述在校学生或返聘员工，前述群体在我国法律中被认定为不具有劳动者身份，而这类群体恰恰相反，他们在我国法律中具有劳动者身份，而事实上其又不同于一般劳动者。

劳动者就业方式的非标准性。随着科技的发展，特别是信息化浪潮的来袭，劳动者就业的形式也在发生深刻的变化，其典型形式即远程就业。远程就业是利用综合服务数字网、计算机、传真机、可视对讲机、便携式电话、打印机等现代化电子技术和通信工具，远离中心办公室或生产场所完成工作，劳动者之间没有面对面的接触，但能通过新技术进行交流。远程就业产生于 20 世纪 90 年代，尔后以迅猛的速度发展起来。远程就业主要集中在和计算机网络技术有关的信息技术行业。从事远程就业的群体有专业技术人员、信息产业工程师、网络销售人员、远程教育者等，他们一般与所在公司签订工作合同，但雇主对工作的过程很少给予直接管理，更注重工作的结果。

在信息技术时代，劳动过程正在快速地发生变化。传统制造业也在进行数字化转型，在其生产过程中，机器人参与的比例不断上升，而劳动者的参与不断下降。以传统劳动关系看，非标准化生产方式或许会成为未来主流的劳动形式。

非标准劳动关系的劳动者并非没有相应的劳动权利保护。国际劳工组织于 1951 年和 1958 年分别通过了《同工同酬公约》《消除就业和职业歧视公约》。1998 年，国际劳工组织在《关于工作中的基本原则和权利宣言》中，将包括《消除就业和职业歧视公约》在内的八项国际劳工公约列为核心国际劳工标准，要求“即使尚未批准这些公约，但仅从作为劳工组织成员这一事实出发，所有成员国都有义务真诚地并根据章程的要求，尊重、促进和实现关于作为这些公约之主题的基本权利的各项原则”，其核心是对从事相同工作的劳动者给予相同的报酬率，保证同工同酬原则适用于所有员工。我国应尽快消除立法设置对非标准劳动关系劳动者的身份认定障碍，保障劳动者应有的权利。

三、数字经济中的劳动者

根据中国信息通信研究院发布的《中国数字经济发展与就业白皮书（2019）》的有关数据，2018 年，我国数字经济领域就业岗位为 1.91 亿个，显著高于同期全国总就业规模增速。毫无疑问，数字经济领域已经成为我国就业岗位增长最快的部分，越来越多的劳动者正在转入这个领域。其中既有标准劳动关系的劳动者，也有非标准劳动关系的劳动者，甚至还有非劳动关系的劳动者。

何为非劳动关系的劳动者？经过调查，笔者发现，在司法判例中，有相当比例的平台企业就业者，也就是官方文件中的新就业形态从业者，并不被认定存在劳动法上的劳动关系，既不属于标准劳动关系，也不属于非标准劳动关系，而是非劳动关系，得不到劳动法的保护。对于这一从业者群体与平台企业的法律关系，个别的判例认为其属于合作关系。这种所谓的合作关系就如同早期民法调整劳动关系阶段的契约关系，双方的权利义务完全取决于契约的约定，在互联网背景下，这样的契约常常是电子化的，可能就是送餐员在注册 App 时点下的告知同意书。

在现有的司法判例中，这一群体被认定为非劳动关系，但从这一群体的特征看，他们以此为业、以此为生，从事着全职的劳动。通过实证研究，笔者发现这一群体具有以下微观特征：

第一，以新生代农民工为主。在笔者于苏州地区针对送餐员发放的152份有效问卷中，超过85%的从业者属于非本地户籍的外来劳工，这一群体主要是男性，大专及以下学历人群占到了近80%，其中三分之二的送餐员年龄在30岁以下。

第二，就业质量不低。数字经济就业对新生代农民工具有很大吸引力，他们的收入相对较高。首都经济贸易大学劳动经济学院发布的《新就业、高质量：中国新就业形态就业质量研究报告》相关数据显示，按照传统就业的正常工作日计算，滴滴平台从业者全国月平均工资为6438元。报告负责人张成刚认为，新就业形态的就业质量高于传统出行行业。[①]上述结论与笔者的结论基本一致，从笔者获得的一手数据看，近三分之二的送餐员月平均收入超过5000元，约15%的送餐员收入超过8000元。而苏州地区的社会平均工资为4755元。如果仅从收入角度看，可以认为新就业形态的就业是有质量的。在饿了么蜂鸟配送发布的《2018年外卖骑手群体洞察报告》中，通过5.2万份对蜂鸟骑手的问卷调查显示，蜂鸟骑手收入主要集中在4000—8000元，超过2017年全国城镇私营单位就业人员的月均薪资3813.4元。

第三，拖欠工资不再是主要矛盾。在就业质量有所提高的

---

① 李小彤.新就业形态急需制度护航——中国新就业形态研究中心执行主任张成刚谈滴滴平台就业[N].中国劳动保障报,2018-07-18.

同时，与传统就业相比，数字经济领域中拖欠工资的问题不再突出。在笔者的问卷调查中，98.03% 的外卖骑手反馈无工资拖欠问题，仅有 1.97% 的外卖骑手反映有过工资拖欠情况。在进一步的访谈中，表述曾被拖欠工资的送餐员给出的情况有“业绩未达标被扣除奖金”“擅自脱岗”“被差评扣钱”等，这类情况与传统就业中农民工工资被拖欠数月甚至数年的情况完全不同。

第四，参加社会保险成为主要诉求。笔者在调研中发现，在参保意愿方面，48% 的外卖骑手表示“非常愿意”、42.3% 的外卖骑手表示“愿意”，即调查中九成的数字经济从业者希望参加社会保险，并且没有一人选择“不愿意”。笔者认为，这反映了我国多年来社保发展的成果，民众对社保的必要性和重要性非常认可，社保意识深入人心。

笔者认为，对于现有被视为非劳动关系的从业者群体，可以考虑引入自雇业者的法律概念加以调整。从国际看，自雇是市场经济的自发产物，是一部分劳动者根据自身人力资本禀赋，在市场上的一种自我经营、自担风险、自负盈亏的就业状态。各国普遍将自雇作为一种就业形式予以认可，并给予适度的法律保护。OECD 国家 2018 年的数据显示，欧盟 28 国平均自雇率约为 16%，英国约为 15%，而韩国的自雇率约为 25%。学者们普遍认为，基于国外经验，我国自雇业者就业比例不会低于 20%，随着零工经济的发展，这一比例还可能上升。

从我国现有法律制度看，自雇就业的形式还没有得到法律的认可。尽管我国有一些类似的概念，如“自由职业者”“灵活就业者”“新就业形态从业者”等，上述概念均非严格的法律定义，含义并不清晰，而自雇在国际上已成为相对明确的概念，并由国家给予一定保护。

从现实情况看，现阶段数字经济中的非劳动关系从业者，其就业事实无可争辩，在无法纳入劳动关系调整的情况下，可以考虑用自雇业者的模式保障其基本权利。目前他们的工作收入水平并不低，从业者也普遍较为认同这种就业形式。但他们的就业风险较高，需要给予保障。国外对自雇业者的相关规定，也可以为我们提供参考。

第十章 “去雇主化”背景下的雇主

在数字经济背景下，谁是雇主？如何定义雇主？再一次成为社会各界思考的问题。数字经济中的劳动者并没有发生本质的改变，那些每天奔跑在街头的送餐员，很多曾经是工厂里的流水线工人，是标准劳动关系中的劳动者。当他们转身进入数字经济领域，依然是依靠劳动力换取劳动报酬。他们也符合我国现有对劳动者的相关界定：年满16周岁，具有民事行为能力，从事有偿劳动。新就业形态下确认劳动关系的变量不是从业者，而是平台型企业是否属于劳动法意义上的雇主。

人力资源管理著名学者彭剑锋教授说，未来的企业只有两条路可以走，平台化或是被平台化。自工业革命以来，雇主作为社会中坚力量，对于支撑整个社会体系起到了枢纽作用。特别是进入福利社会后，雇主责任的泛社会化使其成为国家体系中不可或缺的一部分。然而，当前，不仅仅是企业组织在寻求平台化和“去雇主化”，从全球数据看，劳动者群体同样在选择“去雇主化”，两者的合力导致“去雇主化”成为未来趋势。这是对劳动关系的根本性挑战，也是对福利社会体系的重大调整。

一些学者将这样的趋势称为“去劳动关系化”，笔者认为劳动关系本身是一个动态概念，从资本主义早期的劳动关系发展到标准劳动关系再到非标准劳动关系的过程说明，劳动关系的概念并非一成不变。但与非标准劳动关系的发展不同，新的就业关系的一个突出的特点是雇主正在消失。雇主作为社会结构的重要主体，如果仅仅将其视为劳动关系的一方是不够的，我们需要从更大的范围去理解雇主。

一、劳动法中的雇佣主体

我国劳动关系的雇佣主体是用人单位，而国外劳动立法一般使用雇主的概念，国际劳工组织 1996 年《家庭工作公约》（第 177 号公约）中对雇主的定义是，按照其经营活动，不论是直接地或是通过中间人（不论国家立法有无关于中间人的规定）交付家庭工作的自然人或法人。一些国家和地区则认为雇主是雇佣契约的相对人，如我国香港地区的《香港雇佣条例》强调雇主是已订立雇佣合约雇佣他人为雇员的人，我国香港地区的《劳资关系条例》则强调雇主指雇佣雇员之人士。

除对雇主做出定义外，各国在司法实践中还形成了一套认定雇主身份的标准。如法国最高法院认为，雇主享有对其雇员发号施令或指导的权利，则雇主与雇员之间存在雇佣关系和隶属关系。具体的认定要件，则体现在诸多判例中。

我国劳动法没有采用雇主概念，而使用用人单位的提法。我国《劳动法》第二条规定，在中华人民共和国境内的企业、个体经济组织（以下统称用人单位）和与之形成劳动关系的劳动者，适用本法。国家机关、事业组织、社会团体和与之建立劳动合同关系的劳动者，依照本法执行。劳动部《关于贯彻执行〈中华人民共和国劳动法〉若干问题的意见》第四条、第五条规定：公务员和比照实行公务员制度的事业组织和社会团体的工作人员，以及农村劳动者（乡镇企业职工和进城务工、经商的农民除外）、现役军人和家庭保姆等不适用劳动法。中国境内的企业、个体经济组织在劳动法中被称为用人单位。国家机关、事业组织、社会团体和与之建立劳动合同关系的劳动者依照劳动法执行。根据劳动法的这一规定，国家机关、事业组织、社会团体应当视为用人单位。

劳务派遣公司是一类特殊的雇主，他们以担任雇主为业。劳务派遣公司派遣员工的基本法律关系和特征是：（1）劳务派遣公司与劳动者订立劳动合同，形成劳动关系，双方是劳动法意义上的当事人，劳动法适用于劳务派遣公司与劳动者。但劳务派遣公司与劳动者建立劳动关系的目的并不在于自己使用劳动力，而在于为其他根据合同确定的劳动力实际用工单位提供劳动力，劳动者并不向具有劳动关系的劳务派遣公司履行劳动行为给付义务，而向实际用工单位履行，并形成劳动关系之外的相对劳动者的第三方主体。（2）劳务派遣公司与实际用工单位之间为基于合同形成的民事关系，双方的权利义务依据民事法律调整，劳动法在两个单位之间不能适用。（3）劳动者在实际用工单位工作期间接受该单位的管理，双方的关系为特殊劳动关系，实际用工单位对劳动者负有与劳动过程直接相关的劳动标准的执行义务。《西班牙劳动者宪章》第一条规定：一切自然人或法人，或者财产集团雇佣第一条款中涉及的人，或者从某一合法的劳动服务公司为另一用户企业雇佣服务人员的，均称雇主。该法律直接明确了专业劳务公司具有同等的雇主身份。

按照我国的现行规定，外国公司常驻中国的首席代表机构不具有雇主身份，如果需要招用中国劳动者，应当通过外事服务机构派遣。因此，外国公司常驻中国的首席代表机构不能作为劳动法意义上的用人单位。按照相关规定，中国企业需要招用外国人的，需要经政府许可，未经许可不能直接招用。

此外，劳动法中还存在劳动合同的用人单位签订主体与劳动关系实际履行主体相分离的情况。《上海市劳动合同条例》对用人单位履行主体分离的相对劳动者的义务履行主体作了较为明确的规定，《上海市劳动合同条例》第二十五条规定：实际使用劳动者的单位承担或者部分承担对劳动者的义务。实际使用劳动者的单位未按照约定承担对劳动者的义务的，用人单位应当承担对劳动者的义务。

二、用人单位概念的“空心化”

回到我国劳动法中使用的用人单位概念，这是我国独有的概念。虽然使用的名词不同，但其与雇主的含义没有本质差异。当然，有学者从历史的角度认为，用人单位的概念反映了我国计划经济的遗存。在计划经济体制中，企业只是国家雇佣劳动者的一个单位。用人单位不是独立的用工主体，一系列用工权利掌握在国家手中。比如企业不能自主招聘，而是由劳动部门分配职工。职工在企业间的流动也不是自主应聘，而是劳动部门出具商调单。企业的用工数量、职工的工资待遇等，无一不是由劳动部门统一规定，而企业主要是作为执行主体。可以把国家看作一个雇佣总体，而每一企业只是雇佣的单位。

进入市场经济时期，1995 年，《劳动法》第二条规定了用人单位的范围：在中华人民共和国境内的企业、个体经济组织。至 2008 年，《劳动合同法》第二条将用人单位扩大到中华人民共和国境内的企业、个体经济组织、民办非企业单位等组织。虽然范围有所扩大，但用人单位在我国必须是一个法人。此时，用人单位已经获得市场经济制度下雇佣主体应有的权利，包括招聘雇员、管理雇员以及解雇雇员。用人单位这一概念的提出体现了我国劳动法的特殊性。我国劳动法的产生经历了劳动政策、企业立法到社会立法的过程，而正是用人单位这一概念使我国劳动法踏入了社会立法阶段。

根据《最高人民法院关于审理劳动争议案件适用法律若干问题的解释》中对劳动争议案件受理范围的规定，劳动争议案件应具备的条件首先是争议的主体必须适格，即需要符合《劳动法》第二条的规定，劳动争议的主体应是我国境内的企业、个体经济组织[①]、国家机关、事业组织、社会团体及与之形成劳动关系或建立劳动合同关系的劳动者。根据《最高人民法院关于审理劳动争议案件适用法律若干问题的解释》第四条[②]的规定，非法主体不属于劳动司法部门的管辖范围，这使得许多因用人单位非法而“被迫连带”，合法的劳动者也成为非法劳动者，因而不能主张自己的合法权利。根据《关于确立劳动关系有关事项的通知》的规定，用人单位招用劳动者未订立书面劳动合同时，认定劳动关系的首要标准是用人单位和劳动者符合法律法规规定的主体资格，即用工主体必须是《劳动法》第二条中规定的五类主体，否则就是非法用工主体。

非法用工主体与合法用工主体相对，按照《非法用工单位伤亡人员一次性赔偿办法》的规定，非法用工单位伤亡人员，是指无营业执照或者未经依法登记、备案的单位以及被依法吊

① 一般雇工在 7 人以下的个体工商户。

② 《最高人民法院关于审理劳动争议案件适用法律若干问题的解释》第四条规定：劳动争议仲裁委员会以申请仲裁的主体不适格为由，作出不予受理的书面裁决、决定或者通知，当事人不服，依法向人民法院起诉的，经审查，确属主体不适格的，裁定不予受理或者驳回起诉。

销营业执照或者撤销登记、备案的单位受到事故伤害或者患职业病的职工，或者用人单位使用童工造成的伤残、死亡童工。

通过上述对比，我们可以归纳出我国用人单位的主要特征：其一，注册在中华人民共和国境内；其二，包含企业、个体经济组织、民办非企业单位等组织类型；其三，依法登记、备案，具备有效的营业执照且未被吊销或撤销。简而言之，用人单位是指我国境内的法人组织。

法人作为用人单位或雇主是国际通行的，但是民商法中的法人作为拟制人是一个法律概念。我国法律规定，法人是具有民事权利能力和民事行为能力，依法独立享有民事权利和承担民事义务的组织。法人不是自然人，而是组织，法人实现其民事行为需要具体的自然人实施行为。

用人单位作为一个法人组织，且必须是法人组织，其具体实施行为的自然人是谁呢？对此，我国劳动法没有做出明确规定，即在一家企业中，谁是作为雇主的自然人，谁是作为雇员的自然人，两者并不清晰。如果我们说一家企业，从总经理到前台都是劳动者，却没有雇主，读者们可能会觉得不可思议。但事实上，我国现有劳动法对用人单位的规定恰恰导致了这样的局面。笔者认为，我国劳动法仅仅规定了概念上的雇佣主体——用人单位，而缺乏进一步的内涵规定，导致了雇佣主体概念的“空心化”，这是我国劳动立法有待改进的一个地方。

从国外制度规定看，《美国公平劳动标准法》第三条 d 款规定，雇主包括与雇员有关的直接或间接地代表雇主利益的人，并包括公共机构，但不包括任何劳工组织（它作为雇主时除外）或该劳工组织中的职员或代理人。《德国劳动法院法》第五条规定，在法人企业或合伙企业工作并且根据法律、章程或公司合同单独地或作为代表机构的成员被任命为法人或合伙人的代表人，不属雇员范畴，它包括股份有限公司的总经理等。上述对雇主的规定，无一不落到具体的自然人层面，明确了企业中作为雇主的人到底是谁。

笔者认为，国外制度有关雇主的规定主要包括两个层面：其一，作为企业所有者的雇主。作为企业的所有人、企业的股东，当然属于企业的雇主。在这个层面上，我国劳动法律尽管没有作明确的规定，但从《公司法》的规定看，股东会是企业法人的权力机构，因此，股东以及法定代表人属于雇主，在我国司法实践也无异议。其二，企业所有者的委任人。在现代企业中，企业的所有人常常并不参与企业的实际经营管理。在股份有限公司中，股东高度分散，参加管理的更少，企业的日常经营管理权限掌握在董事会以及高级管理人员手中，这部分群体对企业的实际控制权力、管理权力，常常大于企业的所有者。这是现代企业制度长期发展的结果，独立而专业的职业经理人群体能够实现更为有效的企业管理。

按照现代公司治理结构，在企业中，股东会委任董事形成董事会，董事会委任经理、副经理、财务负责人等高级管理人员。

此外，经理也有进一步委任具体业务负责人的权利。通过这样的层层委任关系，企业所有者的雇主权利得以实现。我国台湾地区《劳动基准法》第二条第二款将雇主定义为雇佣劳工之事业主、事业经营之负责人或代表事业主处理有关劳工事务之人。《香港雇佣条例》中规定，雇主包括已订立雇佣合约雇佣他人为雇员的人，以及获其妥为授权的代理人、经理人或代办人。

作为企业所有者的雇主当然享有管理企业及管理员工的各种权利，而企业所有者的委任人所享有的权利，不同国家的规定有所不同，可以分为经理权说及控制权说。

经理权说。所谓经理权，是指企业经理在法律、章程或契约所规定的范围内辅助执行公司业务所需要的一切权利。大陆法系国家对于企业的管理者明确了专有的经理权。经理与企业所有者关系的问题，早在亚当·斯密的《国富论》中就讨论过。直至20世纪，随着现代企业制度的成熟，企业所有权与管理权分离理论逐渐形成。特别是被称为“经理革命”的现代公司权力结构被普遍接受后，各国商法逐渐对经理的职权作出规定。《德国商法典》第四十八条第一款规定：经理权只能由营业的所有人或其法定代理人授予，并且只能以明示的意思授予。

控制权说。英美法系国家通常使用控制权的表述，经理被认为是有权控制雇主经营并作出日常行为的人。经理的控制权包括对雇主经营的控制，也包括对企业雇员的控制。控制权的有无是英美法系国家判断企业工作人员是否属于经理或管理者的重要标志。公司法理论对控制权有多种研究，如有学者将控制权分为形式控制权和实际控制权，特定控制权与剩余控制权等。

笔者认为，上述两种学说并无本质冲突，只是表述的角度各有不同。《德国商法典》的规定强调企业主与经理的权利，我国《公司法》也对经理的职权作出了规定。英美法系国家由于其法律传统，从控制权的角度加以规定，并认为将控制权确立为认定标准有助于更好地强调劳动关系对应。

三、非标准劳动关系的雇主

对于非标准劳动关系的雇主，我国法律也有相关规定。《劳动合同法》第五十八条规定，劳务派遣单位是本法所称用人单位，应当履行用人单位对劳动者的义务。非标准劳动关系的雇主具有以下特点。

第一，非标准性。非标准劳动关系雇主的身份存在非标准性，雇主身份的非标准性导致劳动关系的非标准，其典型代表就是非正规就业组织。按照目前的立法规定，非标准劳动关系被排除在劳动法规制范围之外，但是非标准劳动关系的劳动者与标准劳动关系的劳动者并无太大不同，仅仅因为工作组织的特殊性，导致其劳动者被排除在劳动法的保护之外。笔者在调研和案例收集过程中发现，有的用人单位甚至自身就拥有两块牌子，业务主体是正规公司，雇佣主体是非正规就业组织，从而达到逃避劳动法规制的目的。

《劳动合同法》实施后，我国涉及非正规就业劳动组织的案件大幅度上升，这主要是因为《劳动合同法》第二条规定，中华人民共和国境内的企业、个体经济组织、民办非企业单位等组织（以下称用人单位）与劳动者建立劳动关系，订立、履行、变更、解除或者终止劳动合同，适用本法。该条款中的“等组织”概念界定不清，导致一些非正规就业组织劳动者认为他们也适用该法。鉴于《劳动合同法》未明确将非正规就业劳动组织纳入调整范围，故法院在案件处理过程中也不按劳动争议案件处理程序受理，而将其作为一般民事纠纷案件进行处理。但是，如果从维护劳动者合法权益与促进非正规就业组织发展的角度看，非正规就业组织用工关系不能简单地由民法进行调整，而应该构建相应的非标准劳动关系调整体系。

第二，共同雇主。非标准劳动关系雇主的另一个特点是共同雇主，其中最为典型的是劳务派遣单位中的要派机构与用工单位共同对劳动者履行雇主义务。传统标准劳动关系是单一雇员与单一雇主之间的单重劳动关系，是以全日制为基础的劳动标准，这与非标准劳动关系具有明显不同。非标准劳动关系的组织从属性发生了分化，劳动者对组织的依赖程度不断下降，正是劳动者对组织的这种松动，使得多重劳动关系有了建立的基础，并出现多个雇主共同对劳动者承担一个完整的雇主责任的情况。同时，在非标准劳动关系中，法律会根据雇主之间的联系分配多个劳动关系之间的雇主责任，其中存在三种情况：一是雇主之间无任何关联，如一般的兼职等情况。二是雇主之间有法定义务，如科技人员兼职必须承担告知义务、保守前企业商业秘密义务、需经前企业同意义务；又如协保中法定社会保险由原雇主承担，后雇主承担其他雇主责任。三是雇主之间存在契约约定，典型的如劳务派遣、承包等。

目前，许多国家均鼓励发展非标准劳动关系，并采用共同雇主的方式进行调整。共同雇主抓住了非标准劳动关系中雇佣组织之间的联系，在具体劳动关系中，要求关联雇主建立共同责任。美国通过判例认定劳务派遣的性质属于双重劳动关系，因此两个雇主要承担共同责任。在 Zheng v. Liberty 一案中，法院判定服装生产商和外包合同生产商作为共同雇主，应当在 FLSA 和纽约劳动法下承担责任。该判例建立了一个“六要素分析法”，用以认定一家公司是否是其转包商的雇员的共同雇主：①该公司的工作场所和设备是否被用来完成该员工的工作；②该转包商的该项业务是否能够作为一个单位（业务单元）从一家共同雇主转移至另一家；③该员工从事的有区别的流程性工作作为该公司生产流程组成部分的重要程度；④该转包商与该公司之间合同约定的责任，是否可以转到另一家转包商而没有实质上的变化；⑤该公司或者其代理人对于该员工工作的监督管理程度；⑥该员工是否排他地或完全为该公司工作。

我国《劳动合同法》关于非标准劳动关系的立法思路与美国的共同雇主理论比较接近，一方面规定劳务派遣公司属于用人单位；另一方面将用人单位的雇佣责任法定化，并规定了两者需承担连带责任。

第三，隐形雇主。在非标准劳动关系中，劳动者的权益可能受到多重雇主的侵害，却只能追索单一雇主的责任。在这样的背景下，企业社会责任运动提出，雇主对产业链上的雇员都负有责任，这是雇主的一种社会责任。这种对雇主的认识顺应了产业发展的特点，已经突破了传统直接雇主的模式，将因OEM（代工）、贴牌、外包而隐形的雇主重新确立了其雇主责任，从而在宏观层面上构建了广泛的共同雇主责任体系。需要特别说明的是，隐形雇主并非隐蔽雇佣中的雇主。

四、数字经济的“去雇主化”

伴随着互联网技术和电子商务等的发展，数字经济快速发展，并不断演化出新的商业模式。与此同时，数字经济中用工关系呈现出高度多元化特点。

一方面，数字经济中的企业只要符合我国用人单位的标准，是我国境内的合法企业法人，就可以成为雇主。从经营的角度看，不论科技多么领先的企业，都离不开人，都需要雇员。例如，现有外卖送餐行业的头部企业，其送餐员规模达数百万人，运行这样一个平台也需要雇佣数以万计的标准劳动关系员工。这些平台型企业符合雇主的各种法定条件。

另一方面，数字经济中的新就业形态从业者有没有雇主呢？目前，数字经济中的用工关系总体可以分为三类，分别是标准劳动关系、非标准劳动关系和非劳动关系。新就业形态基本被归类于非劳动关系，既然是非劳动关系，也就没有劳动法意义上的雇主。

既然平台型企业可以建立标准劳动关系，成为劳动法意义上的雇主，为什么其在新就业形态中就不是雇主了呢？其原因在于，目前法院判例一般认为新就业形态从业者与平台型企业之间形成的不是劳动法意义上的劳动关系。虽然企业和从业者的主体资格均符合劳动关系主体相关要求，但是由于工作方式发生变化，从业者具有更高的工作自主性，双方的从属性弱化。但是，也有学者认为，虽然新就业形态从业者的人格从属性弱化了，但是经济从属性依然存在。新就业形态从业者虽然获得了更高的工作自主性，但其经济收入仍主要依靠平台型企业来获得。

对于平台型企业，管理学界认为，传统企业属于线型企业（pipelines），与之相对的是平台型企业（platforms）。两者的区别在于最终用户核心价值的创造，传统企业创造最终用户核心价值，而平台型企业并不创造最终用户核心价值。例如，在电商领域，电商自营属于传统的线型企业，而如果电商通过开设网站吸引小店主入驻经营，则属于平台型企业。按照这样的理论分析，平台型企业确实不是标准劳动关系中的雇主。劳动经济学界认为，企业对劳动力的雇佣是一种“派生需求”，是为了将劳动力与生产资料结合并最终生产出产品。因此，当平台型企业不以生产产品为核心业务，而是以搭建平台让其他主体创造最终用户核心价值时，平台型企业就不需要进行劳动力与生产资料的整合，进而不需要雇佣劳动者。

笔者同意管理学界的上述有关传统企业与平台型企业的区分。对于我国现有的一些所谓平台型企业到底是线型企业还是平台型企业，笔者认为值得商榷。例如，现在全国各地都有共享自行车，按照上述理论，这些共享自行车服务公司不是平台型企业而是线型企业。在笔者看来，大量所谓的共享经济产品，其本质是“分时租赁”。在所有权层面，共享自行车属于企业而非自然人，企业将大量自有自行车投放到市场并计时租赁给消费者，企业是最终用户价值的生产者，因此并非平台型企业。

对于真正的平台型企业，在平台上工作的从业者的雇主正趋于消失。当企业从线型企业转为平台型企业后，组织发生了变化。平台型企业仅仅需要雇佣小规模的劳动者搭建核心业务团队、运营平台，例如，优步进入中国市场后，一个城市的营运团队仅有数十人，但在平台上提供业务的司机则可能多达数万人。与传统的出租汽车行业相比，这样的员工规模是不能想象的。

关于企业发展与用工趋势，有学者认为，雇佣关系行将终结。作为一种趋势，这应该是有可能的，但这是一个渐进的过程。从目前看，这种发展趋势并不会太快，标准劳动关系还将在未来占据主体地位，非标准劳动关系和新就业形态等用工方式的发展，还有待我们进一步进行观察和思考。

第四编　劳动世界的未来

第四编　劳动世界的未来

“劳动世界的未来（Future of Work）”是国际劳工组织发起的一项全球倡议。2019年恰逢国际劳工组织的百年诞辰，在回顾过去100年所取得的成绩之外，国际劳工组织也大声疾呼社会各方关注劳动世界的明天。

过去100年，人类社会既经历了两次世界大战，也同时迎来了历史上发展最快的阶段，劳动者的保护水平达到了前所未有的高度。未来的100年，我们既企望世界和平，也明白前路坎坷。如同国际劳工组织副总干事格雷格·韦恩斯所说的那样：“劳动世界正在发生巨大的变革，变革的速度、规模和深度都是前所未有的。我们的任务是如何使技术创新更好地服务人类社会。技术并不是变革唯一的驱动力。驱动这一变化的还包括工作和生产的组织、全球化、气候变化以及人口变化等。这就是为什么国际劳工组织提出‘劳动世界的未来’倡议，因为我们要在最广泛的背景下探索劳动世界的未来。”劳动世界的明天将如何，是需要我们这个时代回答的问题，可能需要我们用下一个100年来回答。在这一编，我们将尽可能全面呈现目前已经可见的新型就业，希望读者与我们共同展开对未来就业的思考。

第十一章　自雇就业

自雇（self-employment）既是我们通常说的“自由职业者”，是一种古老的就业形式，也是我国劳动法律中找不到的就业形式。但随着互联网技术的发展，自雇这一历史悠久的就业形式正在焕发新的生机。因此，我们将从这种既旧也新的就业形式说起。

尽管自雇目前还是名不正、言不顺，但应当得到重视。从国际劳工组织（ILO）2014 年《亚洲和太平洋地区年轻人劳动力市场过渡》的报告看，在亚太地区，自雇解决了近半数年轻劳动者的就业。国际劳工组织总干事盖·莱德说：“我们看到传统雇佣关系向更多非规范就业形式转变，出路是确保各项政策考虑当今工作模式的演变。”即便没有统计数据的支持，但从大家的直观感受中，这一就业形式的人群正在我们身边增长。你的朋友里有没有开淘宝店的、做微商的、在家做翻译的，或是一边带娃一边做烘焙的。这些已然在我们身边出现的群体就是自雇业者，或者说是自由职业者。

观察他们，我们会发现，传统就业里的雇主正在消失。工业化社会里出现的雇主是一个长期被妖魔化的形象。在卓别林的《摩登时代》里，雇主就像《一千零一夜》里的恶魔一样无处不在，让劳工无处遁逃。虽然不能否认像熊彼得说的那样，企业家在推动世界进步时发挥了极为重要的作用，但雇主和雇员的关系大约和婆媳关系差不多吧。逃离雇主，做自己的主人，是这一届劳动者的重要心愿。从全球数据看，劳动参与率正在越来越低，这一比例在 1990 年约为 65%，而 2015 年则为 62.8%，未来将进一步下降。即使我国这样传统的高劳动参与率国家，也正在逐渐下降，我国 1990 年劳动参与率约为 80%，2015 年则为 70%。需要说明的是，劳动参与率的计算既包括就业人口也包括失业人口，这个指标反映的是个人的就业意愿，而非是否实际在工作。劳动参与率不断下降，是社会经济发展的结果。一般认为，中国劳动者长期的高参与率恰恰是工资收入偏低、收入结构单一，以及社会保障与就业挂钩导致的。

一、什么是自雇

国外一般将劳动力市场上的就业者分为三种类型，受雇（employment）、自雇（self-employment）和失业（unemployment）。经合组织成员国的数据显示，从 20 世纪 70 年代以来自雇率呈现上升趋势，如与 1976 年的数据相比，比利时 1996 年自雇率由16.7%增至18.4%，加拿大由9.7%增至11.3%，英国由8.0%增至13.6%，土耳其甚至达到58.3%。[①]。从宏观数据观察，自第二次世界大战后，自雇业者的市场份额不断增加，成为解决就业的重要形式。尤其在不发达国家，由于促进就业制度的不完善，自雇更是劳动者自谋职业、解决出路的重要选择。有趣的是，自雇不仅是低技能劳动者选择的就业方式，在一些高度专业化的领域，同样存在大量自雇业者。美国几乎所有的医疗、法律或其他专业服务都由自雇业者提供，有超过半数的零售贸易也由自雇业者提供[②]。

国外学者在20世纪50年代左右就开始了有关自雇劳动的研究，20世纪70年代以来，随着自雇劳动的扩大成为全球性的研究课题，备受国外学界关注和重视，学者普遍把自雇劳动当作一种就业或创业的形式。早期的研究注意到在传统就业之外，一些新兴就业类型，恰如我们今天将部分互联网技术兴起后出现的就业称为新就业形态一样。1986年，Borjas和Toussaint Comeau等学者从群体构成的角度界定自我雇佣者，认为城镇化进程中的农民、外来移民、缺乏竞争力的劳动者等是自我雇佣群体的主要构成部分，符合条件的私营业主、个体经营户以及一些服务行业的从业者，如律师、作家、艺术工作者、流动摊

① David G. Blanchflower. Self-employment in OECD countries [J]. Labour Economics, 2000, 7 (5).

② Leveson L. Some Determinants of Nonfarm Self-Employment [J]. Monthly Labor Review. 1968.

贩等都可归为自雇劳动的范畴。①

此后，学者开始尝试通过自雇业者的职业特点提出定义。1989年，Steinmet和Wright从报酬的角度，将自雇劳动者定义为那些通过自己的劳动获取部分或全部收入，而不是出卖自己的劳动给雇主以获取工资的劳动者。②学者Gerber从创业的角度提出，自雇劳动者拥有一种类似于私营企业主所具有的企业家精神，但他们并不等同于私营企业主③。而Parker在2005年从风险承担的角度认为，自雇劳动者是没有工资性收入，从自营账户中获得收入并同时承担风险的劳动者。④

目前，主要的官方定义来自经济发展合作组织（OCED），自我雇佣是指在职者做出个体经营决策并对企业的福利负责，其利润和薪酬来自创办企业的盈利。我国学者在界定自雇业者时一般将自雇与受雇相对应，从而提出其概念、定义，即自雇与拿工资受雇于他人相对应，是指在非农产业部门为自己工作

① Borjas G J. The self-employment experience of immigrants [J]. Journal of Human Resources, 1986.

② Steinmetzand G, Wright E O. The fall and rise of the petty bourgeoisie: changing patterns of self-employment in the postwar United States [J]. American Journal of Sociology, 1989.

③ Gerber, Theodore. Paths to Success:Individual and Regional Determinants of Self-employment Entry in Post Communist Russia [J]. International Journal of Sociology, 2001.

④ Parker S C. The economics of self-employment and entrepreneurship [M]. Cambridge University Press, 2005.

的所有工作形式。①

总体来看，学者的定义既强调自雇业者的身份重合，也注意到了自雇与经营的区别。学者普遍认可，一方面，自雇业者在身份上具有雇主和雇员的重合性，他们既是自己的雇主，也是自己的雇员。这就将自雇与传统的他雇区分开来；另一方面，学者也注意到了自雇与纯粹经营的不同，自雇业者的劳动是用来解决其自身生存问题的行为，而不是一种纯粹以盈利为目标的经营行为，因此这也就将自雇行为与经营行为区别开来。

二、国外自雇业者的法律地位

如前所述，我国目前还没有赋予自雇业者独立的法律地位，中国的劳动法还严格限定在被法人雇佣的小圈子里，被自然人雇佣都进不了这个小圈子，更遑论“自己雇佣自己”。但很多国家的法律都承认自雇业者的地位。例如，美国从税收角度来看，任何人如果正在运行一个独资公司，无论其是作为合伙人，还是作为有限责任公司的一员，都可视为自我雇佣，除了缴纳所得税，这些人还必须以 SECA（自我雇佣捐款法）的形式缴纳社

① 吴晓刚．“下海”：中国城乡劳动力市场转型中的自雇活动与社会分层（1978—1996）[J]. 社会学研究，2006（6）.

会保险和医疗保险税。①

在英国，单个个体经营者或者是合伙企业的合伙人（有限责任公司合伙或者律师事务所）可被认为是自我雇佣者，而不是通过注册成立有限（或无限）责任公司。同时，也有很多个人在有全职工作的情况下，以临时或兼职的形式来开展业务。这种自我雇佣的形式尽管很流行，但也附带一些法律责任，如在家工作时，需要向地方当局提供一些业务往来记录，其他法律责任包括法定的公众责任保险及正确的记录财务交易等。②

（一）自雇业者的构成

各国学者的研究均发现，自雇业者的构成呈现出多元化和多样性的特点。城市化进程中进入城市的农民、外来移民、某些服务行业的从业者（如律师、建筑师、作家等）、兼职或第二职业者、劳动力市场上不具备竞争力的老年人为自雇群体的主要成员。③

其中，尤为突出的是自雇是外来移民就业的重要渠道，在某些族裔团体中，外来移民的自雇率超过了15%。学者认为，

① Reuel Johnmark Dakung，John C. Munene，Waswa Balunywa，Laura Orobia，Mohammed Ngoma. Self-employability Initiative: Developing a Practical Model of Disabled Students' Self-employment Careers [J]. Africa Journal of Management，2017，3.

② Chris Dawson，Andrew Henley，Paul Latreille. Individual Motives for Choosing Self-employment in the UK: Does Region Matter?[J]. Regional Studies，2014，48（5）.

③ Toussaint -Comeau，M. 2008：" Do Ethnic Enclavesand Network Promote Immigrant Self-employment ?" Economic Perspectives，32（4）: 30-50.

新工作岗位主要产生在大城市，大批农民进城务工，而城市在短时期内难以提供足够多的受雇形式的岗位来满足这些劳动力的需求，因此一部分农民转而选择自雇。①

从我国自雇业者的人员构成来看，学者认为我国的自雇业者主要是流动摊贩，而他们中绝大多数是处于社会底层的弱势群体，包括下岗工人、失业青年、残疾人、低保家庭成员、进城务工农民等。②

（二）选择自雇就业的动因

“二战”后自雇群体的持续壮大，是世界各国的普遍现象，那么是什么原因促使从业者选择自雇的就业形式，就成为各国学者长期研究的重要课题。在过去半个世纪的研究中，各国学者的视角可以说是百花齐放。

1. 自雇的个体因素

国内外相关学者对自我雇佣行为决策的影响因素已经进行了大量研究，并形成了丰富的研究成果，主要包括人口特征、人力资本特征以及社会特征等。Kidd 进行了研究分析，结构表明年龄与自雇之间更可能是非线性关系，进入自我雇佣的年龄

① Tervo H. Self-Employment Transitions and Alternation in Finnish Rural and Urban Labor Markets [J]. Papers in Regional Science, 2008.

② 吴晓刚 . 中国城乡劳动力市场转型中的自雇活动与社会分层（1978—1996）[J]. 社会学研究，2006（6）.

高峰在 35—44 岁之间，35 岁以前随着年龄的增长，选择从事自我雇佣的可能性越来越高，44 岁以后选择从事自我雇佣的可能性随着年龄在不断下降。[①] Kuhn & Schuetze 研究表明男性劳动者与女性劳动者选择自我雇佣的原因是有差异的，男性选择自我雇佣一般是由于恶化的劳动力市场状况引起的，而女性却并不是这样的。[②]Blumberg 和 Gerard 的研究发现已婚的劳动者相对于未婚的劳动者来说，能够获得更多的情感支持和物质支持，进而选择自我雇佣的可能性更大[③]。

人力资本特征一直被看作影响个体进入自我雇佣的重要因素，梳理现有的研究成果，不难发现，这方面的文献主要集中于探讨教育、培训和工作经验，以及家庭资本等人力资本特征对劳动者个体进入自雇活动的影响。Georgellis et al. 的研究发现，个体的工作任期越长，则越不可能进入自我雇佣，而如果劳动者此前有过自我雇佣的经历，则会显著提高其选择进入自我雇佣的可能性。[④]Earle and Sakova 的研究认为，在其他条件

① Kidd,P. Immigrant Wage Differential and the Role of Self-employment in Australia [M]. Australia Economic Papers，1993，32:92-115.

② Kunhn，P.and H.Schuetze，self-employment dynamics and self-employment trends:A study of Canadian men and women，1982-1998[J].Canadian Journal of Economics，2001（3）:760-784.

③ Blumberg，Boris and Gerard Pfann.Social Capital and the Uncertainty Reduction of Self-employment [N].IZA Discussion Paper，2001.

④ Georgellis Y，Sessions J G，Tsitsianis N N. Self-Employment Longitudinal Dynamics: A Review of the Literature [J]. Economic Issues Journal Articles，2005（10）:51-84.

不变的情况下，个体自雇经历越丰富，则他们再次进入自雇活动的概率也将越大，自雇的持续时间也相应越长。[①]

2. 自雇的收入因素

学者一般认为劳动者做出决策是对成本收益的理性分析，认为自雇是最优选择，从而做出自雇的决定。一部分学者认为，自雇可以给就业者带来更高的收入。Borjas 研究发现，与受雇者相比，自雇业者获得的年收入更高。自雇带来的收入优势对于劳动者具有吸引力。[②]Lofstorm 基于美国人口普查数据，发现不论知识技能水平如何，移民的自我雇佣能为他们带来较高的收益；如果与美国本土的劳动者相比，那些具有高知识技能水平的移民也获得了更高的市场回报。[③]

我国学者也发现部分自雇业者可以获得更高的收入，曹永福等利用 2010 年全国流动人口动态监测调查数据，并采用倾向得分匹配法（PSM）控制样本的选择偏差后发现，自我雇佣确实能够带来 6%—7% 的工资溢价。但他们指出，这往往是农民工以牺牲劳动强度、延长劳动时间为代价的。因此，曹永福

① Earle J S, Sakova Z. Business Start-ups or Disguised Unemployment? Evidence on the Character of Self-employment from Transition Countries [J]. Labour Economics, 2000, V7:575-601.

② Farlie R W&B D. Meyer. Ethnic and Racial Self -Employment Differences and Possible Explanations [J]. The Journal of Human Resources, 1996.

③ Lofstorm M. Does self-employment increase the economic well-being of low-skilled workers? [J]. Small Business Economics, 2013.

等认为，目前我国农民工的自我雇佣行为与真正意义上的自主创业模式存在着较大差异，更多的是在城市劳动力市场就业机会受限后的次优选择。[①] 黄志岭运用实证分析研究城镇劳动力市场上不同户籍的工人在自我雇佣收入上的差距问题。结果发现，城镇员工的收入为 15.04 元每小时，外来务工人员的收入是 7.09 元每小时，前者是后者的两倍多。[②] 经过进一步收入分解，发现造成自我雇佣的收入之间巨大差异的原因可以分为两类：一是个体自身原本存在的资源禀赋差异，二是外来务工人员在城镇劳动力市场上受到了户籍歧视。

3. 自雇业者的社会资本

国外在社会特征方面针对社会（网络）资本对个体自雇选择的研究比较集中，多数文献认为，个体所拥有的社会资本越多，则他们进入自我雇佣的意愿也越强，从而选择自雇就业的可能性也相对越高。例如，Allen 探讨了社会资本与个体自雇决策之间的关系，认为社会资本能够降低个体进入自我雇佣的成本，在其他条件确定的情况下，一个人所拥有的社会资本越多，则其越有可能进入自我雇佣，两者之间存在着显著的正向关系。同时，他们的研究也发现，社会资本的这种正向关系对于

---

① 曹永福，杨梦婕，宋月萍 . 农民工自我雇佣与收入：基于倾向得分的实证分析 [J]. 中国农村经济，2013（10）

② 黄志岭 . 教育、自我雇佣收入及其城乡差异 [J]. 农业经济问题，2013（6）.

男性的作用要大于女性。[①] 该结论得到了后续学者的实证支持。Nisbet 的研究认为，社会资本对于个体进入自我雇佣活动起着关键性的作用，因为社会资本减少了个体对于稳定就业的依赖。[②]

我国学者解垩使用 CHNS 数据分析发现，代际人力资本传递在选择自我雇佣中作用显著，家中从事自我雇佣活动的人员越多，个人选择从事自我雇佣的概率越高。[③] 而丁娟、尹庆双也从代际视角出发，研究了新老两代农民工创业的不同特征，引入了家庭因素，即家庭规模、家庭人口流动规模。结果表明，随着家庭流动规模的扩大，农民工选择成为自我雇佣者的可能性也显著提高。[④]

4. 被动选择的自雇

在主动选择的自雇形式就业之外，诸多学者认为存在被动选择的劳动者，特别是自雇业者群体中相当部分的低技能从业者。我国不少学者持此观点，自我雇佣是劳动者迫于制度性障碍以及市场劣势而被动做出的无奈选择，是一种出于维持生计

① Allen W D. Social networks and self-employment [J]. Journal of Socio-Economics, 2000, V29:487-501.

② Nisbet P. Human capital vs social capital: Employment security and self-employment in the UK construction industry [J]. International Journal of Social Economics, 2007, V34:525-537.

③ 解垩. 中国非农自雇活动的转换进入分析 [J]. 经济研究，2012（2）.

④ 丁娟，尹庆双. 代际视角下农民自我雇佣及影响因素分析 [J]. 中国劳动，2016.

需要的生存型就业。[①②③]其中，户籍制度被认为是主要的制度性障碍。姚先国、黄志岭利用浙江省的企业职工调查数据进行了关于户籍歧视对工资差异的影响研究，研究结果表明，不同户籍工资差异的 80% 是由个体自身的不同特征引起的，而另外 20% 是由所受到的歧视造成的，说明中国居民就业环境中存在着歧视。户籍制度所造成的就业歧视是阻碍农民工进行自雇劳动选择的重要影响因素。[④]

在国外学者的研究中，显然不存在户籍的因素，劳动力市场的竞争是他们更关注的问题。学者 Light 在 1979 年就认为部分劳动者在劳动力市场不具竞争优势的情况下，有可能被迫选择自雇。[⑤]失业率越高，劳动者越倾向于自雇，尤其是对那些低学历的人来说。在经济低迷时，一般经济体的失业率会增加，劳动者进入工资性雇佣就会更加困难，那些原本选择工资性雇佣的移民就会被迫选择从事自我雇佣。Kangasharju & Pekkala 根据对芬兰的研究，发现拥有较高教育水平的自我雇佣的劳动

① 王美艳 . 城市劳动力市场上的就业机会与工资差异——外来劳动力就业与报酬研究 [J]. 中国社会科学，2005（5）.

② 万向东 . 农民工非正式就业的进入条件与效果 [J]. 管理世界，2008（1）.

③ 李强，唐壮 . 城市农民工与城市中的非正规就业 [J]. 社会学研究，2002（6）.

④ 姚先国，黄志岭 . 人力资本与户籍歧视——基于浙江省企业职工调查数据的研究 [J]. 浙江大学学报 : 人文社会科学版，2008（6）.

⑤ Light I H. Disadvantaged Minorities in Self-Employment [J]. International Journal of Comparative Sociology, 1979.

者在经济衰退的市场环境下具有较高的存活率，在经济恢复和繁荣的市场环境中倾向于退出自我雇佣，进入工资性雇佣。①

同时，不公平的就业环境对自我雇佣的选择也会产生影响。Arias & Khamis 研究发现，存在分割和歧视的劳动力市场会迫使就业者选择从事自我雇佣，认为就业形式的选择反映的是个人对工作特征的偏好（如对灵活工作时间的偏好、实现自己企业家梦想等）、对各种社会保障制度的关注（失业保险、医疗保险以及养老保险等）、进入工资性工作部门的约束（缺乏经济资本、社会关系等）以及面临政府管制的可能（处罚、社会声誉等）。②

5. 主动选择的自雇

当然，国内外都有许多学者并不同意被动选择说，他们从各个方面论证了自雇是从业者积极选择的结果，并给予自雇相当的肯定。例如，我国学者吴要武、胡凤霞和姚先国、李晓曼等分别从经济理性的角度重新阐释劳动者的非正规就业决策行为，他们的研究认为，并没有充分的证据表明非正规就业的劳

① Kangasharju A. S., Pekkala A.The Role of Education in Self-employment Success in Finland [J]. Grown & Change, 2002, 33 (2) :216.

② Arias O, Khamis M. Comparative advantage, segmentation and informal earnings: a marginal treatment effect approach [EB/ OL], 2018-07-10.

动者是被迫进入的。[①②③]也有学者指出，当前劳动力市场对农民工的环境发生了改变，自我雇佣不再是一种为维持生计的被迫选择，而是利用个人技术和其他资本进行的创业选择，这种形式为城市发展产生积极影响。[④]

国外也有学者持上述观点，Bates 和 Servon 对翻译、新闻工作者等进行调查，发现翻译和新闻工作者是由于自雇市场为他们提供了更大的发展空间而主动选择自雇。[⑤]而 Blanchflower 和 Oswald 研究发现，在控制其他变量的条件下，从事自雇劳动的劳动者相比于受雇者表现出了更高的工作满意度。[⑥]

笔者注意到，这种自雇的主动选择说正在越来越多地得到学者的肯定，从早期更多地将自雇就业看作移民工或者农民工的短期、过渡性就业，以及与在劳动力市场处于劣势而不得不做出的被动选择不同，学者们开始注意到越来越多的从业者主动选择了自雇就业。同时，从原有主要是中低技能人士，如农民工等，转向高技能人士，如医生、律师等，也在主动选择自

---

① 吴要武 . 非正规就业者的未来 [J]. 经济研究，2009（7）.

② 胡凤霞、姚先国 . 农民工非正规就业选择研究 [J]. 人口与经济，2011（4）.

③ 李晓曼 . 家庭生产、社会网络与自选择——非正规就业决策因素与影响 [D]. 中国人民大学，2013.

④ 叶静怡、王琼 . 农民工的自雇佣选择及其收入 [J]. 财经研究，2013（1）.

⑤ Servon L J，Bates T. Microenterprise as An Exit Route From Poverty: Recommendations for Programs and Policy Makers [J]. Journal of Urban Affairs，1998.

⑥ Blanchflower D G，Oswald A J. Testing for a U-shaped wage curve:a response [J]. Scandinavian Journal of Economics，1993.

雇就业。学者们发现自雇就业者的满意度并不低，甚至部分还比较高。在学者看来，这与自雇业者能更好地平衡工作和生活有一定的关联，当然，这也和部分国家较好地解决了自雇业者的社会保障相关联。

三、自雇就业的挑战

在总体回顾了自雇就业的发展和特征后，有必要对我国的情况做出思考。2015 年，《国务院关于大力推进大众创业万众创新若干政策措施的意见》出台，强调通过结构性改革和体制机制创新，使有梦想、有意愿、有能力的科技人员、高校毕业生、农民工、失业人员等市场主体通过创业实现收入增长和社会纵向流动。更早的是，2008 年 1 月实施的《就业促进法》第七条规定：国家倡导劳动者树立正确的择业观念，提高就业能力和创业能力；鼓励劳动者自主创业、自谋职业。各级人民政府和有关部门应当简化程序，提高效率，为劳动者自主创业、自谋职业提供便利。而《上海市社会保障“十一五”规划》中则明确提出：着力促进青年、农村富余劳动力和产业结构调整中转移人员自主创业、自谋职业、自雇就业，让有志于创业的劳动者方便创业、成功创业。其中在《就业促进法》提出的“自主创业和自谋职业”外明确提出了“自雇就业”，将自雇作为促进就业的政策措施。我们认为，这是地方规定中积极的进步。

尽管各类文件和法律都鼓励公民自主创业、自谋职业，但自雇在我国法律体系中并没有获得独立的地位。随着互联网技术的迅猛发展，以电子商务技术为代表的科技产品日趋普遍化、大众化和生活化，极大地降低了自我雇佣的准入门槛。围绕"互联网 +"出现的新型业态，如电商、微商、滴滴出行等，不仅技术门槛较低、运行成本不高且工作时间相对灵活，进而使得拥有不同人力资本水平的农民工选择自我雇佣活动成为可能。这些新技术、新经济背景下出现的新就业形态很大程度上带有自雇的特征。

立法的空白导致我国公民自雇权益的保障现状还不太乐观，这主要表现在自雇作为公民的一项应有的权利没有获得法律的保障。在现实生活中，自雇业者的经济自由权和生存权容易遭到侵犯。①

自雇业者显然不受我国现有《劳动法》的调整，我国《劳动法》的调整范围限于法人与自然人形成的雇佣关系，而自雇关系中雇主与雇员的重合导致其与传统《劳动法》不能兼容。因此，必须在法律上赋予自雇业者一个相对独立的地位。

此外，在国家提出社保全覆盖的背景下，我们认为即使还未赋予自雇独立法律地位，也应将其纳入社会保障的覆盖范围。原劳动和社会保障部办公厅 2003 年制定的《关于城镇灵活就业人员参加基本医疗保险的指导意见》中，非全日制、临时性和

---

① 车亮亮 . 论公民自雇权益的法律保障 [J]. 太平洋学报，2011（7）.

弹性工作等灵活形式就业的人员开始纳入社会保险体系，已包含自雇业者。目前，部分地区的自雇业者可以通过城镇居民保险的方式自行缴纳养老和医疗保险，有了初步的保障。

我们希望应该在此基础上，进一步提高对自雇业者的保障水平。自雇业者与一般城镇居民具有显著不同，城镇居民保险的设计初衷是为了解决城镇无就业也未退休群体的社保需求，而自雇业者虽然没有标准劳动关系，但是也不是无就业的状态。而城镇居民保险与城镇职工保险相比，只有人身保障，如养老和医疗，并无职业性保障，如工伤和失业。对一般无就业的城镇居民来说，职业性保障确实不需要，但对自雇业者来说却有需要。

自雇业者参与城镇职工保险的一个主要障碍在于雇主的缺失，但笔者认为这样的问题在其他地区并不缺乏解决的先例。就以我国台湾地区为例，如果存在雇主则社保缴费由雇主承担60%，雇员承担 30%，另政府给予 10% 的补助；而如果没有雇主，则由雇员承担 60%，另外的 40% 由政府资助。我们认为在借鉴成熟经验的基础上，我国完全可以妥善解决此类问题，并形成符合我国国情的制度。

第十二章　远程劳动

远程工作，或许这是你第一次听说这个概念，也很好奇这是怎样一种工作。但如果笔者告诉你，大部分劳动者，如你、我都在远程工作，请不要惊讶。试问你有多少个微信工作群，你在睡前、休假甚至是病假中回复过多少工作信息，远在天涯海角的你依然在回复电子邮件，其实这些都是远程工作。

2002 年《欧洲远程工作框架协议》出台，以及美国 2010 年的《远程工作促进法》都对远程工作给予了非常鼓励的态度。确实，远程工作的优点显而易见，依托信息技术，工作摆脱了物理距离的束缚，效率得到很大提升。它甚至对解决大城市的交通都有益处，上班族可以不必像沙丁鱼一样挤在地铁中，而是可以悠游地穿着睡衣在家工作。

这样的想象似乎过于美好，远程工作的大面积存在足以说明其经济价值。但对劳动者来说，意味着什么呢？有一个高管朋友义愤填膺地向我抱怨，飞机上为什么要通 Wi-Fi，他最后的一点闲暇时光也被榨干了。这个“空中飞人”说，原本在飞机上的时间是他少有的可以看一本书、一部新电影而不被工作“追杀”的时光。而现在即使在天上，他也要回邮件、发微信，不断地工作。

超时加班几乎是全行业的问题，而与显性的工作相比，隐性的远程工作加班则更难以规制。当信息技术打破了传统就业的物理场所局限后，工时也就变得没有边界。技术就像一根似乎看不见的风筝线，却实实在在地操控着你。

远程工作把传统劳动关系中的一个重要指标“工作场所”模糊化了。在传统就业的界定中，工作场所是认定劳动关系存在的关键要素之一。例如，一般工时的认定，是从早上到达办公室开始，至离开办公室为止。而在工伤认定中的三要素，工作时间、工作地点和工作原因中，工作地点不可或缺。但在远程工作中，哪里是工作地点呢？我在咖啡馆写下这段话，这里就是工作地点吗？

当然，笔者并不认为在远程工作中工作场所模糊了，用人单位的管理就会弱化，从目前的趋势看，笔者有理由相信管理会加强。如果用大数据的眼光看，用人单位基于远程工作收集的数据，对劳动者的管理可以更为精确。用人单位可以精确地知道，员工几点几分拜访了客户，停留了多少时间，走了几步路。据说有的用人单位连员工的心跳情况都能实时掌握。

一、方兴未艾的远程工作

远程工作的产生和发展从一开始就伴随着信息技术的进步。20 世纪 60 年代，物理学家和火箭科学家杰克·尼尔斯（Jack Nilles）参与了国家科学基金会的一项资助项目——担任美国空军空间计划的火箭顾问科学家，依托当时最先进的信息技术，从洛杉矶到华盛顿开始远程工作。在此之后，他接受了一项帮助一家保险公司降低员工流动率的工作，他将自己远程工作的经验创造性地结合进去，从而提出了“远程办公（telecommuting）”和“远程工作（teleworking）”的概念，并因此被称为“远程工作之父”。

欧盟是最早积极推动远程工作的地区。欧盟 27 个成员国，2000 年有 5% 的工人定期在家中进行远程工作，2007 年有 7%。然而，由于文化差异，各国之间存在很大区别：在北欧国家，远程工作比南欧国家更为成熟。例如，在法国，不到 6% 的就业人员是远程工作者。[①] 相关欧洲工作条件调查的数据显示，2010 年，四分之一的欧洲工人是所谓的“电子游牧民”，他们在工作中使用 ICT（Information and Communications Technology），

① Anne Aguilera，Virginie Lethiais，Alain Rallet，Laurent Proulhac.Home-based telework in France:Characteristics，barriers and perspectives [J]. Transportation Research Part A:Policyand Practice，2016，92（1）.

而不是一直在他们的用人单位或他们自己的办公室工作。根据德国组织的纵向研究，提供远程办公服务的公司比例从 2003 年的 7.8% 稳步上升到 2012 年的 21.1%①。

早在 2003 年，英国社会伙伴组织制作了一项名为“远程工作指导”的远程工作联合指南，以促进实施欧洲远程工作框架协议。自 2014 年 7 月起，英国立法允许所有雇佣至少 26 周的工人申请不同形式的灵活工作，包括在家工作（Working from Home）。此权利以前只适用于幼儿和残疾儿童的父母 / 照顾者（自 2003 年 4 月起）和成年照顾者（自 2007 年 4 月起）。② 根据劳动力调查组织（LFS）公布的统计数据表明，远程工作者的比例从 1997 年的 4% 上升到 2000 年的 5%、2002 年的 7%、2004 年的 8%、2007 年的 9%。LFS 的统计数据还显示，远程工作者更普遍为自雇人士、全职人士和男士。远程工作者更为普遍的职业，包括管理专业和技术职业以及行政和秘书职业（2007 年超过 20%）。远程工作人员从事的行业主要包括建筑、银行、金融及保险，以及农业和渔业。③

---

① BMFSFJ（2013），Unternehmens monitor – Familien freund lichkeit 2013 [Company Monitor – Family-Friendly Policies 2013]，Berlin: Bundesministerium f ü r Familie，Senioren，Frauen und Jugend.

② Patr í cia C.Melo，Joãode Abreue Silva. Hometelework and household commuting patternsin GreatBritain [J]. Transportation Research Part A:Policy and Practice，2017，103(1).

③ Patr í cia C.Melo，Joãode Abreue Silva. Hometelework and household commuting pattern sin Great Britain [J]. Transportation Research Part A:Policy and Practice，2017，103（1）.

美国也积极推动远程工作，据统计，美国在家工作的人数在 1990 年为 370 万人，1995 年为 850 万人，到 1998 年则激增到 1110 万人，是 1990 年的 3 倍多。美国还有一半以上的公司设立有“远程工作办公室”或“远程工作规划部”。2016 年 11 月，美国个人管理办公机构向美国国会发布的 2014—2015 会计年度美国联邦政府远程工作情况的报告相比仍在增多。[①]2011 年，美国约有 2600 万名员工报告参与了远程工作，到2016年美国的远程电信工作者人数预计将增加 69%[②]。许多政府机构和公司已经实施了鼓励远程办公的政策，希望远离办公室工作以提高生产效率并节省资金。

此外，澳大利亚政府在 2011 年 5 月 31 日宣布其国家数字经济战略，其中一个目标就是到 2020 年，远程工作者的数目要达到劳动力总数的 12%，随后政府还在 2012 年推出“国家远程工作周”。而 2019 年 2 月，菲律宾也加入推动远程工作的行列，颁布了《远程办公法》，该法案允许菲律宾私营企业员工利用移动通信技术和计算机等设备在办公场所以外的地点工作，并规范了工作时间、最低工作时长和津贴等内容，确保远程工作员工与其他员工同等的待遇。

① 徐林清．从远程工作看信息化社会消费过程与生产过程的融合 [J]. 经济经纬，2002（4）.

② Lister, K., & Harnish, T. The state of telework in the U.S.: How individuals, business, and government benefit. Telework Research Network. Retrieved February 2, 2013.

二、什么是远程工作

远程工作可以看作第三次工业革命对工作形态的影响，信息技术的突破使得传统生产方式中工作的连接发生改变。在传统生产方式中，生产场所必须是固定的，只有这样人与人的生产才能连接起来，其典型形态是“福特主义”的流水线模式，巨大的流水线成为连接生产的纽带，而要实现这种模式就必须使所有参与生产的人聚集起来。但信息技术改变了这一模式，信息流如同无形的流水线连接了人与人的生产，并将生产的物理边界极大地扩大。你能说在空间站工作的宇航员不是远程工作者吗？

尽管植根于信息技术，但触发远程工作的第一个契机是能源危机。20 世纪 70 年代两次能源危机的爆发让欧美国家政府意识到节约能源、推动环保的重要性。第二个契机是，20 世纪 90 年代后，个人电子产品的爆发式增长，功能强大的笔记本电脑、手持电子设备和远程工作设备，使得人们可以实现走出办公室的“移动办公”。

各国对远程工作的称谓多种多样：Telework、E－work、Work at Home 等。学者早期对于远程工作的定义比较简单，如 Grant（1985）和 Kelly（1955）认为“远离传统工作地或在家工作”就是远程工作。Grayetal 在 1995 年提出，远程工作是一种涵盖了多种工作活动的灵活的工作方式，它使得雇员在相当一部分工作时间中以远离用人单位或传统办公地点的方式从事工作。①

进入 21 世纪以后，对远程工作的定义更为强调将对信息和通信技术的应用纳入其中。比如，用计算机或无线电通信代替工作通勤；任何用信息技术（如无线通信技术和计算机）代替与工作有关的通勤，以将工作带到工作者所在处的方式代替让工作者到工作场所工作的工作方式等。

国内也有不少学者在研究中对远程工作进行定义。例如，张小平将远程办公定义为：借助电脑与由电脑控制的设备工作，其工作场所与企业所在地分处两地，相互通过电子通信工具进行沟通。②张颖慧在综合美、德等国相关法律文件中的定义后，将远程工作描述为：通常被用来形容一种新型的工作状态，即借助电话、因特网、电子邮件等通信设备或工具，在传统办公地点之外进行协同工作的状态。③张文从狭义的角度将其定义为：利用互联网电子通信技术开展工作而替代每日到传统工作地点通勤的远距离工作方式。④从上可以发现，我国学者普遍不仅关注到远程工作的工作场所变化，也重视其对通信工具的

① 王若琪，张爽 . 互联网背景下远程办公管理的挑战和机遇研究 [J]. 经营与管理，2018（1）.

② 张小平 . 远程工作的组织与管理 [J]. 外国经济与管理，1999（1）.

③ 张颖慧 . 远程工作形态下新型劳动关系的法律保护 [J]. 法商研究，2017（6）.

④ 张文 . 远程工作中的劳动保护法律问题研究 [J]. 兰州教育学院学报，2018（8）.

使用。

从国外立法中的定义看，日本将远程工作定义为：每星期8小时以上运用科技通信手段，且不受时间或地点所制约的工作方式。2010年，美国国会通过的《远程工作促进法》(*Telework Enhance Act*)中规定，远程工作是一项具有弹性安排的工作，在这种工作安排下，员工在工作地点之外被许可的工作地履行员工岗位职责和责任或从事其他授权的活动。在此意义中，远距离工作不包含出差、移动办公等工作形式。

三、 远程工作的分类

远程工作不是一种单一形态，对于远程工作的种类，学者们基于不同的标准有不同的分类方式。

国外学者Daniels尝试依据地点和方式的不同把远程工作划分为：家庭型远程工作、远程办公室型的远程工作、移动型远程工作。家庭型远程工作是以家庭为主要的工作地点，大部分工作都在家中依靠远程工作设备完成。远程办公室型的远程工作在远离中心办公室的办公场所中完成，比如，卫星办公室、远程计算中心、电脑电信技术村。从事移动型远程工作的通常是那些工作需要旅行或在客户处完成的员工，通常他们配备有手提电脑和移动电话。移动工作者一般包括，在客户处工作的顾问、销售员、维护工程师等。[①]

我国学者张颖慧依据工作地点的不同将远程工作分为：（1）电子的“家内劳动”，即通过电子设备在劳动者家中完成工作；（2）卫星中心，即与企业设立一些办公场所提供员工远程工作；（3）远程工作中心，是指由多个企业共同使用的工作场所；（4）移动工作也被称为流动式的远程工作，是指涉及旅行工作的专业人员可以使用电子的沟通设施与他们的总部取得联系，并可以使用电子邮件。

根据远程工作的频次，可以分为经常性远程办公和偶发性远程办公。经常性远程办公，指大部分工作日都在远离雇佣场所的地方办公；而偶发性远程办公则是指在一周的工作日中大约一半的时间在传统的办公室上班，而另一半的时间在雇佣场所外进行。根据工作时间，可以分为全职性远程工作和兼职性远程工作。互联网的日益发展为兼职从事远程工作带来极大的可能性，并且在一定程度上改变了就业结构，提供了更多就业选择。

还有学者以组成、时间、工作地点和数据交换方式四种特征为分类标准，将远程工作分为家庭式、轮换式（家庭和办公室）、卫星办公室、远程工作中心、远程工作服务中心以及流动

---

① DanielsK，LamondD. Teleworking:Frameworks for Organizational Research [J]. Journal of Management Studies，2001（8）:1151-1185.

式六种远程工作方式。[①]

四、远程工作对传统就业的改变

远程工作对劳动者的好处是显而易见的，员工可以不用在固定的时间到传统办公地点上班，可以有效地避开上下班高峰期，或者是直接减少甚至避免了工作方面的通勤，有效地缓解了交通拥挤，还降低了赶车和交通堵塞给员工带来的压力，并减少交通费负担。员工可以灵活安排自己的时间，工作生活流程更加合理，减少工作与生活的冲突。

（一）并非所有工作都适合远程

远程工作作为一种相对较新的工作模式，在一定程度上给予了员工相较以前固定一个办公地点的情形下更多的时间和空间上的自由。于员工而言，某些任务可能比其他任务更适合远程工作，The General Services Administration（GSA）and The Office of Personnel Management（OPM）认为相对更适合远程工作的任务包括总体规划、写作、数据分析、审查文件、电话密集型任务（信息研究、会议设置）和面向计算机的任务（编程、数据输

① 张小平．远程工作的组织与管理 [J]. 外国经济与管理，1999（1）.

入、文字处理）[①]。此外，远程工作可能特别适合于员工完成不间断工作或项目。通常有资格进行远程工作的是以下工作：（1）未分类且不需要安全许可；可在场外执行；使其产品和进度易于测量。（2）需要易于携带的工具。（3）可使用电话、计算机或传真机执行的工作。（4）可以由个人执行，而不是由组执行。[②]

（二）远程工作需要完成组织变革

组织的本质体现在其独特的文化中。远程工作使员工能够与组织文化保持联系是非常重要的，因为执行机构任务的程序是由这些文化制定和交流的。远程工作计划的范围和实施可能会影响文化在整个组织中的传播方式，以及经理与员工互动和工作的方式。国外学者对 2005 年至 2009 年皮埃蒙特地区的 1134 家意大利公司进行了调查。结果显示，远程工作的传播总体上有所增加，主要是由于采用“移动工作”而非家庭形式的远程工作的增加。结果还表明，以前采用支持核心业务流程和知识管理信息系统的公司更倾向于采用远程工作。在面临日益增长和地理上分散的市场需求的公司之间，以及在人力资本水平较高

① U.S. General Services Administration, Implementation Manual for Telecommuting/Telework, available on the Internet at [http://policyworks.gov/org/main/mp/library/policydocs/mworkplce.htm]; U.S. Office of Personnel Management, Telework/Telecommuting.

② U.S. Office of Personnel Management, Office of Congressional Relations. Statement sent to CRS by facsimile Nov. 29, 2000.

和资本强度较低的情况下，远程工作安排的分布更为广泛。①

采取远程工作的组织不仅需要具备信息系统的硬件设备，还需要优化企业内劳动关系的软性条件。这就需要探讨远程工作的组织内劳动关系的变化。诸多学者的研究发现，组织是否能转型采用远程工作与组织内劳动关系呈现较强的关联性，主管与下属关系的好坏成为制约远程工作安排的重要因素，上下级关系在很大程度上影响工作任务和职位的安排与最终效果。②

对于企业来说，远程工作能节省办公室成本，实现人力资源的全球化配置，提高劳动生产效率。KarasekJ 和 RobertA（1979）根据工作要求—控制模型（JobDemand-ControlModel，JD-C）探讨远程工作对组织的积极影响，发现员工对工作自主控制的感知能够降低工作要求带来的压力感。③远程工作许可也可以通过提高员工对于工作任务的自主性感知，进而减少员工的工作压力与生产越轨行为。同时，还有一些研究发现，组织通过灵活性工作安排，赋予员工一定的工作自主性，还能够

---

① Paolo Neirotti，Emilio Paolucci and Elisabetta Raguseo（2013）.‘Mapping the antecedents of telework diffusion: firm-level evidence from Italy’. New Technology，Work and Employment. [M]. 2013.

② Peters，P. and Van der Lippe T.（2007），‘Access to Home-Based Telework: A Multi-Level and Multi-Actor Perspective，’ in Competing Claims in Work and Family Life，eds. T. Van der Lippe and P. Peters，Cheltenham: Edward Elgar，pp. 233 - 248.

③ Gajendran R S，Harrison D A.Thegood，the bad，and the un-known about telecommuting: meta-analysis of psychological，2007，92（6）：1524.

形成良好的员工—组织关系和领导—成员交换关系。另外，远程工作一般被管理者用于吸引和保留高价值员工，这就意味着，此种待遇只提供给那些表现突出的人员，故远程工作许可对员工的内部人员身份认知具有正向影响，从而提高生产效率、减少消极行为。

五、远程工作的法律困境

近年来，远程工作在中国也有较快的发展。中国作为发展中国家，虽然工业化水平低于发达国家，但在信息化水平方面，差距要小得多，在一些计算机技术领域和世界先进水平甚至是同步的。目前，中国的远程工作者主要包括作家、记者、大学教师、广告策划者、编辑以及个体工商业者等，以在家工作的方式为主。特别是所谓的“SOHO 工作模式”，在中国很流行。据学者估算，北京市近年注册的小型公司中近 20% 的办公地点选择在从业者家中；在广州、深圳、上海这些南方经济发达地区，在家办公的人数更多，占注册中小型公司的 30%。①

随着远程工作这种新型劳动形态的出现，加剧了现行《劳动法》法律适用与法律解释的复杂性。传统劳动关系是建立在集体化的劳作模式基础之上的，但第三产业的兴起特别是互联

① 徐林清 . 从远程工作看信息化社会消费过程与生产过程的融合 [J]. 经济经纬，2002（4）.

网以及高新技术的迅猛发展瓦解了这一劳作模式，促使劳动者虽不在固定工作场所但仍可进行工作，与用人单位不需要面对面地接触即可传递工作成果并交流工作进度。“这种情况下，用人单位对劳动者的检查或监督，在监督和力度上都不似以前那么强势了。”[①] 即远程工作必然产生工作场所的相对不确定性，而这一不确定性又必然导致用人单位在组织上弱化对劳动者的控制。在我国推进远程工作面临的法律困境主要可以概括为以下两点。

（一）远程工作法律属性不明

从对远程工作的观察看，这不是一种特定的就业形态，其中包含了复杂而多元的类型。远程工作既可以包含在传统就业的一个局部，也可以独立成为一种就业形式。远程工作者与单位之间可能构成劳动关系、劳务关系或者雇佣关系，而目前我国的劳动基准法并未对此做出明确规定。[②] 这就使得一些用工单位可利用这种新型用工形态劳动保护的不清晰来逃避劳动法律义务，如劳动安全保障义务、社会保险义务等。远程工作方式由于对工作场所的物理空间进行了突破，也就同时对现有的《劳动法》规制进行了突破。在现有劳动法律关系的界定中，工

① 董保华 . 劳动合同制度中的管制与自治 [M]. 上海：上海人民出版社，2015.

② 秦国荣 . 劳动法上用人单位的法学判别：理论与实践的考察 [J]. 政法论丛，2016（3）.

作场所是一个重要指标。例如，工作时间的认定，一般以劳动者到达指定工作地点为计算起点，而以离开该工作地点为终止。工作场所实际上为劳动者的法定权益保护划定了一个“圈”，在这个圈内可以获得用人单位的保护，而出了圈则无法获得保障。但远程工作突破了这个“圈”。

从理论层面探讨，远程工作中劳动者和单位之间的劳动关系从属性发生了改变，同时劳动者也不再完全依靠单位提供劳动条件，劳动报酬也日渐带有经济共享的属性。然而，这些创新性的变革不应被认作否定新业务和新工作形态形成劳动关系可能性的理由，否则很可能导致这部分员工的利益被排除在法律保护之外。

从司法判例看，以近年来兴起的网络主播为例，现有判例基本将其认定为劳务关系。但如果我们换个角度看，则网络主播的工作形态可以看作一种远程工作，它契合了远程工作的所有特征。主播们通常依照公司的要求在指定的房间、时间进行直播，其直播的内容和行为一定程度地受到公司的指示，因此虽然存在一部分的自我支配空间，却无法否定其与公司之间存在着一种管理和被管理的关系。

从国外的立法经验看，大部分承认甚至是鼓励发展远程工作的国家都出台了专门的规定。如 2010 年 12 月，美国签署了《远程工作促进法》（*Telework Enhance Act*）。在该法中对于远程工作既可以适用劳动法予以调整，也可能被当作独立承揽人进行规制。其依据远程工作者与用人单位形成的具体的关系加以判断，也可以考虑双方的约定。需要说明的是，对于劳动关系的判定，美国不同的州和部门都有自己的标准，如加州的“Borello Test”以及美国劳工部、劳动关系委员会甚至税务部门在身份认定上都有自己的一套标准。这些标准虽然繁简不一，多则数十条，少则数条，但总体来说基本原则不变，即通过这些要件（factor）对用人单位是否实质性控制雇员做出识别。美国的立法说明，总体上远程工作不是一种独立于现有劳动关系框架之外的纯粹新型关系，而是现有法律关系的一种变体，基于现有法律规定同样可以做出判定。

（二）远程工作适用劳动基准不明

远程工作与现有劳动法律制度的最大冲突，主要在于劳动基准适用的不明确。如前所述，远程工作的主要特征是工作场所的改变，而物理边界的变化实际上会造成整个劳动过程时空的变化，从而导致现有劳动基准适用的不确定。

1. 对工时制度的挑战

工时制度是劳动基准体系中最早出现的，19 世纪初的英国最早针对未成年工和女工出台了最高工时的法律规定。此后，工作时间就成为劳工运动争取的主要权益，从 10 小时工作制，到芝加哥工人为八小时工作唱出的“八小时之歌”。标准工时制度的发展伴随着整个劳动法律制度的演进，也是社会进步的标志。

标准工时可以看作在劳动者与用人单位之间划出来了一道界限，就如“八小时之歌”中唱的，“八小时工作，八小时休息，八小时归自己”。工作和休息之间有个明确的边界，劳动者离开工作场所后，就不再受用人单位的控制。因此，标准工时制度也是劳动基准制度中的核心，与工资、加班工资、劳动定额、职业安全等一系列基准存在密切关系。

我国的工时制度在标准工时之外，为了适应不同行业的特点，还有不定时、综合计算工时以及特定主体的缩短工时。其中，标准工时即按照劳动基准法制定的普遍的工时制度。原劳动部于 1995 年发布实施的《关于企业实行不定时工作制和综合计算工时工作制的审批办法》(以下简称《审批办法》)第三条规定：企业因生产特点不能实行《中华人民共和国劳动法》第三十六条、第三十八条规定的，可以实行不定时工作制或综合计算工时工作制等其他工作和休息办法。

然而，远程工作使得原有认定工时的准则模糊了。在目前的司法判例中，工时的认定主要依靠考勤记录，劳动者上班打卡后开始计时，下班打卡后工时停止。《中华人民共和国劳动争议调解仲裁法》第六条规定，发生劳动争议当事人对自己提出的主张，有责任提供证据。与争议事项有关的证据属于用人单位掌握管理的，用人单位应当提供；用人单位不提供的，应当承担不利后果。考勤记录属用人单位掌管，所以用人单位必须提供考勤证据，否则应当承担不利后果。此外，一些地方性规定做了更为明确的规定：如《江苏省工资支付条例（2010）》第十七条明确规定，用人单位应当书面记录支付劳动者工资的应发项目及数额、实发数额、支付日期、支付周期、依法扣除项目及数额、领取者姓名等内容。用人单位应当建立劳动考勤制度，书面记录劳动者的出勤情况，每月与劳动者核对并由劳动者签字。用人单位保存劳动考勤记录不得少于二年。用人单位不得伪造、变造、隐匿、销毁工资支付记录及劳动者出勤记录。那么当劳动者远程工作时，用人单位是否还需要对其进行考勤呢？如果需要考勤，应该如何判定其工作时间呢？在家工作（Working from Home）时，工作与私人时间高度混合，用人单位用什么标准判断？司法又如何做出判断呢？如果对远程工作不需要加以考勤，是否未来劳动者从此“一夜回到解放前”，过去百年来一代代劳工为之斗争的工时保障化为乌有？

2. 对工资制度的挑战

当远程工作对工时形成挑战后，对工资的挑战也就不言而喻。传统工资的计算本身就建立在工时的基础上，工作按照工时可以分为全日制工作和非全日制工作。工资支付按照工时可以分为小时制工资、日结制工资、周薪制工资、月薪制工资以及年薪制工资，最低工资保障制度也以工时为基础。

在工资问题中最为突出的是加班工资的问题。所谓加班就是超出标准工时以外的工作时间，用人单位应支付相应的加班工资以作为对劳动者休息损失的补偿。在远程工作中，标准工时的认定标准不清晰后，加班工时也就更为模糊。而按照《最高人民法院关于审理劳动争议案件适用法律若干问题的解释（三）》第九条规定：劳动者主张加班费的，应当就加班事实的存在承担举证责任。但劳动者有证据证明用人单位掌握加班事实存在的证据，用人单位不提供的，由用人单位承担不利后果。如果一个劳动者向劳动仲裁证明自己在下班后，又不断通过微信工作群回复工作事宜，这是否应被认定为加班并获得加班费？甚至于当老板深夜 10 点在微信工作群发消息，要求“10 分钟内上报当月营业额，不发就辞退”，而员工因为没有看到而真的被解雇时，这些下班后的远程工作是否可以认定为加班，这在我国还没有法律规定和司法先例。

2016 年，法国率先通过了“离线权”（Right to Disconnect），即劳动者对于用人单位下班后发送的电子邮件有不阅读、不回复的权利。这项新兴的劳工权利是对远程工作实施以来工作时间无限制延长的对抗。如果能从法律上明确劳动者在远程工作中有自主工作决定权当然是最为理想的，但从我国国情看，即使我国也出台类似的权利规定，其执行恐怕也不会让人太满意。因此，如果能从司法判例中尽快明确各种远程工作，特别是微信工作的加班补偿，恐怕是更为现实的选择。

3. 对职业安全的挑战

远程工作对工作空间与生活空间界限的打破，也带来了职业安全保障的挑战。传统劳动关系中，劳动者在用人单位提供的工作场所工作，用人单位对工作的安全负有当然的保障义务。但当劳动者的工作场所转变为城市里的第三空间，劳动者的家内，甚至是海滩边、飞机上时，职业安全保障的义务是否还应归于用人单位？按照目前《工伤保险条例》和《工伤认定办法》的规定，工伤的认定标准是“工伤时间、工作地点和工作原因”，这三个标准中的前两个在远程工作中已经变得越来越难以判定，即使第三点也不如以往清晰。

如果用人单位应当对远程工作者负有职业安全义务，用人单位又应当采取怎样的保障措施？当工作场所远离经营场所时用人单位难以控制，难以做到对工作地点进行安全措施保证。如果用人单位还要承担较为严格的举证责任，对用人单位来说似乎也并不公平。这些问题显然还没有答案，本文后续会做出一些探讨，但也远非最终答案，我们相信这是一个需要长期加以研究的领域。

远程工作来了，对劳动者来说，办公室的围墙没有了，但世界之大又无处不是办公室；对用人单位来说，办公室可以没有，但员工的动向却了如指掌。远程工作就这样悄无声息地融入了我们的工作中，变成我们工作的一部分，还可能是越来越大的一部分。技术无疑深刻地影响了工作，但笔者希望这种影响是让我们都活得更好。

第十三章　零工就业

零工经济（Gig Economy），大概是这一轮新经济中最广为人知的新业态名词。据说，Gig 这个词最早的含义是指爵士乐演奏，由于当时从事流行音乐的人很多是短期、临时性从事表演，因此逐渐演化为零工的含义。

但是，零工就业真的是一种全新的就业形式吗？这就需要我们用放大镜好好看一看。2017 年 6 月，李克强总理在国务院常务会议上要求政府部门对待各类新业态、新模式要有“包容审慎”的态度。他也同时谈到，在改革开放之初南方等地出现了零工市场。确实，零工本身不是什么新鲜的东西，“打零工”“临时工”这些词语也并不使人陌生。为什么长久以来一直存在的零工在今天成为一种经济，并且这种新业态经济下零工发生了什么改变，这才是我们需要关注的问题。

一、忽如一夜零工来

“零工（Gigs）热”的兴起，从时间轴看与我们前述的互联网技术相伴而生。大数据、云计划、物联网等新一代信息技术不断涌现的同时，传统的零工悄然转身重新登场。

从数据看，这种就业形式的数量在不断增加，并日渐成为就业的重要形式。一些商业机构长期关注该领域并发布了各类研究报告。美国麦肯锡作为业界领先的咨询公司，其全球研究所在2016年对英、美、法、德等多个国家的8000余人调查后发布了《独立工作报告：选择、需求和零工经济》(*Independent Work: Choice, Necessty and the Gig Economy*)，估算全世界已有3亿人主要以零工就业方式谋生，该数量自21世纪以来快速增长。德勤《2016全球人力资本趋势》报告的结论是：83%以上的高管反映，今后几年计划增加临时的兼职人员、工作时间灵活的员工。所以未来几年，职业发展的新趋势是非全职员工、不坐班的员工、弹性上班的员工会越来越多。[①] 知名招聘网站“Linked In”的报告也显示，170家美国公司的运营完全依靠偏远地区的工人。中国的阿里研究院的报告显示，到2036年中国可能有多达4亿人属于零工经济的自由职业者，约有1/2的劳动

① 刘振春，蒋岚. 海南“半年经济”背景下候鸟人力资源“零工经济”发展策略探析 [J]. 现代国企研究，2017（4）.

力将以零工的形式提供服务。[①]

一些国际机构也出台了相关报告，如世界银行发布的《2019 世界发展报告》指出，最大的自由职业者网站“Upwork”显示，近 2/3 的美国公司以一种非常灵活的方式招募员工，主要为了确保它们能够吸引一流人才。[②] 这一数据与美国自由职业者联盟（Freelancers Union）的估计相符，美国有近 5400 万人，占所有劳动者的 34%，至少有部分时间从事自由工作。另一项数据表明，在美国通过数字平台参与到零工经济中赚取报酬的人数占到了 24.1%。[③]

二、今日零工为何物

看起来零工似乎是一种新兴的、时髦的就业形式。但就如李克强总理所言，我国在改革开放之初就出现了零工市场。各类机构发布的报告尽管具体数据不一，但反映的趋势基本相同，即从 21 世纪以来零工就业的数量快速增长，成为就业岗位增加的主要类型。即便从提供就业的角度，这种就业形式也值得我们加以关注。但更为独特的是，21 世纪以来零工就业的增长显然与科技发展以及新兴经济形态的出现相关，这就更值得我们

① 秦艺瑗 . 浅谈“零工经济”的现状与未来 [J]. 现代商业，2018（32）.

② 世界银行集团 . 2019 世界发展报告 [J]. IT 经理世界，2018（24）.

③ 王家宝，崔晓萱 . 零工经济模式下人力资源的特点、挑战和策略 [J]. 管理现代化，2018（4）.

探讨今日的零工与传统模式的异同。

首先，不少学者的论述集中在什么是零工经济，在很多研究文本中，零工经济与零工的界限并不清晰。尤其在国外学者中较为主流的观点是，零工经济具有新颖性而零工本身是传统既存的，因此有必要首先认识何谓零工经济。Donovan 等认为零工经济从业者是独立供应商，认为零工经济在某种程度上是传统自由职业的扩展。Stefano 认为零工经济是“应用程序进行的工作”，并且提出了他们对零工经济从业者现状的担忧。Simon Best 认为，零工经济从业者的不断增加是一种破坏性的技术：创造性的破坏，破坏性的创新。Cherry 和 Aloisi 探讨了企业和从业者之间的关系，认为他们是基于信任的通过第三方平台进行的合作。①

在我国，不少学者认为零工与临时工并无本质不同。耿秋认为，零工经济中的零工原意指临时工，是一些劳动者无法获得正式工作，只能从事一些临时性工作②。魏骊蓉认为，零工经济早已出现，只不过当时所谓的零工更多的是临时工的意思。由于季节需要或是产业需要，大量的人力资源暂时地集聚于某一地方或某一产业，更多的是以团队的形式参与经济活动。21 世纪以来则主要是指利用互联网和移动技术快速匹配劳动需

① 郑祁，杨伟国 . 零工经济的研究视角——基于西方经典文献的述评 [J]. 中国人力资源开发，2019（1）.

② 耿秋 . 零工经济管理新挑战 [J]. 中国新时代，2017（11）.

求方和供给方，可以同时从事多个职业的自由劳动者所构成的经济领域[①]。

当然，我国也有学者采取了类似国外学者的角度，从零工经济角度加以认识。有学者认为零工经济是指依托移动互联网技术，由工作量不多且碎片化的自由职业者构成的经济领域。[②]王玉涵认为，零工经济是由工作量不多的自由职业者构成的经济领域，利用互联网和移动技术快速匹配供需方的经济模式[③]。姜力群认为，零工经济是相对于全职工作而言的，进入千禧之年，随着科技的进步，尤其是移动互联网的普及，人才逐渐发展成为生产要素中最重要的部分，部分劳动者崇尚利用业余时间打零工赚取收益，当几份零工合起来足以支撑他们的收入时，就有人会放弃他们之前所从事的工作，身份转变为从事零工经济的劳动者[④]。

在相关研究中，学者郑祁和杨伟国基于西方的文献述评，对零工和零工经济做了较为全面的阐述，为国内研究提供了广阔的视野和研究资料。他们通过与传统模式的对比，总结了今日零工经济的特点。他们将零工经济分为两类，分别是新零工经济和旧零工经济。其中旧零工经济，即所谓传统零工经济，

① 魏骊蓉．“零工经济”时代我国劳动者就业模式研究——以上海市为例 [J]. 现代商业，2018（14）.

② 金丹，刘婧．“互联网 + 零工经济”就业模式探索 [J]. 经济纵横，2018（8）.

③ 王玉涵．浅谈斜杠青年与零工经济 [J]. 中国商论 .2017（35）.

④ 姜力群．零工经济时代从业者职业生涯管理研究 [J]. 中外企业家，2017（34）.

通常指以有特定技能并独立自主的普遍的自有职业者作为劳动力市场参与主体的，注重工作结果，以项目付酬的经济、工作模式。它并不提及数字科技和互联网的作用，仅注重其对传统雇佣模式带来的影响，具有临时性和项目性的特点。而新零工经济则是依托互联网和新兴科技的应用，在此作用下传统雇佣模式正在慢慢被越来越灵活的工作种类、时间和形式取代，是一种按需雇佣模式，属于数字经济[①]。

综合以上各种观点，从笔者的角度看，我们今天对什么是零工还是一个较为模糊的概念。这一概念与我们在本书中探讨的很多其他就业形式相重叠，比如在一些国外学者或机构的文献中，零工与自由职业者并无太大不同；又或者在一些国家内，零工被认为是独立合同工；以及我国部分学者认为，零工就是新时代的临时工。

三、从临时工到零工

如果做一个粗浅的定义以便于后文的书写，今日我们所讨论的零工是指数字经济背景下的零工，其特点是依托在互联网技术之上，这种传统上分散的就业形式得以实现规模化，从而衍生出零工经济。

① 郑祁，杨伟国 . 零工经济的研究视角——基于西方经典文献的述评 [J]. 中国人力资源开发，2019（1）.

大部分研究者对零工经济和零工就业还是给予充分肯定的。对于劳动者而言，我国零工经济的就业门槛相对较低，参与方式简单灵活，个体可以轻易就参与到零工就业中，找到并完成适合自己的工作[①]；他们可以通过手机 App 或者移动通信设备匹配服务对象，他们将自己的技能、知识、服务、劳动、经验直接转化为自己的收入，实现供求高度匹配，降低了成本，打破了时空限制，将劳动力高效地转化为价值，实现了资源配置最优[②]；根据自己的意愿提供劳动服务而不是依托于企业命令提供劳动，而且还可以自由地管理劳动时间和劳动地点，从而提高了自身满足感和工作效率[③]；拥有多元化的职业、多元化的收入，更具有追求自由和自我成长的精神[④]。零工经济不仅给难以找到固定工作的待业人群一个维持生计的喘息机会，同时也是老龄化时代发展身体尚康健的退休老人为劳动力的一剂良方，给他们一个额外的实现个人价值的机会[⑤]。劳动供给的“零工化”本质上是依托资源、技能乃至兴趣爱好，并利用碎片化时间的供给模式[⑥]。

---

① 郑祁，杨伟国 . 零工经济的研究视角——基于西方经典文献的述评 [J]. 中国人力资源开发，2019（1）.

② 魏骊蓉 .“零工经济”时代我国劳动者就业模式研究——以上海市为例 [J]. 现代商业，2018（14）.

③ 秦艺媛 . 浅析“零工经济”现象 [J]. 全国流通经济，2018（32）.

④ 王玉涵 . 浅谈斜杠青年与零工经济 [J]. 中国商论，2017（35）.

⑤ 赵松 .“零工经济”挑战了谁 [N]. 人民日报，2015-8-21.

⑥ 丁晓东 . 平台革命、零工经济与劳动法的新思维 [J]. 环球法律评论，2018（4）.

与传统劳动关系相比，零工就业主要有以下不同：一是用工形式高度多元。比如，用工形式有多种类型，有众包、自雇等。二是从业者的工作自主性更高。从业者可以自行决定工作时间，工作时间灵活自由，不再是传统意义上的“朝九晚五”。三是工作场所的不确定。与传统的服务业工作场所相对固定不同，从业者大多提供入户上门服务。当然部分的零工也同时就是远程工作从业者。四是只有很少部分从业者与平台之间签订正规劳动合同，存在劳动关系，绝大部分从业者并没有签订劳动合同。五是职业伤害风险高，劳动权益难以保障。随着快递、交通、家政、餐饮等众多领域陆续接入互联网平台，许多这些领域中拥有一技之长的劳动者，开始兼职“打零工”或成为自由职业者，成为零工经济的重要组成部分。这些领域的从业者多为体力劳动者，如网约车司机、外卖送餐员、共享单车“潮汐工”、提供上门服务的美容美甲师、家政保洁员等。六是从业者经济压力大，参保逆向选择问题严重。

我国早期的零工经济可以追溯至改革开放时期，随着改革开放的发展，我国经历了社会转型与体制转轨。作为社会结构的变迁过程，社会流动不断加剧，大批农民涌向城市，在推动第三产业发展的同时也引起了城乡关系的变化。与此同时，随着体制转轨、企业转制，国企下岗工人也成为 20 世纪 90 年代以来中国社会结构变迁中最引人注目的社会问题之一。[①] 中国

① 宋浩池 . 转型期零工的社会融入研究 [D]. 沈阳师范大学，2011.

社会流动中最引人关注的莫过于下岗失业工人和农民两个基本阶级的社会流动。作为国有大中型企业高度集中的东北老工业基地辽宁，下岗失业成为比较普遍的且具有代表性的社会问题。伴随着国企工人的下岗失业以及大量农民进城务工，为维持生计，他们自发形成了零工市场，随之产生了一个新的群体，引发了我国最早一批的零工经济。

四、零工就业的得失思考

（一）零工是一种有质量的就业吗?

今日零工作为一种就业，已经毋庸置疑，但这是不是一种有质量的就业则值得探讨。首先，不可否认的是，零工经济的发展给劳动者带来了更多的选择。一方面是可供选择的工作机会变得更丰富，另一方面是工作形式变得更加多样。零工经济依托互联网技术而发展，互联网技术使需求方和供给方直接对接，使工作方式、地点和时间更为灵活。这就使得劳动者能将自己的技能、知识、服务、劳动、经验直接转化为自己的收入，实现供求高度匹配，降低了成本，打破了时空限制，将劳动力高效地转化为价值，实现了资源配置最优。[1] 相比于传统的雇佣

① 魏骊蓉．“零工经济”时代我国劳动者就业模式研究——以上海市为例 [J]. 现代商业，2018（14）.

模式，无论是全职零工还是兼职零工，劳动者都有机会通过良好的规划为自己争取到相较于固定工资来说具有更多可能性的报酬。同时，劳动者在雇佣关系中将拥有更多自主选择权，在零工经济模式下，劳动者更多的是以一个独立生产者的身份加入平台。在交易中，双向选择的取向更为明显。劳动者没有固定的雇主，薪酬结算也更多的是跟个人业绩和考评体系挂钩。因此，自由职业者们完全可以摆脱固定工作状态，根据个人需要并在合理估算交易成本的基础上自行决定、调整劳动时间和劳动量，并选择适宜的服务对象。[①]

然而，零工经济对于劳动者来说是一把双刃剑，打零工者在获得自由的同时也意味着要面对更多问题和风险。不稳定的收入来源和安全感的缺乏是首要表现。相当部分的零工劳动者其实并不清楚如何去获得足够的工作量，也不懂得如何能够实现资源的优化配置。[②]离开传统雇主的保护和支持，相信每个自由职业者都会感到一系列人际、经济方面的焦虑[③]，在经历没有项目的“空窗期”时难免会为未来感到担忧。零工经济也给劳动者的安全带来了多方面的挑战。一方面，劳动者的身体健康、安全，诸如外卖骑手、快递员之类的劳动者，他们的收入与接单数量以及准时到达程度有直接关系，为了赶时间按时送达或

① 刘皓琰、李明．网络生产力下经济模式的劳动关系变化探析 [J]. 经济学家，2017（12）.

② 赵松．“零工经济”挑战了谁 [N]. 人民日报，2015-08-21（22）.

③ 雨嘉．零工经济背景下，职场人的焦虑和治愈 [J]. 商学院，2018（5）.

者多接单，他们往往风驰电掣地穿梭在大街小巷。由于他们从事工作的特殊性，造成这类群体的职业伤害风险高，而这类劳动者往往也是缺乏工伤等社会保障的人群，一旦发生重大职业伤害事故，往往有极大风险因伤致贫、返贫[①]。另一方面，零工经济中还存在着中介的盘剥，在得到工作机会后，代理商往往会将它们转包给个体的零工经济劳动者，并从中抽取一定的佣金，中间代理商压低个体劳动者报酬的情况也司空见惯。[②]

（二）零工就业应该大力发展吗？

零工经济之所以引起了不少人的重视，是因为这种灵活的就业形态创造了大量的就业岗位。在传统标准劳动关系就业岗位无法有效增加，甚至按照国际劳工组织的报告，全球体面劳动赤字不断扩大的情况下，新增就业岗位的重要性当然无法忽视。在我国，经历了国内外各种情况的发生，中央政府最终明确表态，“稳就业”是第一位的，优先于“稳金融、稳外贸、稳外资、稳投资、稳预期”。社论指出，稳就业不仅是“六稳”之首，也是基石。2017 年，国家发改委等部委联合出台了《关于促进分享经济发展的指导性意见》；2019 年，国务院办公厅发布了《关于促进平台经济规范健康发展的指导意见》。上述文件的出台都为新业态经济的发展提供了顶层设计的支持，也给零工

① 孙燕 . 破解“零工经济”社保困局 [J]. 山东人力资源和社会保障，2018（10）.

② 姚建华 . 零工经济中数字劳工的困境与对策 [J]. 当代传播，2018（3）.

经济的发展提供了基础。由此可以预见，我国零工经济和零工就业在未来将持续扩张。

但不容忽视的是，零工经济的灵活性同时也冲击了社会固有的制度。从法律角度看，就《劳动法》或劳动者权益而言，零工经济首先带来的冲击是劳动关系的认定。不论是国内还是国外，目前对于零工经济下雇佣双方劳动关系的界定都是相对模糊的，并且针对同一案件的不同当事人，根据具体情况劳动关系的认定还会存在不一致的情形。[①]国内外均有学者认为现有的劳动法框架下对零工就业难以准确界定。外国学者试图以独立合同工或自雇业者等已有法律概念来认定，而我国学者则更多地将其归为劳务工。众所周知，我国长期采取“劳动关系—劳务关系”的“二分法”模式，“全有”或“全无”的立法导致用工关系的不同权利范围完全不同，雇主所要承担的相应责任也完全不同。

其中，最突出的问题是社会保障。目前，养老保险与医疗保险等一般都是以劳动合同为基础，对雇员和雇主都会有一定的要求，有的还需要按照劳动者收入水平进行缴费。[②]零工经济从业者中一部分是有正式工作的全职劳动者，他们与用人单位签订劳动合同，由用人单位为其缴纳社会保险。但是，相当

① 赛思·D. 哈瑞斯，汪雨蕙 . 美国“零工经济”中的从业者、保障和福利 [J]. 环球法律评论，2018（4）.

② 吴学安 . 破解“零工经济”社保困局需制度创新 [N]. 人民政协报，2018-04-02（5）.

一部分全职零工从业者没有固定工作单位，无法签订劳动合同，因此也就无法缴纳城镇职工社保。同时，由于他们工作的不确定性和短期灵活性，往往受雇于多个市场主体，雇佣关系很难明确，签订劳动合同更是无从谈起。当然，从目前的社会保险制度设计来说，零工从业者可以选择参加城镇居民保险。与没有社会保障相比，其可以部分地解决这部分人的参保问题，也可以说实现了社保“全覆盖”的目标。但从保障水平看，城镇居民保险保障力度比较低，且更大的缺陷是职业性保险，即工伤保险和失业保险的缺失，对这部分实际就业的零工来说是存在制度缺陷的。

在发展共享经济、平台经济的背景下，零工就业必然随之发展。从促进就业的角度，我们无法忽视零工就业的价值。但也不能因为其促进就业的优势，就忽视其天生的缺陷，趋利避害，零工经济有待整体劳动法律制度的完善。

五、零工经济背后的资本推手

零工经济中最为乐观的当属各类商业机构和资本力量。从各类商业机构报告中的憧憬，不难一窥资本的态度。全球前五名的人力资源解决方案服务公司凯利服务公司（Kelly Services）发布的《零工经济报告》(*Gig Economy Report*）鲜明地表达了这种态度。该报告称，零工就业的规模已经占全球劳动力的 31%，这些从业者逐渐放弃传统的就业机会，以追求自由职业所提供的灵活性和自由度。随着职场环境的变化，雇主和雇员的关系也随之改变，对雇主的长期承诺正在减少。这些表述值得玩味，似乎零工经济的发展是劳动者更多选择放弃稳定的传统就业，转而追求自由灵活就业形式的后果。

但该报告后文中又表示，在全球范围内，65% 的人才经理使用零工员工；73% 的人认为，更灵活、流动性更强的员工队伍将成为应对日益变化以及更为全球化的商业环境的主要力量。当然，最后报告直白地表达了“一切为了商业成果”的态度。

商业机构表达出了拥抱零工经济的姿态，也试图论证零工雇佣常态化的观点。不少学者也认为零工就业对企业有诸多好处。而对于企业而言，零工经济的发展推动了人才共享，通过专业化人才快速精准匹配、弹性的工作方式，以及跨组织的知识和资源背景，可以有效提升企业劳动生产率、拓展服务、优化业务流程①；有助于降低企业成本、保持灵活性，借此可以大规模地增加或减少人力②；可以根据需求订制个性化服务，从而更加精确地满足自身的需求③。零工经济的出现不仅为企业节约了大量人力和物力的成本，也为企业提供了人力资源管理方面

① 马毅，李迟芳，刘建萍．“零工经济”发展下粤港澳人才共享的发展对策研究 [J]. 广东经济，2018（4）.

② 凯文·德鲁利，尼尔·哈特利，戴维·约翰逊，等．零工经济与员工安全 [J]，现代职业安全，2017（12）.

③ 秦艺媛．浅析“零工经济”现象 [J]. 全国流通经济，2018（32）.

的新思维，从而更好地将精力聚焦于高附加价值的工作上。

对此笔者持怀疑态度。传统雇佣的常态化并非劳动者的需求，固然长期的劳工运动推进了传统劳动关系的稳定化和长期化，但其本质是生产方式的内生需求，企业、工厂组织生产需要稳定的人力资源参与。同时，与劳动者维持长期的劳动关系符合组织的利益，长期化意味着技能的不断提升和对企业文化、企业战略的深入了解，从而能更好地实现企业的生产效益。而零工就业对企业来说，虽然能提供灵活化和弹性化，也对人力资源管理提出全面挑战。零工经济就业模式促进了员工的多元化，这必然会影响到员工的激励和管理，这就要求企业注重多元化的人力资源管理。①

零工经济需要人力资源管理模式创新，综合目前学者的思路看，主要有两种方式：其一，采用“数字泰勒制”的模式。学者认为，数字技术的应用使劳动力市场蜕变为应急、应招、临时、兼职、计件和“零小时合同”性质的零工市场。劳动不再被视为体现专业技能的工作，而是随机和仆役性质的差事。如同外包使企业剥离直接生产过程，回避对有组织工人的依赖并获得全球劳动套利优势一样，“数字泰勒制”解决了在开放空间下对随机劳动力的动员、组织与监督的问题，特别是利用数

① 吕杰．“互联网＋零工经济”就业模式探索［J］. 现代营销（信息版），2019（2）.

字技术减少工人权利。[①] 其二，创新人力资源管理流程。企业将工作任务分解，通过人力资源平台将信息发布给外部人员；外部人员通过人力资源平台共享企业发布的信息并对工作进行选择；由于工作的分解，企业内部的长期雇佣员工将与外部员工进行分工与协作，共同完成企业目标；企业的内部员工也可以通过平台转换成为其他企业的外部员工。新型人力资源模式与"互联网 + 零工经济"出现之前的人力资源模式的差异主要是外部员工的划入，所以新型人力资源管理模式应注重对外部员工进行管理，并关注对互联网平台工具的利用。[②]

上述两种观点思考的角度虽然不同，但有一点是相同的，即零工就业对企业来说并非可以简单适用。现有的主要针对传统劳动关系的管理模式并不适应零工就业的管理，从招聘的甄选，到劳动合同的设计，到薪酬福利的规划，到绩效考核的指标乃至企业文化、员工关系的各个方面，如果企业真的要实现零工雇佣的常态化，整体人力资源管理流程的再造不可避免。从目前的情况看，整个人力资源行业尽管非常接受这一理念，却还未见到整体的解决方案。

---

① 崔学东，曹樱凡．"共享经济"还是"零工经济"?——后工业与金融资本主义下的积累与雇佣劳动关系 [J]. 政治经济学评论，2019（1）.

② 金丹，申倩光．零工经济视角下人力资源管理模式的优化 [J]. 山东纺织经济，2018（8）.

第十四章 情感劳动

中学里读“新概念”的时候，笔者对一篇课文印象深刻。内容是讲一个从事清洁工作的人工资很高却不敢告诉老婆，于是每天出门穿着西装，拿着公文包冒充白领。直到他找到一份办公室的工作成为真正的白领，而工资却只有从前的一半。我第一次在那篇课文里学会了蓝领和白领的单词，也第一次知道工作可以分为体力劳动和脑力劳动。当然，那时的我不能理解的是，为什么一个清洁工的工资可以是办公室白领的一倍。毕竟从小父母总是对我们说，不好好读书以后就只能扫马路、喝西北风。

而笔者，既不打算给大家讲体力劳动，也不打算讲脑力劳动，那些内容想必各位读者都很清楚了。笔者想要在此啰唆的是情感劳动，不仅因为大家可能还不熟悉这个词汇，也因为在数字经济时代，这恰恰是一个重要的概念。

情感劳动虽然还没有广为人知，但也不是一个新概念，20 世纪 70 年代由美国社会学家 Hochschild 最早提出。情感劳动（Emotional Labor），也被翻译为情绪劳动。学者 Hochschild 在对美国泛美航空公司空服人员情绪表达的实证研究基础上，1983 年出版了 *The Managed Heart* 一书。其中对空姐的工作进行了详细的分析，指出她们的工作不仅具有生理方面的要求，而且更有情感方面的要求，必须时刻应付乘客和她们自己的情绪问题，并首次为情感劳动下了定义："个人致力于情感的管理，以便在公众面前，创造一个大家可以看到的脸部表情或身体动作。"

笔者认为其重要性应该引起我们的关注，为什么这么说呢？因为，传统上，我们把劳动分为体力劳动和脑力劳动，换一种方法说就是蓝领工人和白领员工。但研究发现，事实上在劳动类型中还存在一种情感劳动，典型就如空姐。这类工作对体力的要求不高，如果按照体力劳动强度分级标准，应该属于 1 级"轻劳动"等级；这类工作对脑力的要求也不高，如果按照学历的话并不需要"985、211"的文凭。那么这类工作的本质是什么呢，是满足客户的情绪需求。特别是在第三产业部门服务业成为主要就业部门后，情感劳动的比重和重要性不断提高。

当我们已经迈入数字社会后，技术的发展不仅不会弱化情感劳动，反而会加强情感劳动的重要性。从工业革命开始，"机器替代人"的进程不断加快，以往自动化对人的替代主要是对体力劳动，用马克思的话说就是"机器将劳动者排挤出工厂"。而随着 AI 技术的突飞猛进，对脑力劳动的替代正在加剧。机器人主播、机器人记者、机器人律师……这些曾经的高学历脑力工作也将可能被机器替代。但情感劳动却难以替代，情感劳动的特点决定了，必须是人与人的沟通，用人类的情感满足人类的需求。至少从目前的技术看，这类劳动被替代的可能性还很低。按照目前最权威的剑桥大学经济学家卡尔·弗雷教授的预测，十大最不容易被替代的工作的前三种分别是：教师、心理医生和公关。究其本质就在于，这些工作的核心是情感劳动。

一、什么是情感劳动

Morris 和 Feldman 从人际交往的角度出发，认为情绪劳动是员工为了表达组织要求的情绪，而在人际交往过程中进行的各种努力、计划和控制的行为，并指出情绪劳动包括以下维度：交往的频率、交往的持久性、情绪表达的强度、情绪表达的多样性及情绪失调。[①]Diefendorff 等从心理控制论的角度，将情绪劳动界定为员工对情绪失调的监控和调节的加工过程。[②]此外，Grandey 认为情绪劳动是员工为了实现组织的目标而调节情绪感受和情绪表达的过程，其中对情绪表达的调节被认为是表

① Morris J A，Feldman D C.The dimensions，antecedents，and consequences of emotional labor [J]. Academy of Management Review，1996，21（4）:986–1010.

② Diefendorff J M，Croyle M H，Gosserand R H.The Dimensionality and Antecedents of Emotional Labor Strategies [J]. Jounal of Vocational Behavior，2005，66（2）:339–357.

层扮演，而对情绪感受的调节被认为是深层扮演。[①]

对情感劳动（Emotional labor）的定义，我国学者多沿袭西方较有代表性的研究。但是，我国学者使用了不同的概念名称，大部分使用情感劳动[②③]，心理学视角的研究更多使用情绪劳动[④⑤]。虽然概念名称和应用研究领域不尽相同，但是其概念内核是一致的，本文不再区分。

虽然学者们是从不同的视角下定义情感劳动，但是将他们的观点综合起来，情感劳动应该具备以下条件：一是情感劳动是在劳动过程中，劳动者与顾客、消费者形成的人际关系；二是情感劳动会与他人的感情、态度和行为产生互动关系；三是劳动者的情感劳动受到雇主组织的规制，如常见的企业对服务窗口的微笑服务要求等。

---

① Grandey A A.Emotion regulation in the workplace:A new way to conceptualize emotional labor [J] . Journal of occupational health psychology，2000，5（1）.

② 马冬玲 . 情感劳动——研究劳动性别分工的新视角 [J]. 妇女研究论丛，2010（3）.

③ 郭景萍 . 社会工作——作为一种情感劳动的探讨 [J]. 广东社会科学，2007（4）.

④ 廖化化，颜爱民 . 权变视角下的情绪劳动：调节变量及其作用机制 [J]. 心理科学进展，2017（3）.

⑤ 吴欣 . 情绪劳动研究综述 [J]. 中国科技投资，2013（Z4）.

二、情感劳动的各种理论

（一）情感事件理论

Weiss 和 Cropanzanoz 在 1996 年提出情感事件理论（Affective Events Theory），该理论旨在探讨组织中员工经历的情感事件、做出的情感反应与员工态度和行为的关系，该理论认为工作环境特征会导致特定的工作事件发生，包括积极或消极的工作事件，特定的工作事件会引发员工不同的情感反应，而员工的情感反应又进一步地影响员工的行为。并且情感反应对员工行为产生影响有两条途径：一条是情感反应通过影响员工的工作态度，如组织承诺、工作满意度等进而间接对行为产生影响，如员工由于长期消极情感体验的积累，导致工作满意度下降，深思熟虑后做出离职的决策；另一条是情感反应直接对员工行为产生影响，如员工由于受到批评，第二天因为心情低落而缺勤[①]。

学者基于情感事件理论，探究当员工长期处于正面或负面情感体验时，员工工作积极性以及所带来的组织绩效的改变。研究发现领导者经历积极的情感事件后更有可能会采取真情实

① Weiss H. M. & Cropanzano R. Affective events theory: A theoretical discussion of the structure, causes and consequences of affective experiences at work. Research in Organization Behaviour, 2018（25）:1–74.

感的表达策略，真实的情感表达比深层扮演产生的结果更有利，而员工对领导者真实性的感知会加深员工对领导者的信任度，从而为员工带来正面的情感体验，促进员工的绩效[①]。而当员工长期处于负面的情感体验时，这些负面的情感体验会增加员工工作场所偏差行为的产生，降低员工工作积极性以及工作绩效。员工的负面情感来自多方面，既可能来自领导者的辱虐管理[②]，也可能来自领导者的表层扮演或深层扮演的情感劳动策略。

该理论主要关注工作中特定事件对员工情绪的影响，进而探讨对组织绩效的影响；同时，提出改进领导者管理行为的对策，主要还是偏重于管理学的视角。

（二）资源保存理论

资源保存理论（COR）最初由 Hobfoll 于 1989 年提出。这一理论认为，为了实现目标，个体会努力地获取和维持资源；资源的流失或者存在资源流失的威胁时，个体会感到沮丧。他将资源定义为个体特征、条件、能量等让个体觉得有价值或者是获得这些东西的方式[③]。现有学者基于资源保存理论，提出员

① 杨琛，李群 . 领导者情绪劳动是真实型领导的困境——基于领导者劳动情绪模型的分析 [J]. 社会科学家，2018（4）.

② Michel J S，Newness K，Duniewicz K. How Abusive Supervision Affects Workplace Deviance: A Moderated Mediation Examination of Aggressiveness and Work-Related Negative Affect[J]. Journal of Business & Psychology，2016（1）:1-22 27.

③ Hobfoll S E，Conservation of resources—A new attempt at conceptualizing stress. American Psychologist，1989（3）: 513-524.

工在工作中的表层扮演与深层扮演，将会影响和决定工作中资源的丧失与获得。如果员工在工作中丧失的资源无法得到及时的补偿，就会降低员工工作的积极性，从而使其减少对工作的投入。[①] 如果员工可以获取更多的资源补偿，如组织和同事的支持与肯定、服务绩效奖励等，员工则更可能按照组织的要求展现规则，从而呈现得体的情绪和行为，也会提高员工的工作热情和积极性，对员工的身心也有益。

资源保存理论更多地从员工的角度出发，其最终的研究结论也落在员工身上，主要对如何增加组织对员工的资源支持提出建议。同时，一些学者在运用资源保存理论解释员工的情感劳动后，对如何解决员工的职业倦怠问题提出了建议。

（三）角色扮演理论

资源保存理论中，提到一个情感劳动中的重要概念——角色扮演。所谓角色扮演，即劳动者在工作中要扮演某种工作角色。典型的如老师，很多人你一眼就能认出他或她是一位老师。用一句今天的网络语说，角色扮演就是“人设”，每个人在自己的工作中扮演的“人设”。

角色扮演理论首先在社会学研究领域产生。1935 年，“社会符号互动论”的创立者米德在综合前人的基础上，借鉴戏剧和

① 程红玲，陈维政．情绪调节对工作倦怠的影响作用分析 [J]. 心理科学进展，2010（6）.

电影中的概念“角色”，提出了社会学和社会心理学上的“角色理论”。社会学中的“角色”，是指处于一定社会地位的个体，依据社会的客观期望，借助自己的主观能力适应社会环境、遵循社会规范所表现出来的行为模式。

关于角色扮演，在社会学理论中一直是一个具有争议的词语。萨宾和艾伦认为，人们在将社会比作戏剧舞台时，角色扮演一词会给人以脱离现实生活、伪装之感。这是因为，舞台上出场的角色及其扮演者本身是两个不同的人，演员在舞台上完全是逢场作戏，但是人们在实际社会生活中则要承担一定的权利和义务，要考虑到角色的规范和要求是随意不得的。① 与之相反，另外一些学者认为尽管舞台上的演员与其所扮演的角色一般来说是两码事，但不能说演员本人与所演角色毫无关系。在实际生活中，虽然人们不完全是逢场作戏，但要成为一名合格的社会成员，并且能在不同的社会地位上切换自如，表现出恰如其分的行为方式，也的确需要有类似演员的能力。

按照乔纳森·特纳的观点，我们可以将艾奥瓦学派的角色观点称之为“结构角色论”，而将芝加哥学派的角色观点称为“过程角色论”。在“结构角色论”者看来，个体的行为是由其在社会结构中的地位以及与此地位相关的社会期望规定的，他承担角色的过程不过是这种被结构化的行为的释放过程。因此，

① 程思明．试析我国中小学新任校长的角色冲突 [J]. 吉林省教育学院学报，2014（5）．

角色行使比角色扮演更能恰当地反映角色承担的真实情形。而“过程角色论”者则认为，“结构角色论”者对社会的看法是泛结构化的，他们没有以米德的角色扮演思想作为自己的中心命题。“过程角色论”者提出，由于角色是通过互动创造的，而互动是一个过程，因此只有从动态、角色扮演的全过程来分析角色，才能建立合理的角色理论。

尽管这两种角色概念所关注的焦点不同，但他们对角色扮演的性质本身的看法并无分歧，也即个人在社会上扮演一种角色，按角色要求行动。只是“过程角色论”中的角色概念是建立在个人层次上的，是微观社会分析；而“结构角色论”中的角色概念是建立在社会系统层次上的，是宏观社会分析。通过对概念的分析，我们可以发现：一方面，情感劳动虽然有角色扮演的内涵，但是更强调遵循某一岗位（角色）要求的情感付出；而角色扮演则是指个体依据社会的客观期望，遵循社会规范所表现出来的所有行为模式，不仅仅局限于情感方面，即情感劳动也是角色扮演的一种形式。另一方面，情感劳动者也主动消耗大量认知资源控制自我情绪以适应角色要求，而不只是被动适应角色要求。

三、情感劳动的学科视角

如前文所述，对情感劳动的研究存在不同学科的视角，主要可以分为心理学、管理学、社会学等，三者形成了微观、中观和宏观的视角关系。心理学的研究对象是个体的心理活动，从个体发现规律，视角微观。而管理学主要研究个体情感劳动对组织的影响，及组织建设的对策，较为中观。社会学的视角最大，探讨了包括性别等因素的影响。当然，不同学科的不同角度，完善了整体对情感劳动的研究。但笔者感到较为遗憾的是，这一领域的研究在劳动关系学科内还未引起足够的重视。

心理学领域的研究多是从员工的心理状态层面开展的，包括情绪失调、情绪和谐和情绪劳动策略等。目前，学界对情绪劳动策略的研究角度广泛，包括对情绪劳动策略的影响因素的研究和情绪劳动策略的影响效果的研究等。管理学领域的研究多是从情绪劳动的行为产出层面开展，包括从员工个人层面来研究的情绪劳动、情绪耗竭与工作倦怠等；从组织层面来研究的情绪劳动、领导方式与组织绩效等。社会学则主要关注情感劳动中的文化、性别等方面的问题。

（一）心理学视角

个体经历情绪劳动时的内心状态是情绪劳动心理加工以及行为表达的根源，大致可以分为情绪失调和情绪和谐两个维度。有单独从情绪失调或者情绪和谐的角度来研究的，也有将两者结合起来进行比较研究的。现有西方相关文献中，有关于情绪劳动内心状态层面的分类。Mann、Ashforth、Glomb 等从内部情绪与外部表达的一致性程度来划分情绪劳动，认为其包括情绪和谐（Emotional Fit）和情绪失调（Emotional Dissonance）两个维度，其中，情绪和谐是指员工内心感受与外部表达一致，它不需要调节内心感；情绪失调是指员工内心的感受和外部表达要求不一致的程度。[①]这种不一致程度越高，引起个体内心的不舒适感就会越强烈，这促使个体采取情绪调节的策略来改变情绪失调的不舒适感。但同时 Ashforth 等也指出，情绪和谐的员工长时间高频率表达内心感受同样需要一定努力。大多数文献是将情绪失调与情绪和谐结合起来进行比较研究的。Gardner 等论述了领导者情绪劳动对员工信任感、幸福感等的影响，他们认为领导者情绪和谐比情绪失调更有效。[②]Wang 等运用问卷调查的研究方法证明了在银行、电力公司和医院中，领导者情绪失调对员工绩效具有消极的调节作用。[③]

国内的相关研究也不少。王贝指出负情绪失调通过较多地表层扮演和失调扮演，导致更多的情绪枯竭；正情绪失调则通过较少地表层扮演和失调扮演，引起较少的情绪枯竭。[④]马淑蕾

① Mann S.Emotion at Work:To What Extent Are We Expressing，Suppressing，or Faking It? [J]. European Journal of Work & Organizational Psychology，1999，8（3）:347–369.

② Gardner W.L.，Fischer D.，Hunt J.G.Emotional Labor and Leadership:A Threat to Authenticity? [J]. The Leadership Quarterly，2009，20（3）:466–482.

③ Wang G.，Seibert S.E.The Impact of Leader Emotion Display Frequency on Follower Performance:Leader Surface Acting and Mean Emotion Display as Boundary Conditions [J]. The Leadership Quarterly，2015，26（4）: 577–593.

④ 王贝，黄敏儿 . 情绪失调如何引起情绪枯竭？[J]. 心理学探新，2011，31（4）.

等在实验研究中也证明了内心状态与情绪表达一致更有效。[①] 秦旭芳在研究教师情绪劳动失调时表明，教师情绪劳动失调对学生、教师等都会产生消极影响。[②]

当员工的情绪与外部要求不一致时，就需要对内部情绪进行加工处理，以此来适应组织的情绪要求，这就是情感劳动的心理加工。学界通常将情绪劳动策略分为表层扮演、深层扮演和自动调节三个维度进行研究。表层扮演主要是指员工在内心真实感受和组织要求表达的情绪不一致时，仅仅从表面上表现出符合组织要求的行为，这些行为主要包括调节面部表情、动作姿态或声音语气等表层行为。员工在表层扮演中虽然会调节他们的情绪表达，但不会改变他们的内心感受。深层扮演主要是指员工不仅仅要在行为上符合组织情绪表达要求，还要“发自内心”地去体验这种组织要求表达的情绪。[③] 自动调节主要是指员工无须改变自己的情绪感受，而真实自然地表现出组织所要求的情绪，这种情绪表达也是员工自己真实情感的流露。

---

① 马淑蕾，黄敏儿. 情绪劳动：表层动作与深层动作，哪一种效果更好？[J]. 心理学报，2006（2）.

② 秦旭芳，刘慧娟. 教师情绪劳动失调窘境与理性化调控 [J]. 教育发展研究，2016（10）.

③ Ashforth B E，Humphrey R H.Emotional labor in service roles：The influence of identity [J]. Academy of Management Review，1993，18（1）：88–115.

（二）管理学视角

管理学领域的研究多关注情绪劳动的行为产出，即组织绩效。情绪劳动的内心状态传导到心理加工，最后由行为输出。情绪劳动的行为产出是员工情绪输出的最后一步，往往成为组织关注的焦点。现有的文献研究主要是从员工个人层面和企业组织层面来展开的。个人层面的研究主要涉及情绪劳动、情绪耗竭与工作倦怠几个要素；组织层面的研究主要是情绪劳动、领导方式与组织绩效几个要素。情绪耗竭和工作倦怠多从心理学出发，但又和组织的绩效目标和如何改善组织的管理密不可分，因此文章将其归为管理学的视角。

国外学者认为工作倦怠是一种心理上的综合病症，情绪耗竭是主要方面，代表着工作倦怠中的个体压力层面，指工作过程中个人无法较好地处理周围的问题，因而感到精疲力竭，主要表现为疲劳、烦躁、易怒和紧张。人格解体，则代表着工作倦怠中的人际关系层面，指工作过程中，个人以不带感情与冷漠的方式或态度回应周围人际关系，表现为对工作对象与同事的疏远、冷淡、漠然和愤世嫉俗。低成就感，则代表着工作倦怠中的自我评价层面，指工作过程中缺乏成功的体验，表现为单独工作或与人合作时，由于能力不足所产生的对自身工作能力与工作意义的低成就体验。

目前，国内外关于工作倦怠和情绪耗竭的研究主要涉及其产生的原因以及结果等。这一方面往往与情绪劳动策略结合起来进行研究。Grandey 认为，员工越多地投入到表层扮演中，就会越多地经历情绪耗竭。[①]Brotheridge 等的研究表明，表层扮演、深层扮演、情绪失调与情绪耗竭都存在相关关系。情绪劳动还会受很多其他因素的影响，例如环境因素和管理者的情绪。[②]Lam 等指出，在消极的服务环境中，当管理者的情绪耗竭较为严重时，下属的情绪耗竭对积极情绪呈现的负面影响越明显；在积极服务环境下时，管理者和下属情绪耗竭之间的相互影响则不显著。并且情绪劳动不总会产生工作倦怠等消极影响的。[③]Bechtoldt 等发现，情绪认知在情绪劳动与工作投入之间起调节作用，因此，情绪劳动并不总是对员工产生消极影响。[④]

国内也有很多关于情绪耗竭和工作倦怠的文献研究。大多文献是结合情绪劳动策略来研究的，涉及群体广泛。陈依萍对护士群体进行了研究，从个体内和人际间探究了护士的情绪劳动策略与工作倦怠的关系，总结出不同情绪劳动策略可以通过

① Grandey A A.Emotional Regulation in the Workplace:A New Way to Conceptualize Emotional Labor [J]. Journal of Occupationa Health Psychology，2000（1）:95-110.

② Brotheridge C M，Grandey A A.Emotional Labor and Burnout:Comparing Two Perspectives of “People Work” [J]. Journal of Vocational Behavior，2002，60（1）:17-39.

③ Lam C K，Huang X，Janssen O.Contxetualizing Emotional Exhaustion and Positive Emotionl Display:The Signaling Effects of Supervisors’ Emotional Exhaustion and Service Climate [J]. Journal of Applied Psychology，2012（2）:368-376.

④ Bechtoldt M N，Rohrmann S，Depaterie，et al.The Primary of Perceiving:Emotion Recognition Buffers Negative Effects of Emotional Labor [J]. Journal of Applied Psychology，2011（5）:1087-1094.

个体内（心理付出）和人际间（对患者反应的满意度）两条路径影响工作倦怠的不同方面，相对来说自然表现的情绪劳动策略无论对患者还是对护士自身都是最有益的。[①]钱士茹在对制造业进行实证研究时，指出表层劳动对企业员工离职倾向具有显著的正向影响；深层劳动对员工离职倾向具有显著负向影响，并且，情绪耗竭在情绪劳动与员工离职倾向关系之间起中介作用。[②]毛晋平在研究中小学教师心理资本、情绪劳动策略、工作倦怠的关系中表明心理资本可调节情绪劳动策略对工作倦怠的影响。[③]

员工的情绪劳动会对企业效益产生影响，而组织的领导方式也会影响到员工的情绪劳动，三者是一整条效应链。Totterdell 等以组织绩效为因变量，认为深层扮演对组织绩效质量和员工热情有积极影响。[④]Elfenbein 指出，员工的深层表演有助于营造良好的互动氛围，企业通过这种情绪传染效应可以提高顾客对服务质量的评价、员工绩效以及团队合作。企业则应通过情绪劳动策略，如控制工作休息时间、短期工作轮换等，

① 陈依萍，王芳.护士的情绪劳动策略与工作倦怠的关系：个体内和人际间路径[J].中国临床心理学杂志，2014（5）.

② 钱士茹，丁明明，江曼.情绪劳动、情绪耗竭与离职倾向——基于制造业实证研究[J].现代财经（天津财经大学学报），2015（3）.

③ 毛晋平，莫拓宇.中小学教师心理资本、情绪劳动策略、工作倦怠的关系研究[J].教师教育研究，2014（5）.

④ Totterdell P，Holman D.Emotion Regulationin Customer Service Roles:Testinga Model of Emotional Labor [J]. Journal of Occupational Health Psychology，2003（1）:55–73.

管理控制负面结果的出现。①Hennig 等发现，在模拟服务接触场景中，员工情绪的真实性对顾客情绪有显著影响。②情感传递是情绪劳动策略的影响结果之一，深层扮演对其有积极影响，而表层扮演则有负面影响。

领导者的领导方式以及领导者的情绪是重要的影响因素。刘朝在研究领导的情绪劳动对员工组织认同的影响中表明，变革型领导在领导情绪劳动与员工组织认同关系中起部分中介作用，企业领导宜调节自己的情绪和塑造自己的变革型领导风格，增强员工组织认同感，提升管理效率。③杨琛指出，领导者职业角色要求的情感表现规则和领导者表达的情绪是否具有一致性，即领导者选择的情绪劳动策略，会影响到领导者感知到的真实性、员工感知到领导者的真实性和对领导者的印象。同时，对领导者真实性的感知是影响员工对领导者的信任和领导者幸福感的关键因素。④

---

① Elfenbein H A.Emotions in Organizations [J]. Academy of Management Annals，2008（1）:315–386 35 .

② Hennig T T，Grath M，Paul M，et al.Are All Smiles Created Equal? How Emotional Contagion and Emotional Labor.

③ 刘朝，范静，张欢 . 领导情绪劳动对员工组织认同的影响研究——变革型领导的中介作用 [J]. 财经理论与实践，2014（5）.

④ 杨琛，李群 . 领导者情绪劳动是真实型领导的困境吗 ?——基于领导者情绪劳动理论模型的分析 [J]. 社会科学家，2018（10）.

（三）社会学视角

社会学的研究极为广泛，在此我们无法面面俱到，结合本文的主题，我们主要谈其中较有特点的性别研究方向。

不少研究者发现，情感劳动作为一种新的研究领域，它的从业者具有行业和性别的相对集中性。从行业看，主要集中于服务行业、教育行业、医疗行业等，从业人员在服务员、教师、医生等特定职业者居多。从性别观察，现代服务业中，女性从业人员比重高于第一、第二产业，是女性就业的重要领域，因此部分研究者自然而然地将情感劳动中的女性群体作为研究对象。情感劳动广泛存在于这些行业和群体中，使得这些劳动者区别于传统的体力劳动者和脑力劳动者，具有了自己的特点。前者讨论个体如何在不同情境（不同行业）进行情感的表达，后者关注个体如何体验和感受。

性别视角的研究也可以说是女性视角的研究。中西方对于女性群体情感劳动的研究关注于女性在情感劳动中遭受到的不公正对待。情感劳动揭示了在服务业高度发达的境况中，女性的情感系统所遭受到的隐秘剥削，女性从业人员面临着不公正的情感劳动分工[①]，女性基于其性别而承担了更多的情感劳动，甚至是被剥削。资本通过对女性劳动者外貌妆容和女性气质的强化，将女服务员调教成温顺形象，情感劳动也是从劳动角度

① 王斌．女性社会工作者与情感劳动：一个新议题 [J]. 妇女研究论丛，2014（4）.

考察性别不平等的新窗口[①]。在此过程中，女性的性别身份被进一步加深刻板印象，以及女性被进一步物化。上述研究对处于情感劳动中的女性劳动者给予深入的剖析和解释，并做出了一定的批判，沿袭了传统社会性别研究的路径。

（四）劳动关系学视角

劳动关系的研究主要从行业和职业的角度切入。国外学者 Chin Ee Loh、Camelia Truta、Hongbiao Yi、R. Kirkham 等对教师、护士、酒店工作人员进行研究，甚至图书管理员都有学者做了专门研究。国内学者对于情感劳动的研究也主要集中于服务业、教育领域等。但也有一些学者将情感劳动的研究延伸到政府部门工作人员，如公务员，以及非营利组织从业人员等职业。

从研究结果看，国内外学者普遍对服务行业、教育行业、医疗行业等从业者工作中的情感劳动部分加以分离，认为这些职业具有较高的情感劳动比重。上述研究均肯定了情感劳动的重要性，以及肯定了情感劳动管理对提高职业效能和工作积极性的作用。积极的情感投入能有效地提高特定职业员工的绩效表现，从而为改进绩效提出了全新的思路。此外，这部分研究通常与客户满意度相联系，对于更好地理解客户满意度、提升客户满意度提出了改进建议。

有意思的是，较多学者认为教师是各种职业中情感劳动占

① 马冬玲．情感劳动——研究劳动性别分工的新视角 [J]. 妇女研究论丛，2010(3).

比最高或者说最强的，这恰与现有预测中教师职业难以被 AI 技术替代相吻合。笔者认为，对情感劳动的研究不仅有助于我们进一步认识工作本身，而且有助于我们思考就业的未来。

四、情感劳动的作用机理

鉴于情感劳动的重要性，在此我们将略加叙述现有的研究成果。明确了情感劳动的研究范围和研究对象，学者们也开始关注于情感劳动的作用机制，并更多地引起心理学界的关注，他们主要关注两个方面：一是情感劳动与组织的关系，研究情感劳动在组织、开发和管理中的作用；二是情感劳动如何对劳动者个体产生影响，研究的重点放在治理情绪表达的规则上，对员工在工作中的情绪进行管理。对第一类的研究，人们重视情感劳动在企业文化中的作用、领导风格对员工情绪的影响、团队气氛对员工情绪的影响等。尽管人们已经认识到组织对情绪劳动的影响，但是相关领域的研究还处于初始阶段，这也是今后研究的一个新方向。[①] 对于第二类研究，情感劳动与个体的关系一直是研究的重点，主要体现在与人格特质、情绪智力等前因变量及与工作倦怠、工作满意度等后果变量关系的研究。研究发现深层的情感劳动能够正向预测个人工作满意度、组织

① 毛晋平，莫拓宇 . 中小学教师心理资本、情绪劳动策略、工作倦怠的关系研究 [J]. 教师教育研究，2014（5）.

公民行为等变量，反向预测工作倦怠和离职倾向①。

第一，情感劳动对组织发展具有重要作用。情感劳动作为因变量，其前因变量主要有组织特征和工作特征、领导风格等。研究表明，在放任型的领导风格下，员工较多地采用浅层行为；在交易型和变革型的领导风格下，员工较多地采用深层行为②。冯延萍从资源要求和工作要求的角度分析情感劳动，研究结果与之前的研究保持一致，即组织越公正，员工的工作自主性越高，责任感越强，员工越容易采取与组织要求一致的情绪，能更好地完成组织工作③。情感劳动的结果变量，主要是指采取不同的情绪进行工作，会对组织工作的各方面产生影响。杨林锋、胡君辰的研究结果显示，深层行为和中性行为对工作满意度有显著的正向影响，浅层行为则相反④。这个结论在丁先存和郑飞鸿的研究中得到了进一步的验证。他们的研究结果显示，员工越是较多地采用深层扮演和真实情感表达，工作满意度越高，离职倾向越低；而员工越是较多地采用表层扮演，工作满意度

---

① 丁先存，郑飞鸿 . 情绪劳动对离职倾向的影响效应研究——基于工作满意度的中介效应模型 [J]. 华东经济管理，2016（6）.

② 刘朝，张欢，王赛君，等 . 领导风格、情绪劳动与组织公民行为的关系研究——基于服务型企业的调查数据 [J]. 中国软科学，2014（3）.

③ 冯延萍 . 工作要求——资源模型视角下公共部门员工的情绪劳动 [J]. 现代商业，2015（33）.

④ 杨林锋，胡君辰 . 工作满意对情绪劳动策略影响实证研究 [J]. 经济与管理研究，2010(11).

越低，离职倾向越高[①]。

第二，除了对与组织的关系，情感劳动对员工个人的发展也有重要影响。情感劳动不仅可以直接作用于情绪失调和工作满意度，而且可以通过一定的中介，对情绪衰竭和心理解脱产生影响。胡君辰、杨林锋采用实证研究的方法来研究情感劳动要求和情绪耗竭之间的关系，研究结果显示，专注度、规则性和严格性需要通过情感劳动要求这个中介效应来影响情绪耗竭，多样性则直接作用于情绪耗竭[②]。张莉等指出工作不安全感会引起员工的忧虑，无形中给了员工更多的压力，从而加速情绪耗竭[③]。龚会等人的研究肯定了心理解脱在工作和生活中的作用。在生活中，心理解脱能够提高生活的满意度。这个研究结果告诉我们要把工作和生活分开，学会释放压力。此外，情感劳动对员工个人的创造性也有重要作用[④]。

总的来看，一方面，情感劳动受组织文化氛围和组织特征的影响，反过来作用于组织的发展和组织绩效；另一方面，情感劳动也会调节劳动者个人的工作满意度和职业倦怠等因素。

---

① 丁先存，郑飞鸿．情绪劳动对离职倾向的影响效应研究——基于工作满意度的中介效应模型 [J]. 华东经济管理，2016（6）.

② 胡君辰，杨林锋．“情绪劳动”要求与情绪耗竭：情绪劳动策略的中介作用研究 [J]. 心理科学，2009（2）.

③ 张莉，林与川，张林．工作不安全感与情绪耗竭：情绪劳动的中介作用 [J]. 管理科学，2013（3）.

④ 杜鹏程，杜雪，姚瑶，王成城．雇员敌意与员工创新行为：情绪劳动策略与冲突管理方式的作用 [J]. 科技进步与对策，2017（12）.

五、情感劳动的异化

劳动的异化是马克思研究提出的一个重要命题。1844 年，流亡巴黎的马克思写下了《1844 年经济学哲学手稿》，其中首次提出了劳动异化论。马克思在其中写道，“劳动的这种现实化为工人的非现实化，对象化表现为对象的丧失和被对象奴役，占有表现为异化、外化”“工资是异化劳动的直接结果，而异化劳动是私有财产的直接原因”。

马克思的劳动异化论可以概括为四个方面：

第一，劳动产品的异化。马克思揭示了，劳动者生产的产品越多，并不会导致他们越富有，相反会使得劳动者越来越贫穷。因为产品的增加会导致产品的廉价。用中国作家叶圣陶先生的著名小说表达就是，“多收了三五斗”。产量的增加，对生产者来说并不一定会增加财富，反而可能加剧贫穷。

第二，劳动行为的异化。劳动产品被异化后，劳动者的生产过程就可能成为导致其不幸的根源。例如，电影《摩登时代》里的卓别林，在劳动中遭受身体和精神的双重摧残直至崩溃。在劳动的过程中，人的属性开始模糊，人的行为变得机械，最终丧失个体意志。就如电影里的夸张表现，离开了工厂的劳动者还是不断地重复着拧螺丝的动作。

第三，劳动主体的异化。劳动行为异化后，劳动者作为人的主体也开始异化。笔者的个人观点是，马克思是高度重视人的学者，其学说的核心是对人的认识以及对人的解放。因此，当人的意志丧失后，那么人这个主体实际已经被异化了。用马克思的原话说："劳动的这种现实化为工人的非现实化，对象化表现为对象的丧失和被对象奴役。"

第四，社会关系的异化。如果社会上一个个独立的个体都被异化了，那么不难理解社会关系的异化，人与人的异化。

之所以在此赘述各位读者可能已经知晓的马克思的劳动异化论，是因为笔者在研究后发现，一方面，情感劳动的异化研究延续了马克思的经典研究框架；另一方面，可以说是对马克思的异化论学说做出了新的拓展和贡献。

通过对情感劳动研究对象和作用机制的梳理，我们发现情感劳动对于组织和个人发展有着不可或缺的重要作用。但是，随着对于情感劳动的过度开发，也出现了情感劳动的异质化，这也引起了学者的关注。学者们在分析异化表征、探求原因的同时，也在寻求解决之道。

当社会已经从生产性的社会转变为服务性的社会，服务、消费和娱乐成为日常生活中相当重要的活动领域，许多工作需要对情感规则细致理解以及出色的情感演出能力，人与人之间的情感日益呈现出商品化、符号化和职业化的特征。市场由此渗入人类最为隐秘的情感生活中，压抑了人性中的本能、直觉和真实情感，孤独、恐惧、焦虑、疏离和不安全感在社会范围内空前膨胀[①]。

情感劳动的异化主要表现在情感异化。情感劳动的关键在于整饰情感。个体遵守社会规则来表达自己的情感，不仅如此，社会组织还会制定一套情感体验与表达的标准来培训和管理工作者的情感劳动。例如，航空公司的目的在于以工作者的情感代价来获取利润。即使个体经过了良好的情感社会化过程，也可能会出现情感状态与情感规则冲突的情况。情感整饰策略的成功运用，可以解决冲突；而失败的情感整饰，则可能会导致情感的脱轨与异化。行动者有时候不能有效地控制自己的情感使之适应情境，这会导致情感脱轨的状态。当某些被展现的情感一次又一次地与内在情感分离，自我分裂以及不真实的感觉就可能会出现。特别是当人们的情感被用于商业目的，成为商品，情感整饰不再是私人的行动，而是成为获得价值的工具时，这种情感已被异化了[②]。

随着职业领域和私人领域的分化，人们的私人感情生活一步步被排挤到社会生活的边缘甚至后台，职业越来越成为影响人们情感行为的主要因素。对情感劳动异化的批判针对的是现状，目的是力图寻找如何摆脱生存焦虑和恐惧等情感因素、如何在更高层次上张扬自身的情感价值等，尊重劳动群体的情感

① 王鹏．消费社会的情感劳动及其异化 [J]. 云南民族大学学报（哲学社会科学版），2013，30（4）．

② 董宏鹰．论情感劳动异化的三重维度 [J]. 中州学刊，2014（8）．

价值，使劳动者自身的本真情感、创造性潜能和内在主体性品质得以健康地正常发挥、实现和发展。情感作为对自由、幸福和快乐的精神追求，它既可以内化为人维护公正行为的驱动力，也可外化为彰显自由的道德规范的防火墙。以空乘行业为例，乘客对空姐劳动支配的作用体现在控制和监督两方面。对空姐的控制并不仅仅局限于劳动过程，更是纵深化延伸至选拔和培训环节，此时个人的自主性在个人情感投入和抗争中就得以体现，即使作用有限①。因此，在对抗情感劳动异化时，劳动者自身应该充分发挥个人的自主性以对抗“不真实”的情感付出；此外，组织也应该关注劳动者的身心健康，避免情感耗竭，工作动力下降。

六、情感劳动的策略研究

在对情感劳动的研究中，学者们提出了各种策略，如对中小学教师情绪劳动的策略研究、工作满意对情绪劳动策略的影响、情绪劳动策略的中介作用、情绪劳动策略与冲突管理方式的作用等。国内外对情绪劳动策略的研究相当广泛，主要可以分为对情绪劳动策略影响因素的研究和对情绪劳动策略影响效果的研究。情绪劳动策略影响效果的研究通常与情绪劳动的行

① 李晓菁，刘爱玉．资本控制与个体自主——对国内空姐情感劳动的实证研究 [J]. 妇女研究论丛，2017（5）.

为产出结合在一起，二者具有重叠性，这里不加赘述，将在下文进一步阐述。

（一）员工的情感劳动策略

不同人格特征的员工，由于在调整情绪表达需求上存在差异，所以往往会选择不同的情绪劳动策略。已有实证研究表明，外倾性与自动调节策略正相关，组织的情感劳动策略与表层扮演策略负相关，但是与深层扮演策略之间的关系还存在分歧。有研究发现，外倾性与深层扮演正相关，也有研究发现他们之间的关系不显著；神经质虽然与自动调节和深层扮演策略关系不显著，但是与表层扮演策略具有显著正相关。①

根据资源保存理论，员工可以分为积极情绪员工和消极情绪员工。这两类员工的差异在于所掌握的情绪资源的多少，因此他们也会采取不同的情感劳动策略。积极情绪的员工掌握更多的情绪资源，情绪智力更高，因此他们更加关注新资源的获得，对资源流失的关注程度往往较低。高情绪智力的员工一般倾向于选择深层扮演策略。而消极情绪员工由于情绪资源更少，害怕失去，则往往采取表层扮演策略。这两种策略也会影响员工的绩效表现，可以想见，积极情绪的员工能够获得更好的工作业绩，从而进一步强化他们的行为。

---

① 任庆颖，张文勤．国外情绪劳动策略最新研究进展评述 [J]. 华东经济管理，2014（3）.

上述对员工的情感劳动策略研究也拓展到了公务员。研究发现，公共部门雇员的情绪劳动策略会受到服务动机的影响。公共服务动机包括三个维度：政策制定对雇员的吸引力、雇员对公共利益的承诺以及雇员对服务对象的同情。[①]研究发现，公共部门雇员的服务动机越强，越倾向于使用深层扮演策略，而不是表层扮演策略。就具体维度而言，政策制定对雇员的吸引力越大，雇员就越倾向于使用表层扮演；雇员对服务对象的同情程度越高，就越倾向于使用深层扮演策略，而不是表层扮演策略；而雇员对公共利益的承诺与情绪劳动策略的关系则不显著。

（二）组织的情感劳动策略

“组织情绪表达规则”是指组织设定的与特定的工作或职业相关的情绪表达规范或标准。在服务型工作中，员工一般被要求表达积极情绪，抑制消极情绪，所以组织情绪表达规则可以分为表达积极情绪规则与抑制消极情绪规则两个维度。已有研究表明，表达积极情绪规则对表层扮演具有显著正向影响，对深层扮演也具有显著正向影响。[②]而抑制消极情绪规则对表层扮

① Hsieh C W，Yang K，Fu K J.Motivational bases and emotional labor：Assessing the impact of publicservice motivation [J]. Public Administration Review，2012，72（2）：241–251.

② Gosserand R H. Diefendorff J M.Emotional display rules and emotional labor：themoderating role of commitment [J]. Journal of Applied Psychology，2005，90（6）：1256–1264.

演具有显著正向影响，但是对深层扮演的影响不显著。

服务型工作需要员工与顾客频繁接触，员工需要经常表达组织要求的情绪，从而有更大的需要来进行情绪调节。如果员工在与顾客交往中需要根据不同情境来表现出多样性的情绪，那么就需要更多的努力来调节情绪表达，从而也会采取更多的情感劳动策略。而当员工与顾客的交往是例行性活动时，员工往往采用最简单的应对方式，也就是仅仅从表面上表现出符合组织要求的情绪，而进行深层扮演的动机不够强烈。[①] 当工作要求员工与顾客持久交往时，员工往往会获得更多的顾客信息，与顾客的关系也会更加密切，从而更加可能表现出自己的真实情绪，因此更易违背组织情绪表达规则，所以员工一般会选择深层扮演来调节自己内心的真实感受，使之与组织要求表达的情绪相一致。“组织支持感”是指员工因组织关心自己并重视自己的贡献而产生的一种感受。已有实证研究发现，感知组织支持对深层扮演策略具有显著的正向影响，但是对表层扮演策略具有负向影响。

① 任庆颖，张文勤 . 国外情绪劳动策略最新研究进展评述 [J]. 华东经济管理，2014（3）.

第十五章　数字劳工

从全球来看，工业经济正在向数字经济转型，其背后更宏大的视角是工业社会正在向信息社会转型。随着互联网行业和信息科技的飞速发展，数字技术渗透到生产和劳动过程以及日常生活的方方面面。互联网与信息技术的进一步发展使信息流通与大数据收集的程度、范围迅速扩大，并且与物联网的对接更使得人们的生活全方位数字化。信息化的时代，从受众用户到数字劳工，工作和休闲的边界日渐模糊，无处不在的数字信息技术使休闲时间变成数字劳动。数字劳工已不仅包括“水军”、网络主播、滴滴司机等基于互联网交互技术形态应运而生的产物，还包括我们使用互联网的每一个人。

随着国家发改委发布《关于发展数字经济稳定并扩大就业的指导意见》，我国通过数字经济稳定和扩大就业的战略已经确定。但我们不禁要问，什么是数字经济中的就业？是否存在数字劳工？数字经济真的能够发挥稳定就业、创造就业的作用吗？对于这样的新兴事物，答案显然并不清晰，在本文中，我们也秉持探索的态度寻找可能的答案。

一、劳动的数字化转型

中国在积极发展数字经济，但数字经济并非全是新兴产业，事实上，在中国数字经济最大的发展空间恰恰可能在传统产业。据媒体报告，中国的制造业数字化转型已走在世界前列，有报告称我国不同程度开展数字化转型企业的比例达84.9%。而一些专家的观点是，中国的新经济并非喧嚣一时的分享经济，而是率先完成数字化转型的企业。

制造业内有句广为流传的话："数字化转型不是选择题而是生存题。"2016年9月，在我国杭州召开的G20峰会共同通过了《二十国集团数字经济发展与合作倡议》，确定了我国全面建设数字化社会，发展数字经济的方向。信息技术咨询公司IDC发布的《2018中国企业数字化发展报告》显示，我国数字经济占GDP的比重在2017年已经达到32.9%，规模达27.2万亿元，且我国数字经济增速将近20%，居世界前列。

数字经济对就业的贡献已经十分明显。据中国信息通信研究院发布的《中国数字经济发展与就业白皮书（2019）》的数据：2018年，我国数字经济领域就业岗位为1.91亿个，占当年总就业人数的24.6%，同比增长11.5%，显著高于同期全国总就业规模增速。可以说，在我国，数字经济对稳定和扩大就业的作用已经得到证明。

当普通读者在担忧人工智能对制造业的影响，感叹无人工厂时，制造业内的热门话题则是制造业的数字化转型。按照国务院发展研究中心课题组 2018 年 3 月发布的《传统产业数字化转型的模式和路径》(*Digital Transformation of Traditional Industries: its Pattern and Path*) 中对数字化转型的定义，是指利用新一代信息技术，构建数据的采集、传输、存储、处理和反馈的闭环，打通不同层级与不同行业间的数据壁垒，提高行业整体的运行效率，构建全新的数字经济体系。[①] 其特点是数字化灵便组织、数据驱动、主动颠覆和数字化风险成为托起企业数字化的四大基石，带动企业快速成长。

自 2017 年起，市场研究机构 IDC 创办了“IDC 中国数字化转型年度盛典”，该奖项 2018 年颁给海尔互联工厂。海尔的互联工厂，通过对传统生产模式的颠覆与升级，打造了按需设计、按需制造、按需配送的互联工厂体系。建立了车间物联网、信息通信网、售后产品服务网三网融合的网络通道，使整个制造过程实现高度的柔性，满足个性化定制的需求。互联工厂颠覆了传统制造业的订单生产模式，建立了用户、设计师、供应商等相关方基于网络互动协同的生产运营模式，在实现个性化定制的同时，完成了企业运营模式的重大转型。

---

① 国务院发展研究中心课题组 . 传统产业数字化转型的模式和路径 [R].http://cdf.cdrf.org.cn/jjh/2018/pdf/mshlj.pdf，2019-6-2.

当传统的制造业向着数字化转型的时候，我们不禁要问，劳动者需要数字化转型吗？劳动关系会向数字化转型吗？对此我的答案是：劳动者的数字化转型已经开启。举一个生动的例子——李佳琦。如果笔者问各位读者，你们知道李佳琦吗？保守估计，十有六七的读者会举手说，我知道呀，那个“Oh my god”呀，那个“买它”呀，那个“带货王”呀。可是，如果笔者半年前问这个问题，大概没有人会举手吧。

读者们可能会问，李佳琦和劳动者的数字化转型有什么关系呢？那么你有多久没有去实体百货公司逛街了？你是不是在地铁上、座椅上、床上随时网上逛街，还有多少东西你无法通过手机购买呢？从百货公司到网上商城，这是百货业的数字化转型。这个过程，总让我想起左拉的小说《妇女乐园》。我不知道如果让左拉来写李佳琦的故事，他会从哪里写起，而我要从百货公司写起。李佳琦作为男性，以卖化妆品给女性为业，在左拉的年代这是不可想象的。作为曾经的化妆品专柜导购员，这是他职业生涯的开始，而现在他每天在网络平台销售化妆品。

这份网络直播的工作似乎和他原来干的化妆品导购差不多，不都是卖化妆品吗？但笔者要说，它们不一样。高耸的百货公司与街边的小杂货店一样吗，不都是卖东西吗？但它们不一样，是完全不同的业态。所以，这种通过网络平台销售的行为和传统的百货公司不同，它们是数字化转型的零售业。李佳琦不只是证明了他一个人的成功，还证明了一种全新业态的可行性。

在左拉的小说里，导购小姐就已经存在。成为百货公司的导购小姐曾经是一份十分体面的工作，永安公司的康克令小姐已经成为导购员的传奇。

从商场化妆品专柜导购到网络平台化妆品直播导购，李佳琦完成了他的工作转型。在实体经济的数字化转型过程中，越来越多的工作也不得不随之转型。与或许还太遥远的机器人取代人类工作相比，工作的数字化转型正在你我的身边发生。又或许你的手机里已经安装了“某 Ding”的 App，这就是你的工作数字化的一小步。

二、数字劳工的两种定义

数字劳工（Digital Labor），最早提出这一概念的是传播学，更准确地说是传播政治经济学，在迄今可查的各类文献中，主要的贡献还在于传播学学者的研究。自 20 世纪，互联网技术兴起后，在互联网中出现的一系列新问题，被传播学学者敏锐地发现，并已经拓展为一个相对独立的研究领域。在研究过程中，传播学不仅提出了数字劳工的概念，还运用传统理论深入剖析了这一劳动过程，但笔者在此必须强调的是，传播学概念中的数字劳工与劳动关系学中的概念并不一致，相去甚远。

(一)传播学的发现

传播学最早观察到在互联网中出现了一种独特的现象,消费者与生产者的身份混同了。在传统经济理论中,虽然也存在生产者与消费者同时存在于个体身上,但互联网的混同是同步的。举个典型的例子,当你在闲暇时浏览微博或微信,你有感于内容为作者点赞,甚至在留言区发表了观点时,你既是一个信息的消费者,也是信息的生产者。这种高度的、同一时间的混同,在传统经济中并不明显。在传统经济中,你可能上班时间是一个生产者,下班后是一个消费者。但你很难同时是一个生产者和消费者,而互联网使得两者的界限模糊了。为了更好地解释互联网的传播特点,传播学从人的角度切入。但我要再次向读者强调的是,传播学使用的劳工或劳动者概念恐怕与各位读者的理解不尽相同。

即使在传播学领域内部,不同的学者也提出了各自不同的定义和概念。本文试列举其中部分较有代表性的观点。

1.免费劳工

女性学者塔拉诺娃(Terranova)关注于研究数字时代用户媒介使用行为。在其2000年发表的《自由劳工:为数字经济生产文化》(*Free Labor: Producing Culture for the Digital Economy*)一文中首次提出了免费劳工的概念。

这一概念抓住了互联网用户行为的突出特点——免费。从生产文化或者说信息的角度，互联网用户的生产过程是免费的，是没有报酬的，因此塔拉诺娃把互联网用户称为免费劳工。

塔拉诺娃认为数字经济是“资本尝试从知识、文化和情感中创造货币价值经济试验的一部分”，而我们以情感和满足为由的信息共享活动正是“数字经济创造价值的基础”①。“在早期的虚拟社区里，这些劳工是免费的，他们建设一个网络社区，劳动是没有大量经济作为补偿的，作为交换的是交流的快乐”②。她认为“互联网时代的劳动问题不能仅仅用资本家剥削这样的逻辑来分析……网奴也不仅仅是互联网的一种劳工形式，他们更是一种复杂的劳动关系”。她的观点很容易让人联想到互联网的特点之一——免费模式。甚至有学者提出互联网是一种免费经济学的说法。两者都从互联网这一重要特征入手。

在这篇论文中，塔拉诺娃也提到了数字劳工一词，强调了其在互联网工厂中的工作连续性以及知识工作的不断退化。遗憾的是，作者并未就数字劳工做出清晰的定义。

我国学者孔令全认为数字信息技术的发展改变了劳动的组织形态，生产组织方式的变化促进了雇佣关系的转型，大多数网民是在没有雇佣关系和社会保障的条件下随时随地为网络平

① 李彩霞，李霞飞．从用户到数字劳工：社交媒体用户的传播政治经济学研究 [J]. 现代传播（中国传媒大学学报），2019（2）.

② Terranova, Tiziana. Free Labor: Producing Culture for The Digital Economy/5 Text, 2018（2）:33-35.

台生产大量数据资源。他将这些数量众多的网民称为网奴，网奴在满足欲望的同时不断为网络资本生产数据商品，但很少甚至没有从网络经济的发展中获得公平合理的经济回报[①]。我国学者提出的网奴概念参考了免费劳工的定义，即在互联网的使用过程中免费生产数据。但我国学者在文中提出关注数字劳工的劳动保障机制，并从宏观层面提出了三条路径研究数字劳工的劳动保障，则似乎并未充分注意到传播学中免费劳工所指对象，互联网用户与劳动保障的对象劳动者之间的根本区别。这也是本文反复赘述两个学科体系概念使用的区别，以免误导读者的原因。

2. 游戏劳工

游戏劳工，也译为玩工（Playbour），这个概念看着就好玩，这是用英语玩耍（play）与劳工（labour）合并创造出的一个生造词。阿尔斯特大学的学者尤里安·库克里奇（Julian Kucklich）是这个词的发明者，在其撰写的《不稳定玩工：游戏模组爱好者和数字游戏产业》一文中创造了这个词。

库克里奇所谓的游戏劳工是指，“他们花费大量时间精力在网络游戏里，沉迷的同时，不知不觉地免费为游戏商吸引了更多用户，创造了更多内容，改善了更多服务……改编者作为免费玩工，其不稳定性在于他们既不是受到财务方面的驱动也不

① 孔令全. 数字时代网络劳资关系构建的路径选择 [J]. 劳动保障世界，2017（33）.

受强迫，但却被纳入游戏开发商的生产体系之中，这使得他们的活动无法用传统的工作或休闲归类。[①]”

库克里奇的概念与塔拉诺娃免费劳工的相同之处是从互联网用户行为的特点出发，但两者显然侧重点不同。库克里奇强调互联网用户的行为特征是玩耍、游戏，这当然也与传统的生产方式不同，因为传统生产的过程是严肃的，甚至是枯燥的，生产者在劳动过程中是缺少快乐的，而游戏劳工不同，他们从事着自己喜欢的工作并沉溺其中。

3. 自我程控劳工

在传播学诸多有关数字劳工的概念中，曼纽尔·卡斯特（Manuel Castells）的研究可能是最接近劳动关系学范畴的，他从传统劳动的形态出发，对互联网用户的生产加以区分，他2005年在《新型网络社会》（*The Network Society*）一文中，提出了自我程控劳工（self-programmable labor）的概念。

其研究首先是对传统劳动形式进行定义，卡斯特把从事传统工作的劳动者称为原始劳工（Generic Labor）。在他的表述中，这部分原始劳工由于在工作中不使用互联网媒体，相对收入较低，主要从事体力劳动。而与之相对的则是自我程控劳工，这部分劳工会用网络科技自我增值，且在相当程度上内化了利

① Kücklich，J.，“Precarious playbour：Modders and the digital games industry”，Fibre Culture，5，Available：http：//www.journal.fibreculture.org/issue5/kucklich.html.

润最大化的资本原则，但他们仍不拥有自己工作所需的生产资料，仍要靠出售劳动时间取得收入，因此仍是劳工①。其实，按笔者的理解，换一个我们今天更为熟悉的网络用语，卡斯特所谓的自我程控劳工接近于互联网民工的提法。

相对于免费劳工和游戏劳工的概念，自我程控劳工的概念已经较为接近本文想要探讨的数字经济中的劳动者的概念。自我程控劳工与其他概念的差别在于，并未泛化劳工和劳动。无论免费劳工还是游戏劳工都对互联网用户产生数据或信息的行为做了扩大理解，从一个广泛的角度认为，凡在互联网使用过程中创造出新的数据的行为都是劳动。这显然与我们日常使用的狭义劳动，即个体赖以生存的有偿、职业劳动行为存在本质区别。

4. 网络劳工

长期从事新闻传播研究的香港中文大学邱林川教授，是我国较早关注数字劳工问题的学者。他较为系统地总结了西方数字劳工研究的成果，并通过对珠三角地区富士康等电子制造企业的实地调研，尤其是对富士康等电子制造企业的研究，提出了网络劳工的概念。

这一概念与福克斯对数字劳工广义的内涵是一脉相通的，

---

① 曹晋，赵月枝主编. 传播政治经济学英文读本（全二册）[M]. 上海：复旦大学出版社，2007.

都包括制造、维护网络物质基础的劳工和无偿生产信息的劳工。作者提出的网络劳工概念及其涉及的劳工问题指出了未来的研究方向，对于国内后续的研究产生了很大的启发。

2016 年，邱林川教授出版了《告别 i 奴》(*Goodbye iSlave*) 一书。书中在其原有研究的基础上，进一步提出了 i 奴 (iSlave) 的概念，i 奴既包括电子制造业工人，也包括使用电子产品不能自拔的“微博控”和其他形形色色的数码劳工[①]。数码劳工指劳工在消费第一种 i 奴生产产品的同时，自己也生产出新的“白糖”，即用户生成内容 (User-generated Content)。可见，i 奴一称与网络劳工其实没有实质区别，只是同一群体在不同视角下的定义。与网络劳工的定义相比，作者对 i 奴的阐述更进一步，在关注他们的生产过程之外，更加重视消费，特别是虚拟空间里的生产性消费行为，并因此将 i 奴分成生产和消费两种类型。

5. 数字劳工

在传播学领域，数字劳工的定义获得较为普遍认可的是克里斯蒂安·福克斯 (Christian Fuchs) 提出的。他在《数字劳动与卡尔·马克思》(*Digital Labour and Karl Marx*) 一书中的界定是:“数字劳工是电子媒介生存、使用以及应用这样集体劳动力中的一部分，他们不是一个确定的职业，他们服务的产业定义

① 邱林川 . 告别 i 奴 : 富士康、数字资本主义与网络劳工抵抗 [J]. 社会，2014 (4).

了他们，在这个产业中，他们受资本的剥削。[①]"福克斯认为，数字劳工不仅包括社交媒体的用户，而且还包括数字媒体各个生产环节上的人，如数字设备金属材料的开采者、组装工人等。福克斯被认为是数字劳工研究的集大成者，他的观点得到了该领域绝大多数学者的支持。

我国传播学学者受国外学者研究的影响，近年来对数字劳工的研究逐渐增多。同时，我们对这一概念的理解也受到国外研究较大影响。学者吴鼎铭长期专注数字劳工研究方面，他认为数字劳工包括社会化媒体平台上的网民、商业化信息分享网站的网民、商业网站的网络写手与网络游戏产业的玩家。他们都被互联网公司纳入资本循环与增值的社会工厂之中，成为资本生产与再生产中的重要一环[②]。互联网产业正费尽心机，企图将网民的一切行为纳入互联网市场领域，成为资本拓展与累积的核心要素。而被劳工化与商品化的网民在缺乏劳动制度与分享机制的虚拟世界里，不断遭受着互联网产业的层层剥削。吴鼎铭的研究多借助数字劳工理论分析实际问题，对于理解大数据、公民记者等概念提供了新视角。汪金汉以传播受众为切入点，回顾了传播学界从受众商品到数字劳工的范式转变与理论逻辑，分析了传播学史上的数字劳工之争。他认为福克斯的定

① Fuchs C.Digital Labour and Karl Marx. New York: Roultedge，2014.

② 吴鼎铭，石义彬．"大数据"的传播政治经济学解读——以"数字劳工"理论为研究视角 [J]. 广告大观（理论版），2014（6）.

义很大程度上受斯迈思受众商品理论的影响，在研究中也主要采用了福克斯对于数字劳工的定义[①]。

近年来，除了以上直接针对社交媒体数字劳工群体展开的研究，关注其他传播领域的数字劳工的研究也层出不穷。如张斌[②]（2017）研究中国字幕组，指出以无名联合、跨域流动、弹性自愿、免费劳动、协同共享为核心的字幕组文化与劳动，既体现了网络时代数字劳动的工作特点与劳动性质，也体现了共产主义工作伦理；浦秋霞[③]（2018）、刘皓琰[④]（2019）等学者聚焦于玩工群体，这些研究沿着库克里奇的定义，对游戏产业的数字劳工进行深入的研究。他们认为玩劳动具备生产性劳动的特征，其价值量也仍然可以用社会必要劳动时间来衡量。两种形式的玩劳动使得玩工一方面可以在休闲活动中创造娱乐产品的附加产品；另一方面可以使休闲活动本身成为产品，由此产生了资本对玩工进行价值剥削的两种方式。

（二）模糊的数字劳工定义

与传播学内已经形成的相对达成共识的数字劳工概念不同，

---

① 汪金汉．“劳动”如何成为传播？——从“受众商品”到“数字劳工”的范式转变与理论逻辑 [J]. 新闻界，2018（10）.

② 张斌．中国字幕组、数字知识劳（工）动与另类青年文化 [J]. 中国青年研究，2017（3）.

③ 浦秋霞．网络游戏支配的玩工——以手游“阴阳师”为例 [J]. 视听，2018（9）.

④ 刘皓琰．玩劳动与玩工的剥削机制研究 [J]. 天府新论，2019（1）.

我国政府的官方文件、劳动关系学科对这一概念还处于混沌的状态。目前也存在诸多其他概念与数字劳工有所关联，本文对最常见的几类加以介绍。

1.数字人才

目前，官方主要使用的概念是数字人才，如在国家发改委的《关于发展数字经济稳定并扩大就业的指导意见》中提出，“前瞻性地加强数字人才培养培训”“数字人才规模稳步扩大”。按照该文件的规定，可以将数字人才理解为数字领域相关专业人才，包括数字经济范围内的新工科专业与数字领域的新兴专业，如计算机科学、数据分析与其他专业学科间的交叉融合专业，以及互联网、物联网、大数据、云计算、人工智能等相关专业的人才。在这样一种新型经济运作模式下，新的工作关系和工作职业随之出现，如人工智能工程技术人员、物联网工程技术人员、数字化管理师、电子竞技员、无人机驾驶员等。

学者毛献峰等提出，为满足数字中国发展对通信电子类人才的需要，应将数字人才意识融入通信电子类高校的人才培养之中，其对数字人才的理解主要还是通信电子等专业的高学历人才。南京航空航天大学数字人才研究中心主任王修来教授认为，数字人才是伴随着互联网时代的到来而兴起的新概念，它并不是特指某类某种人才，也不是对人才类型的一种划分，而是新时代下人才管理的理念变革和思路创新。[①] 王教授已率先出版了《数字人才概论》一书。

从人才一词就不难发现，数字人才指的是在数字经济领域中掌握高端技能，受到较好教育的群体。但是，这一概念并不能涵盖数字经济领域中的所有劳动者。从文件的名称“发展数字经济稳定并扩大就业”的角度理解，如果这一领域仅仅为高端人才提供就业岗位，其能够稳定整体就业并扩大就业的作用则必定有限。高端人才即使没有数字经济也能获得更多就业机会，笔者认为数字经济更需要为低技能群体提供获得就业的机会，方能成为稳就业的重要手段。

2. 知识劳工

知识劳工（Knowledge Workers）的概念可以追溯到管理学的祖师爷彼得·德鲁克那里，“现代管理学之父”1975 年的文章里就提出了知识型员工（Knowledge staff）的概念。在笔者看来，德鲁克大师简洁明了的语句“知识型员工就是那些掌握和运用符号和概念，利用知识或信息工作的人”，至今也不过时。这个概念既看到了就业的未来，也抓住了这类员工的本质。

而知识劳工这个概念现在一般认为来自一本 2009 年的论文集《信息社会的知识劳工》，由加拿大传播政治经济学教授文森

① 王修来，张玉韬，吴中中．数字人才助推企业、行业的转型变革——以人力资源管理为例 [J]. 现代商业，2019（6）.

特·莫森和他的妻子主编。这本书由于作者不同，内容庞杂并不统一，既有传播学的研究，如“新媒体能作为一种新生产方式吗？”，也关注传统劳工问题，如“全世界的高科技工人们，联合起来！关于华盛顿技术工人联盟‘新工会主义模型’的案例研究”。该书更多地讨论了媒体知识劳工。

当然，莫森教授的这本论文集的发表还是影响了我国学者，我国对知识劳工的相关研究也主要集中在新闻、传媒领域。例如，姚建华老师的《新媒体语境下众包新闻生产中的弹性雇佣关系研究》一文与曹晋等老师的《传播新科技与都市知识劳工的新贫问题研究》一文，在使用知识劳工时基本指媒体知识劳工。

而孙萍老师运用知识劳工的理论框架分析了中国的 IT 程序员，主要采纳了理查德·巴布鲁克（Barbrook，1998）的观点，新型技术的普及和对知识劳工的征用是数字经济时代的重要特征。这部分学者对知识劳工概念的使用，可以说承接了德鲁克开创的学术传统，并结合了数字经济的时代背景。

3. 新就业形态从业者

新就业形态从业者、新业态从业人员等概念近年来已经成为官方用语，如人力资源和社会保障部 2017 年第四季度新闻发布会提出，将对新业态从业人员等重点人群实施精准扩面。此后，在人力资源和社会保障部举行的 2018 年第三季度新闻发布会中又明确表示："人社部将以快递业为切入点，积极探索建立新经济新业态从业人员职业伤害保障制度。"2019年，成都市出台了《促进新经济新业态从业人员参加社会保险的实施意见》。可以说，新就业形态从业者已经成为对当前新的经济领域出现的一系列就业的统称。

尽管形成了一个概念，但事实上新就业形态从业者的构成多种多样。不少学者从这类新就业的共性出发，较多学者从共享经济入手。甘春华等认为，共享经济模式下的劳动关系不符合传统劳动关系界定的法律标准，该模式下的劳动关系在法律意义上更具模糊性，导致劳动者的劳动权益缺乏保障[①]。夏莹认为，劳动者在共享平台上所实现的灵活性或自由劳动模式，从未改变劳动者在资本逻辑当中的结构性压迫与剥削的本质[②]。部分学者从平台经济的角度入手。吴丽萍认为，对于不同情况下网约车平台与专车司机二者之间的劳动关系，应该针对具体情境下平台与司机之间的关系进行具体认定[③]。

---

① 甘春华，周志宁．共享经济模式下劳动关系的变异、影响及规制——以广州滴滴出行公司为例 [J]. 工会理论研究（上海工会管理职业学院报），2017（6）.

② 夏莹．论共享经济的"资本主义"属性及其内在矛盾 [J]. 山东社会科学，2017（8）.

③ 吴丽萍．"互联网 +"背景下专车用工模式劳动关系的认定 [J]. 经济论坛，2016（5）.

三、数字劳工的批判与肯定

如果对传播学中的数字劳工概念及劳动关系领域中的概念加以比较，会发现两者存在显著不同。从主体看，传播学的数字劳工范围极其广泛，可以包含所有互联网的使用者。即一个在抖音上发布视频的农民，也是传播学上的数字劳工。而在劳动关系学领域中，数字劳工的群体范围要小得多，其所指的是数字经济领域中的就业者。因此，传播学认为的数字劳工的重要特点——免费，在劳动关系学科中是不存在的。如果生产过程是免费的，那就不成为劳工，而是志愿者。此外，传播学认为的消费—生产一体化过程，也不被劳动关系学认可，因为生产与消费的过程还是分离的。事实上，两个学科在认识上的不同还不尽于此，传播学中相当部分的学者采取了批判主义的态度，而劳动关系学者则相对积极。

（一）马克思理论的传播学复兴

自马克思提出其劳动理论后的近两百年间，这个系统就是劳动关系研究的主流，并在每一代学者手中不断发展。1977 年，经济学家达拉斯·斯迈思发表了《传播：西方马克思主义的盲点》一文，进一步扩展了马克思的劳动理论体系，他将受众视为一种商品，并且正是这种商品化的过程将观众的观看行为和消费行为视作一种数字劳动。例如，受众观看广告的过程即创造受众需求的商业过程，这一过程促进了商品流通过程中分配与消费这两个环节的缝合[①]，因此受众被打包为一种商品被媒体出售给广告商。到了互联网发达的时代，互联网产业在传播技术与产业运作层面更进一步，将个体网民的传播、交往行为纳入生产过程中，将其转化为商业资本增值的数字劳动[②]。传播学沿袭了这一学术传统，将受众商品发展成了数字劳工。

进入互联网时代，对网络媒体时代受众的政治经济学分析得以延续。达拉斯·斯迈思所提出的受众商品论思想对于数字劳工论的形成影响重大。他认为，“人们除了睡觉的时间，其余时间都在劳动，都在创造价值。而在劳动的同时，也在消费媒介所提供的内容，甚至转化成为现实的购买能力”。[③]21世纪以来，尤其是2008年经济危机以后，西方对于马克思主义的研究再次复苏，使得运用马克思主义政治经济学概念来分析数字化媒体环境下的受众问题的文章日益增多，这些研究继承了受众商品论的理论基础，并结合当代网络环境下的受众情况，对受众理论进行了扩展。可见，数字劳工的概念化过程吸收了很多理论方法，包括马克思理论、斯迈思的受众商品化理论、批判

① 吴鼎铭，石义彬．社交媒体“Feed广告”与网络受众的四重商品化[J]．现代传播（中国传媒大学学报），2015（6）．

② 吴鼎铭．网络“受众”的劳工化：传播政治经济学视角下网络受众的产业地位研究[J]．国际新闻界，2017（6）．

③ Symthe.D.．传播：西方马克思主义的盲点，冯建三译．岛屿边缘，1992（4）．

理论、政治经济学以及劳动过程理论。

在对马克思理论的继承和发展中，传播学学者对数字劳工的出现提出不少批判性研究。2014 年，英国学术期刊《传播、资本主义和批判》组织刊发了题为《全世界哲学家团结起来，理论化数字劳动和虚拟工作》的论文集。其中，克里斯蒂安·福克斯详尽地阐述了西方马克思主义数字劳动批判性理论。福克斯认为，信息资本主义是一个对抗性的系统，统治阶级和斗争的新潜力借助信息化和跨国化两大因素同时产生。商业资本以异化、强迫性、“Produser”（意为用户与生产者的集合体）的双重商品化这三种途径将用户转化为数字劳工并进行剥削，由此产生了异化，即平台的拥有者为互联网公司而不是用户本身，互联网公司利用平台赢取大额利润。并且，它具有强迫性，人们会迫于社交媒体社会认同焦虑而被迫使用互联网。而“Produser”的双重商品化，导致使用者自身和使用者所生产的信息同为商品[①]。

在各种批判性观点中，被较多学者采纳的是“非雇佣剥削”。刘皓琰博士认为，平台经济中的价值剥削已经突破了雇佣劳动制度的范畴，剥削的深度和广度进一步提升，更多的普通用户作为免费劳工被纳入资本的剥削体系之中。在这种局面下，网络平台也应当成为数字劳工反抗资本剥削的重要工具。[②]

① Fuchs C.Digital Labour and Karl Marx. New York: Roultedge，2014.

② 刘皓琰 . 信息产品与平台经济中的非雇佣剥削 [J]. 马克思主义研究，2019（6）.

安德烈·维克认为，重要的是阐明自愿参与和商业剥削之间的关系。他结合福柯的权力监视的框架，提出互联网中的新的资本生产要素：监控。“监控成为价值链条中的一个重要因素”，“用户活动的信息成为营销以及生产过程中的一个入口。”[①]对用户信息的监控成为新的经济剥削形式，虽然用户拥有一定生产意义的自主权，但这些权利仍旧处于媒介、公司或政府的监控之下。

汪金汉运用数字劳工理论解释中国近年来走红的网络直播现象，作者使用福克斯提出的三种剥削方式，论证了直播平台直接剥削着主播与观众：签约主播相当于将自己的劳动力卖给了直播公司，受到直播公司的控制，公司有权在其人气下滑时改签合同；未签约主播耗费无数心血博人眼球，很大程度上却是在为平台吸引观众，主播的努力成为“诱饵”，虽然拿着或多或少的报酬，但实际仍受到直播平台的剥削；而观众创造的数据以及弹幕数量，都构成了一种虚拟的人气的指标以供公司精准兜售广告，也为线下的粉丝经济创造了基础[②]。

学者周延云和杜晓芬认为，传播学政治经济批判学派近年来的学术活动和研究成果受到较为广泛的关注。一方面，聚焦数字信息时代新的劳动形式——数字劳动，批判信息资本主义

① Andrejevic.M. “Exploitation in the data mine” . Internet and Surveillance：The Challenges of Web2.0 and Social Media，2012，pp.71–88.

② 汪金汉 . 劳动如何成为传播？——从受众商品到数字劳工的范式转变与理论逻辑 [J]. 新闻界，2018（10）.

生产和资本积累，提出跨国信息与通信技术（ICT）资本不仅剥削雇佣劳动，而且剥削非雇佣的无酬劳动，即互联网用户免费劳动的生产方式；另一方面，运用马克思的劳动价值论、剩余价值理论对数字劳动进行唯物史观的阐析。① 上述观点较为全面地概括了传播学的研究框架和主要观点。

（二）积极拥抱数字劳工的劳动力市场

与传播学的批判态度不同，劳动关系学的总体态度还是比较积极的。有学者认为，数字经济是继原始经济、农业经济、工业经济之后的一种由信息技术和信息化带来的新的经济社会发展形态，是指以使用数字化的知识和信息作为关键生产要素、以现代信息网络作为重要载体、以信息通信技术的有效使用作为效率提升和经济结构优化的重要推动力的一系列经济活动。②

我国不论官方还是学者对数字经济对就业的贡献普遍持较为乐观的态度。首都经济贸易大学中国新就业形态研究中心主任张成刚认为，以数字经济为基础的新就业形态，不仅可以创造更多的工作岗位，同时也增加了弱势群体的就业机会。③ 这一

① 周延云，杜晓芬. 数字信息时代的数字劳动及其实质 [N]. 中国社会科学报，2018-01-25.

② 杨伟国，张成刚，辛茜莉. 数字经济范式与工作关系变革 [J]. 中国劳动关系学院学报，2018（5）.

③ 张成刚. 就业发展的未来趋势，新就业形态的概念及影响分析 [J]. 中国人力资源开发，2016（19）.

观点得到了中国人民大学劳动人事学院发布的《阿里巴巴零售电商平台就业吸纳与带动能力研究》报告的支持，2017 年阿里巴巴零售电商平台为全社会创造就业岗位 3681 万个，其中交易型就业机会 1405 万个，带动型就业机会 2276 万个。① 首都经济贸易大学劳动经济学院课题组发表的《中国新就业形态就业质量研究报告》也显示，2017 年 6 月至 2018 年 6 月，共有 3066 万人（含专车、快车、顺风车、代驾、豪华车司机和车主）在滴滴平台获得收入。此外，学者纪雯雯和赖德胜指出，依托互联网技术高效配置信息，将会克服时间和空间的限制，让更多的人参与其中，从而创造新的经济增长点，带来新的就业岗位。②

四、数字劳工的挑战

（一）数字劳工与现有制度的冲突

随着数字经济的不断发展壮大，受到最大冲击的便是原有的工作关系，原有的雇主、雇员明确工作关系正在发生着变革。变革的起点是工作内容或其工作所需的技能中出现了云计算、大数据、人工智能、移动、社交、物联网等数字技术的要求。接着才出现一个完整的数字岗位，之后又出现一个以数字为业

① 中国人民大学劳动人事学院课题组 . 阿里巴巴零售电商平台就业吸纳与带动能力研究 [EB/OL].（2018-03），2018-06-25.http://www.3mbang.com/p-499718.html.

② 纪雯雯 . 数字技术与未来的工作 [J]. 中国劳动关系学院学报，2017（6）.

务的企业，从而扩展到行业，最终发展成为数字经济。

但正是劳动关系或劳务关系的界定使得管理和劳工保护方面存在许多问题，往往是拥有较多资源和权力的用工中介平台压低劳动者的个人报酬。具体表现为高强度和超负荷的工作与低薪、雇佣关系的不稳定性、工作的高竞争性、陌生感、易受到歧视，等等，并且无法享受社会保障、制度政策保护等应有权利[①]。因此政策制定者需要通过与利益相关者的沟通与协调，积极完善涉及新经济下雇主、劳动者和网络平台的相关法律法规，完善劳动保障体系[②]。

在数字经济背景下，我国劳动关系主管部门仍采用传统经济下的“三要素”标准来界定法律意义上的劳动关系，即用人单位和劳动者符合相关法律法规规定的主体资格，劳动者适用于用人单位的规章制度、接受用人单位管理并依据劳动获得报酬，以及劳动者提供的劳动是用人单位业务的组成部分[③]。劳动者与互联网平台之间的劳动关系迟迟得不到法律认可，劳动者的相关权利无法得到法律保障。

此外，在数字经济时代，劳动者的劳权体系有待再构，必须与时俱进地从法律上确立劳动者的新型权利。例如，个人信

---

① 姚建华．零工经济中数字劳工的困境与对策 [J]. 当代传播，2018（3）:66-68.

② Scholz，Trebor. Platform Cooperativism: Challenging the Corporate Sharing Economy. New York: Rosa Luxemburg Stiftung，2016.

③ 王天玉．基于互联网平台提供劳务的劳动关系认定——以“e 代驾”在京、沪、穗三地法院的判决为切入点 [J]. 法学，2016（6）.

息权保护的问题日渐突出，但现有立法还是空白。有学者基于五大互联网平台的隐私政策分析，探讨其模糊性并提出四大对策：动态收集下的动态告知、侵权之后的救济、个人权利的主动行使、信息权利的集体保护。[①]公民的个人信息权有待于引入劳动法律范畴加以规范。

（二）数字劳工的管理挑战

由于劳动力时空分散性和全球资本扩张，借助数字技术的广覆盖，离境外包和全球再定位所涉及的将任务和过程标准化和碎片化带来了全新的管理问题[②]。数字劳工是当代新兴的一种从业方式，也是全球的共同趋势，因此对数字劳工的就业形态研究及其理论基础构建变得越发重要，现有管理模式也亟待做出变革。而涉及劳动法律关系的管理，尤其是跨国关系，具体而言则是不同国家的法律体系对数字劳工及其法律地位的界定问题。对这些碎片化的劳动过程进行跨时间、跨空间和跨文化的管理，对于企业的管理模式和管理人员提出了更高的要求。对于企业构架来说，包括扁平化的组织结构变革和相应的绩效管理、激励体系的变革；对于政府部门来说，包括了监管理念更新、公共政策优化与组织模式升级中相应的对数字劳工的

① 顾理平，俞立根．手机应用模糊地带的公民隐私信息保护——基于五大互联网企业手机端的隐私政策分析 [J]. 当代传播，2019（2）.

② Huws，U. The underpinnings of class in the digital age: Living，labour and value，Socialist Register，50，2014，pp. 80 –107.

管理[①]。

（三）数字劳工对劳动力市场的挑战

杨伟国教授等从数字经济范式的角度出发，总结了数字经济对工作关系的影响主要体现在六个方面：第一，数字经济使得要素发生了重大的变化。第二，对岗位的解构。岗位职责正在不断解构为微小的工作任务。第三，空间的分离。数字技术的发展使得劳动者完成工作的地点变得更加灵活。第四，时间的降解。更加灵活自由的工作时间配置和工作交易模式将成为主流。第五，管理的解体。不断推动各领域进行相应的组织管理变革。第六，关系的分化。从传统企业关注内部人力资本转向开放式平台开始关注外部人力资本。[②]

此外，由于数字技术的使用对劳动者的要求逐步提高，有学者认为对劳动者的新技能培训是迎接劳动力市场变革的关键。在对劳动者的培训开发和人才培养方面，有研究者提出了数字经济背景下创新人才培养的“三核”驱动模式，分别是政府的“内生 + 外引”、企业的“1+1+N”、高校的“产学研融通”三种

---

① 张穹，曾雄，蒋传海，等 . 数字经济创新——监管理念更新、公共政策优化与组织模式升级 [J]. 财经问题研究，2019（3）.

② 杨伟国，张成刚，辛茜莉 . 数字经济范式与工作关系变革 [J]. 中国劳动关系学院学报，2018（5）.

新模式[①] 为员工和人才提供培训与开发。

国外关于数字劳工的研究开始于 21 世纪初，涌现出塔拉诺娃、库克里奇、福克斯等大家，诞生了很多经典的理论成果，单从传播学领域来看，研究的内容广泛，研究的成果丰富，主要集中于理论层面与观点的分析以及其在数字时代的适应性问题的剖析。而国内针对数字劳工的研究则起步不久，大部分学者仍然采用传播政治经济学视角进行研究，或以西方数字劳工理论去分析现实问题，或为研究现实问题提供一种崭新的视角。

中西方传播学范式下的研究，都使用数字劳工的劳工一词，甚至有将劳工做扩大化解释的嫌疑。本文认为，将西方传播学者所指的 Labor 翻译为劳工，容易导致曲解，倒不如译成劳动来得贴切，并且此劳动特指受众商品化的过程，应当与劳动关系学的劳动相区别。

而在劳动关系学派的研究中，直接以数字劳工指称研究对象的屈指可数。近两年来，学界较多研究零工经济和共享经济中的劳动者，这些劳动者同样是 ICTs 和数字技术的使用者，同时也是使用 ICTs 和数字技术来进行生产活动的劳动者，无疑是数字劳工的典型组成部分。

至于在数字劳工的研究中，学者提出了原始劳工、自我程控劳工、免费劳工、玩工、i 奴、网奴、共享经济工作者、零工

① 张穹，曾雄，蒋传海．数字经济创新——监管理念更新、公共政策优化与组织模式升级 [J]. 财经问题研究，2019（3）.

经济工作者、新就业形态从业者等五花八门、眼花缭乱的概念。这些群体与数字劳工存在一定关系，有各自强调的不同侧重点。笔者认为在数字经济方兴未艾时，研究的百花齐放有利于我们更好地认识事物的本质。

迄今为止，数字劳工的内涵和外延还相当模糊，未来还需要进一步厘清。数字经济已然来临，一个全新的就业时代或许也将来临。

第十六章　AI 的挑战

《美国工厂》可能是 2019 年最为中国人关注的美国纪录片。作为美国前总统奥巴马投资的纪录片，《美国工厂》真实记录了中国企业家曹德旺在美国开设工厂的荣耀与艰辛，也真实呈现了中国工人和美国工人在中国工厂和美国工厂的工作与生活。但纪录片的结尾让笔者暗自惊心，在镜头中，机器人默默登场。

机器是解决所有问题的最终答案吗？或许对企业家来说是最理想的答案。机器不会组建工会，机器不会要求加薪，机器不会偷偷怠工，机器甚至不会发生工伤。这样的优势或许没有企业家可以抵抗。但是，对工人们来说，这是理想的未来吗？对整个社会来说，这是最终的答案吗？

读者们可能没有注意到，与纪录片《美国工厂》同时登场的还有美国历史上第一位民主党华裔总统候选人杨安泽。他提出的主要竞选主张是："实行全民基本收入保障的时候了。"杨先生作为加州的企业家，认为人工智能等新兴科技会威胁美国三分之一人口的就业。杨先生认为，人工智能的发展是无法阻止的，他的解决方案是为 18 岁至 64 岁的所有美国公民提供每月 1000 美元的基本生活保障金（Universal Basic Income，UBI）。

此外，另一位民主党候选人白思豪（Bill de Blasio）提出另一种思路——“机器人税（Robot Tax）”，要成立一个全新的政府机构来监督自动化。两位民主党候选人的药方，看起来非常像好莱坞电影的桥段，我们无从评判孰优孰劣。但两者显然针对的是同一个问题，即在机器人大规模取代工人就业后，社会该怎么办？

有学者说，20 世纪人类社会的重要发明是最低工资制度，而 21 世纪人类社会的重要发明将是基本生活保障金（UBI）。基本生活保障金其实已经出现，自 2017 年 1 月 1 日起，芬兰政府向 2000 名参与试验者支付每月 560 欧元（约合 4500 元人民币）的基本生活保障金，不用交税，同时取消其所享受的各类失业补助。目前，这项制度还在试验阶段。基本生活保障金能不能在 21 世纪像最低工资制度那样全面开花，成为世界通行的基本制度，我们不得而知。基本生活保障金制度是不是真的能发挥保障民生、维持社会正义的作用，我们也不得而知。但从这些事实中，我们已经可以切实感受到，机器对就业、对社会的挑战已然来临。

一、机器替代人

技术进步对就业的影响是一个经久不衰的话题。马克思在《资本论》第一卷中思考了机器在生产中的作用以及机器如何替代人力的问题。1811 年 1 月，英国诺丁汉地区爆发了“卢德运动”，工人们冲进工厂砸碎纺织机。从此在英语里诞生了“卢德主义者”（Luddite）这个词，其含义是反机械、反自动化主义的人。在此后的历史中，“卢德主义者”始终存在，反对自动化、反对机器替代劳工的声音从未停止。每当一种新的技术出现，这种声音就趋于响亮。如果我们回望过去的 200 年，并制作一张图表的话，显然会看见技术的波动与“卢德运动”波动间的正相关关系。

2016 年 3 月，谷歌旗下的人工智能公司开发的智能系统 AlphaGo 在与韩国职业围棋选手李世石对局中，以 4 ∶ 1 取得了压倒性的胜利，成为第一个战胜围棋世界冠军的机器人，震惊了世界；2017 年 5 月，德勤财务机器人正式上市；2017 年 7 月，美国 50 个州开始使用“世界上第一个机器人律师（Do Not Pay）”；2018 年 1 月，日本癌症研究会开始用 AI 检测胃癌，检出率超过 92%，用时却仅 0.02 秒，对技术的忧虑之声再次响起。这样的新闻不断成为被关注的热点，随之而来的是对就业岗位消失的担心。

本质上，这一轮人工智能对就业岗位的替代，与历史上每一次技术发展对就业岗位的替代没有根本性的差别。因此，我们会发现200年前马克思在《资本论》中的思考，对这些问题仍然有效。马克思在《资本论》第一卷第十三章“机器与大工业”有过以下论述，我们分享在此，以便各位读者自行思考。

“机器从一开始，在增加人身剥削材料，即扩大资本固有的剥削领域的同时，也提高剥削程度”“机器作为资本的承担者，首先在它占领的工业中，成了把工作日延长到超过一切自然界限的最有力的手段”“劳动资料机器一出现，就立刻成了工人本身的竞争者。资本借助机器进行的自行增殖，同生存条件被破坏的工人的人数成正比”“因为机器就其本身来说缩短劳动时间，而它的资本主义应用延长工作日；因为机器本身减轻劳动，而它的资本主义应用提高劳动强度；因为机器本身是人对自然力的胜利，而它的资本主义应用使人受自然力奴役；因为机器本身增加生产者的财富，而它的资本主义应用使生产者变成需要救济的贫民。”

笔者相信，人工智能对就业的替代是机器替代人这个话题在今天重现，在未来依然会继续。当然，笔者同样重视在这一轮机器替代人的变革中出现的新问题和新情况。只有这样，我们才能进一步探讨如何应对这一轮技术对就业的影响，而非简单地给所有人发基本收入或向机器征税。毕竟工作不仅是生存的物质基础，也是实现自我的途径。如果未来的世界如同电影

《头号玩家》中所描绘的，所有人拿着温饱的收入在虚拟世界里游戏度日，人生还有什么意义？那样的世界并不令人期待。

事实上，人们恐惧的人工智能替代劳动者的情况还没有发生，很大程度上那些画面只是科幻电影里的场景。在许多文章中使用的特斯拉无人工厂的照片，那些巨大的机械臂还算不上人工智能，它们只是工业机器人。今天在制造业中替代劳工的主要技术是工业机器人，与人工智能不同，它还是在完成既定的编程，而并不具有智能性。当然，未来随着技术的发展，工业机器人的人工智能化是必然的趋势。目前，工业机器人主要还是替代简单、重复性体力劳动。

有时，我们经常将人工智能与机器人混为一谈，这其实是不准确的。人工智能主要是智和能，并不一定要有实实在在的躯壳，比如苹果手机上的 Siri，它可以和人进行对话，似乎它知道如何理解人的情感，但它只是一个系统，嵌入在了手机上；再如围棋博弈这种抽象研究领域，它不需要躯壳就可以和人类进行比赛。而机器人是有身体的并赋予一定规则去做事的机器。[①] 机器人是具有类人性质的机器，它本身是由一些电子元件和线路组成的物理装置，而且机器人进行的是无意识的、机械的过程，它所进行的一些思考只是对人脑思维的模拟，只是单纯地执行系统发来的指令。人工智能是利用计算机系统对人的智能进行模拟、延伸和扩展的一门技术科学，它的研究领域包

① 张茜，贺建鹏．人工智能的发展及趋势 [J]. 电子技术与软件工程，2019（8）．

括机器人、图像识别、语音识别和专家系统等。[①]

1987 年，国际标准化组织对工业机器人进行了定义："工业机器人是一种具有自动控制的操作和移动功能，能完成各种作业的可编程操作机。"它是集机械、电子、控制、计算机、传感器以及人工智能等多学科先进技术于一体的自动化装备。[②] 和计算机、网络技术一样，机器人的广泛应用正在日益改变着人类的生产和生活方式。

1954 年，美国人乔治 · 德沃尔制造出世界上第一台可编程的机器人。1959 年，"机器人之父"恩格尔伯格创造出世界上第一台工业级机器人，他将之命名为"UNIMATE"，意为"万能自动"。此后，工业机器人就在发达国家迅猛发展，至今核心技术还掌握在少数国家的少数公司手中。尽管我国已经成为全球发展最快的工业机器人市场，但在世界领先的前十位工业机器人公司中，主要还是德国、瑞士、日本等国的企业。

而对于未来人工智能是否会替代劳动者岗位的问题，不少学者并不认同。张劲松等学者从机器意识与生物意识的角度在对人工智能逻辑思维能力提升和感性存在模拟进行分析的基础上，得出了"人工智能无法替代人类主体性"的结论。[③] 胡易容、杨登翔等学者从潘诺夫斯基的讨论出发，结合卡西尔人文

① 冯金卫 . 机器人的道德发展困境分析 [J]. 科教导刊（上旬刊），2019（2）.

② 张红霞 . 国内外工业机器人发展现状与趋势研究 [J]. 电子世界，2013（6）.

③ 张劲松 . 人是机器的尺度——论人工智能与人类的主体性 [J]. 自然辩证法研究，2017（1）.

对象的论辩，解析视觉符号的几何逻辑、知觉基础以及文化意义生成的关系，从知觉维度回应了“人工智能威胁论”的想象，指出“机器蛮力”只能对具身性经验进行模仿，而并未有自在自为的主体性。[①]

何哲等学者从管理学的角度论证认为，未来人工智能将大致分为“弱人工智能”“强人工智能”，甚至具备完全的人类认知的“超人工智能”三类。对于不同的人工智能体系参与人类管理而言，人类本身都没有值得过度担忧的，机器可以参与管理但不会替代人类。[②]

二、全球第一大工业机器人应用市场

很多读者可能还不知道，中国已经成为全球第一大工业机器人应用市场，并且自 2012 年开始已经多年位居世界第一。可能在很多人的印象里，中国还是一个劳动密集型的制造业大国，以丰富的劳动力资源著称。中国在加入 WTO 的谈判中，首席谈判代表龙永图先生曾说中国的优势是“劳动力无限供给”。

此话言犹在耳、深入人心，在许多人心里，中国还是处于产业链下游，从事的多是没有多少技术含量，卖苦力的活儿。

① 胡易容，杨登翔．视觉透视符码的科学逻辑与人文经验——兼论人工智能的知觉局限 [J]. 符号与传媒，2019（1）.

② 何哲．面向未来的公共管理体系：基于智能网络时代的探析 [J]. 中国行政管理，2017（11）.

但实际上，按照中国电子学会发布的《中国机器人产业发展报告（2019 年）》数据显示，2019 年中国机器人市场规模将达到 86.8 亿美元。其中，工业机器人 57.3 亿美元，服务机器人 22 亿美元，特种机器人 7.5 亿美元。这是什么概念呢？2018 年，中国工业机器人产量达到 14.8 万套，占全球产量的 38% 以上。也就是说，全世界超过三分之一的工业机器人在中国。近年来，我国工业机器人产业始终保持高速发展，2019 年我国服务机器人市场规模同比增长约 33.1%。[①]

当然，在此我们也要非常客观地指出，中国的工业机器人数量虽然较高，但从中国的总体工业规模来说，还有很大的发展空间。同样以数据说话，衡量一国的机器人使用程度并不看总量，而是以工业机器人密度为指标，即制造业中每万名生产工人所占有各种用途工业机器人的数量。按照这一指标，使用工业机器人最先进的国家是韩国，2017 年韩国工业机器人密度已经达到 710 台 / 万人，而我国 2018 年工业机器人密度还仅仅是 137 台 / 万人，虽然高于 2017 年世界平均水平的 88 台 / 万人，但差距仍然显而易见。[②]

我国工业机器人的快速发展离不开政府的大力推动，如 2014 年 8 月东莞市发布了《“机器换人”专项资金管理办法》。

① 中国电子学会，2019 年中国机器人产业发展报告，http://www.199it.com/archives/929879.html，2019-09-20.

② 中国电子学会，2019 年中国机器人产业发展报告，http://www.199it.com/archives/929879.html，2019-09-20.

随着我国工业机器人使用的快速发展，我国学者对于“机器换人”“人工智能”等主题的研究近年来也成为热点。截至2019年6月的检索，在中国知网以“机器换人”为主题的文献约1200篇，以“机器换人”和“劳动关系”为主题可检索到46篇，其主要内容包括机器替换人对于劳动者身份界定、劳动岗位变化、对劳动关系的长远影响以及对于相关法律的影响等。

对于机器替代人对于劳动力市场的影响，现有研究的观点比较统一，认为会带来结构型失业与新兴产业劳动力需求增加两个方面的影响。

一方面，机器替代人必然会引发大量结构性失业，在制造业尤为突出。于冬梅和朱成喜认为，机器换人对于我国劳动力市场的冲击很大。随着机器换人的推进，农民工的“潮汐现象”开始发生改变。一是外来务工人口逐渐减少，人口增量与增速开始下降，尤其是在企业打工的低端人员的数量在逐渐递减；二是企业吸纳就业人员的数量开始减少。[①] 潘建胜则认为，机器换人所带来的企业产业结构调整，在提高了生产效率的同时，也减少了对低端劳动力的依赖，释放了大部分的劳动力。但是，企业对于高素质、高技能的人才需求仍然比较大，这些人才在市场中也明显短缺，所以在劳动力就业市场中呈现出冰火两重天

① 于冬梅，朱成喜．“机器换人”的困境与出路研究 [J]. 苏州市职业大学学报，2016（2）.

的结构性矛盾。[1]成政珉表示，从全球范围看，随着就业率增长减缓，自动化会成为重要的经济增长引擎。自动化对各个行业均产生影响，只是影响程度不同而已。未来一段时间我们会面临就业困难、劳动力市场转型、中等收入阶层受冲击等挑战。[2]

另一方面，机器替代人和人工智能的发展也让企业对高技术劳动者以及与机器相关的从业者的需求增加，一些新的就业岗位也会随着产业的发展而产生。刘春荣认为，基层劳动者的岗位力量快速下降，组织结构的扁平化、网络化和虚拟化使得企业劳动关系日趋松散。技术变革使得“失业”与“职位空缺”或将成为制造业劳动力市场的一种常态化现象。[3]张颖和张文东认为，机器换人现象背后，引入机器人的企业在降低了对于较低技能劳动者需求的同时，还会提高对于高技能劳动力的需求。劳动力需求也会发生相应变化，突出表现为与机器人产业发展相关联的专业性极强的劳动力需求的快速增长。[4]尹利和崔永新认为，虽然机器换人替换了一些可替代性强的工人，但使用新科技会扩大企业规模，也会创造新的工作机会。并且这些新工作需要新技能，在工作中掌握这些新技能的工人，其实根本供不

---

① 潘建胜 . 谈“机器换人”对劳动就业结构转型的影响 [J]. 企业导报，2014（10）.

② 中国劳动世界的未来议题二：人工智能和技术进步对人力资源社会保障工作的影响 [J]. 中国劳动，2018（10）.

③ 刘春荣 . 技术变迁下的制造业劳动关系研究 [D]. 首都经济贸易大学，2015.

④ 张颖，张文东 .“机器换人”对劳动关系的影响研究 [J]. 现代经济信息，2018（12）.

应求。[①]

三、工作的两极化趋势

机器人对就业影响程度的大小，与该国的产业结构有关。一般来讲，一国如果是以劳动密集型产业为主，那么机器人的应用对工人的替代率将会更高，也就意味着更多的劳动者有可能会失去就业岗位。反之，如果一国是以资本密集型和技术密集型产业为主，那么人工智能与机器人的应用对就业的影响程度就会较低，但对一般性服务人员，如办公室文员等白领阶层影响较大。牛津大学卡尔·本尼迪克·佛雷（Carl Benedict Frey）和米歇尔·A．奥斯本（Michael A. Osborne）2016 年的一项研究表明，由于人工智能和机器人的广泛使用，未来一二十年内美国将会有大约 47% 的工作岗位存在着被机器人取代的风险；在印度和中国这样的发展中国家，面临被机器人取代的“高度风险”的工作岗位比例分别为 69% 和 77%；而在类似于埃塞俄比亚、柬埔寨、尼泊尔等落后国家，被机器人取代的高风险工作岗位甚至占到 85%，大大高于美国的水平。

① 尹利，崔永新．互联网经济时代劳动关系的变革与挑战 [J]. 环渤海经济瞭望，2018（10）．

（一）低技能重复性工作的大规模替代

学者们的研究表明，人工智能替代劳动力的一个重要特点为：大量存在于社会生产生活中的重复性工作将被替代。总体来看，重复性是人工智能替代劳动力的一个技术条件，可能被人工智能替代的会是一些常规、可标准化的工作，而具有创造性、灵活性的工作将难以被替代。麦肯锡咨询对 46 个国家中各行业技术替代就业量以及人工智能化的潜力进行评估，结果显示人工智能化潜力排在前三位的行业为住宿与餐饮服务业、制造业、交通运输和仓储业，其人工智能化潜力分别高达 66%、64%、60%；农业、制造业和零售业为被人工智能替代量大的前三个行业；公共事业、艺术娱乐与休闲为较少受到人工智能替代的行业。① 此评估结果同样印证了重复性、可标准化类的工作更容易被替代，而具有创造性、灵活性的工作难以被替代的结论。②

（二）中等技能工作可能最先被替代

虽然从技术层面说，低技能的重复性工作最有可能被替代，但如果考虑到成本，恰恰是中等技能的工作最有可能被首先替代。这是因为，现有人工智能技术的快速发展已经逐步达到替

① 麦肯锡 . 中国人工智能的未来之路 [R]. 2017.

② 罗楚亮 . 机器替代劳动力与教育变革 [J]. 教育经济评论，2018（2）.

代中等技能工作的程度，而中等技能工作的用工成本相对低技能工作更高，因此企业更有可能首先选择使用人工智能技术替代这部分工作岗位。Michael、Natraj 和 Reenen 通过实证研究方法，利用历史数据证明了新技术会减少中等技能工作。①

罗楚亮提出，人工智能对劳动力的替代性不仅取决于技术可实现的程度，更基于“成本—收益”分析的经济选择性结果。从社会应用角度看，经济选择对于人工智能替代劳动力有更重要的影响。人工智能应用于劳动力市场中通常依赖于新技术取代原有生产方式所产生的成本、收益，即原生产方式的成本高，采用新技术的收益通常也高，其被采用的可能性就越高；原生产方式的成本低，则采用新技术的收益不会太高，其被采用的可能性②就越低。而 Graetz 和 Michaels 提出低技能岗位的工作时间会延长。

（三）高技能工作人才稀缺

人工智能与劳动力市场的融合，不仅提高了劳动生产率，还改变了劳动者的就业形态和劳动形式。人工智能的发展和普及使劳动力结构发生了转变，脑力劳动者和智力劳动者的比重逐渐增加，体力劳动者的比重不断减少，技术、管理、科研

① Michaels G，Natraj A，Van Reenen J. Has ICT Polarized Skill Demand? Evidence from Eleven Countries Over 25 Years [J]. Cepr Discussion Papers，2010，96（1）：60–77.

② 罗楚亮 . 机器替代劳动力与教育变革 [J]. 教育经济评论，2018（2）.

人员等技术含量更高的劳动者数量逐渐增多。由于重复性工作可以被人工智能直接替代，而创新型的智力劳动岗位难以被替代，随着人工智能技术的发展，体力劳动者会因劳动力市场的转变而向智力劳动者方向转变。① 多斯等人认为机器人的应用会使管理和科学领域的高技能工人在工作稳定性以及工资方面受益，会使从事常规工作和体力劳动的中等技能劳动力面临收入损失。②

在人工智能对工资收入的影响方面，部分学者认为总体上将提高人们的收入水平。格雷兹和迈克尔斯对发达国家的实证分析发现，机器人密度对平均工资有着显著的积极影响。③ 卡塞利和曼宁认为在规模报酬不变、利率固定和市场完全竞争、消费者偏好相似的条件下，如果投资品的价格相对于消费品下降，人工智能等新技术将导致平均工资上涨。④ 但也有部分学者认为，人工智能对工资水平的影响要区分不同层面的劳动者加以细化分析。例如，阿西莫格鲁和雷斯特雷波将机器人的使用与美国劳动力市场工资联系起来，通过回归分析发现机器人的应用对通勤领域的就业和工资存在着显著的负面影响，并且这些

---

① 杜鹃 . 论智能机器对就业的影响 [J]. 开发导报，2017（2）.

② Dauth W. , S. Findeisen, J. Sü dekum. , and N. Woessner. German Robots — the Impact of Industrial Robots on Workers. CEPR Discussion Paper, 2017.

③ Graetz G. , and C. Michaels. Robots at Work. The Review of Economics and Statistics, 2018（5）:753 — 768.

④ Caselli F. , and A. Manning. Robot Arithmetic: New Technology Harm and Wages. American Economic Review: Insights, 2018.

影响对于低技能工人更加明显。[①] 伯格等人认为，由于熟练工人与机器人的互补性高，这两者的结合能够产生更高的生产率，所以机器人的应用会提高熟练工人的收入，而中低技能劳动者更易被机器人替代，自动化会降低中低技能劳动者的工资和收入份额。[②]

而工作的两极化影响，最终会加剧社会的两极化。Brynjolfsson指出，随着机器日益取代人力，经济的“资本深化”将进一步加快，资本在经济中所占的比例上升，导致劳动力在国民收入的占比下降，并且由于普通工人不能像生产商一样受益，所以收入不平等可能会进一步加剧。[③] 因此，人工智能等新技术的不断发展和应用，将会使得劳动力市场形成“工作极化”，进而导致“工资极化”现象。

四、新就业的出现与就业多元化

大多数的研究认为，从短期来看，人工智能与机器人对就业的影响是负面的，岗位破坏效应大于岗位创造效应，将会导

① Acemoglu D.，and P. Restrepo. Robots and Jobs: Evidence from US Labor Markets. MIT Boston University Working Paper，2017.

② Berg A.，E. F. Buffie，and L. F. Zanna. Robots，Growth，and Inequality. Finance & Development，2016（3）:10 — 13.

③ Brynjolfsson E.，A. McAfee.，and M. Spence. Labor，Capital，and Ideas in the Power Law Economy. Foreign Affairs，2014（4）:44 — 53.

致大量受教育程度低、技能缺乏的劳动者失去岗位。但从长期来看，由于技术进步导致的经济增长，新岗位的创造效应将会大于破坏效应，因而对就业的影响将会是正面的，并且对就业结构的优化也有积极意义。

经济合作与发展组织（OECD）分析认为，技术进步在直接破坏就业的同时，也会通过各种途径促进就业增加。① 华盛顿皮尤研究中心于 2014 年做了一项关于 2025 年人工智能，包括机器人对劳动力市场影响预测的调查，在接受调查的 1896 名专家中，48% 的专家认为未来机器人将取代大量蓝领和白领工人，剩下 52% 的专家相信人类智慧，认为人工智能新技术将创造的岗位比取代的岗位多，人类会像历史上工业革命后那样创造更多的工作行业和就业岗位。②Mokyr 等也认为，人工智能技术可能会创造新的产品和服务，而这一创造将带来大量新职业。③ 具体来看，Morikawa Masayuki 发现，消费者对某些人力所提供的服务更加偏好，像儿童看护、教育、老人护理等人力密集型的

① Organization for Economic Cooperation and Development. Technology, Productivity and Job Creation [R]. Paris.

② Smith A, Anderson J. AI, Robotics, and the Future of Jobs [R]. Pew Research Center, August 6, 2014.

③ Mokyr J, Vickers C, Ziebarth N L. The History of Technological Anxiety and the Future of Economic Growth: Is This Time Different? [J]. Journal of Economic Perspectives, 2015 (03): 31 — 50.

个人服务，这些工作将难以被服务机器人所取代。[①]

由于劳动力的替代效应，单一的、常规的岗位容易被人工智能所替代，随之而来的是劳动技能向多元化发展。人工智能时代下，人类区别于机器的重要特性则是创造性和主观能动性。劳动者作为人工智能技术的创造者、管理者，往往需要掌握多种不同技能才能掌控机器，不被机器所替代。人工智能对劳动力的替代效应促使传统劳动力结构从单一性向多元化发展。

埃森哲研究所（James，Paul 和 Nicola，2017）分析了全球 1000 多家正在使用或正在测试人工智能或机器学习系统的公司，发现了全新的三类职业：培训人员（Trainers）、解释人员（Explainer）和维护人员（Sustainers）。忽视新技术创造的就业机会一直是技术与就业研究领域的一大特点，上述研究为新技术能够创造工作机会提供了证据。劳动力市场搜寻与匹配理论解释了“劳动力市场上存在许多工作而一些失业人员却找不到适合的工作岗位之间的冲突”，该理论认为由于“搜寻成本”导致的匹配摩擦是产生冲突的主要原因。[②]

① Morikawa M. Who Are Afraid of Losing Their Jobs to Artificial Intelligence and Robots? Evidence from a Survey [R]. GLO Discussion Paper，2017.

② 郭蕊 . 人工智能等新技术发展对就业和收入分配的影响研究 [J]. 经贸实践，2018（23）.

五、人工智能时代的应对之道

面对新技术的来袭，学者们的思考显然与政客不同。归纳起来，学者们主要从六个方面针对人工智能等新技术进步对就业的影响提出了建议、对策。

第一，加强职业培训。削弱人工智能的就业替代效应和就业技术极化现象，深化职业技术教育体制改革，找准未来人工智能就业方向，开展职业技能培训，加大培训投资力度，完善职业技能培训体制机制，提高职业技能培训质量。同时，应完善失业人员再就业扶持政策，鼓励失业人员转岗培训和继续教育。通过上述措施，削弱人工智能的就业替代效应和就业技术极化现象。企业需尽快对现有的培训内容及方式进行优化设计，建立适应智能经济发展需要的培训体系。特别是要注重人工智能方面的技能培训，提升从业人员在工作中运用人工智能技术的能力，使劳动者更好满足人工智能时代高技能、高质量就业岗位的需要。[①]

另外，人工智能的发展所威胁的就业岗位高度集中在低收入、低技能、教育程度较低的人群，尤其是我国数以亿计的农

---

① 潘文轩．人工智能技术发展对就业的多重影响及应对措施 [J]. 湖湘论坛，2018（4）.

民工群体。[①]因此，针对未来的就业形势教育和培训农民工势在必行。政府需要为农民工提供终身学习的机会，整合职业教育和技能培训资源，将在岗农民工纳入重点扶持的职业培训项目，建立在岗农民工职业技能实训中心和职业技能培训质量标准体系，引导农民工取得职业资格证书和专项职业能力证书。在人工智能逐渐替代劳动力的背景下，培训方除了重点培养新生代农民工的职业道德与职业生涯规划意识外，更要加大对其智能型技术的培训力度，如工业机器人集成应用、机器人维修与保养等相关技术。

第二，改革高等教育。深化高等教育和科研体制改革，放大人工智能的就业创造效应[②]。理性选择人工智能发展路径和战略，理性定位人工智能发展目标，鼓励高等教育机构围绕人工智能的发展设置相应专业。加大对人工智能基础教育和基础科研的支持力度，加强培养该方面的领军人才、基础科研人才、中高端技术人才及其相关人才。重视贯通人工智能基础理论、软硬件技术、市场产品及垂直领域应用的纵向跨界人才的培养，兼顾人工智能与经济、社会和法律等横向跨界人才的培养，注重培养各类人工智能复合型人才。

第三，完善人工智能高端人才使用机制。创造有利于中国

① 聂倩．人工智能时代下机器替代农民工的政治经济学思考 [J]. 焦作大学学报，2018（2）.

② 朱巧玲，李敏．人工智能的发展与未来劳动力结构变化趋势——理论证据及策略 [J]. 改革与战略，2017（12）.

就业的经济社会环境，建立有利于人工智能新技术、新业态的创造型、创新型人才脱颖而出的人才选拔机制和使用机制。[①] 要择天下英才而用之，在全球开放式创新网络趋势下，促进国际人工智能高端人才加速向中国流动和聚集，打造全球性国际人工智能人才网络体系，促进人工智能新兴产业和新型业态的生成，打造吸纳人工智能高端人才就业的高地。通过人工智能高端人才引领人工智能的发展，创造有利于中国就业的国际空间极化现象。在人力资源管理中应用人工智能，是时代进步、科技发展的必然结局，但是其也存在着一些缺陷，如人工智能知道怎样能做到最好，但却不能根据实际情况来自行分辨事情的轻重缓急；也不能在发生劳动争议时，运用人文手段来使事情得到妥善解决。

第四，促进人工智能等新兴产业的快速发展。鼓励自主研发人工智能，不鼓励引进国外原产的人工智能等整机产品和成套技术，鼓励在引进技术的基础上开发具有自主知识产权的核心技术，提升我国人工智能产业的核心竞争力[②③]。通过一系列有效的政策措施加速我国人工智能等新兴产业的发展，提高其就业创造效应。

---

① 吕荣杰，郝力晓．人工智能等技术对劳动力市场的影响效应研究 [J]. 工业技术经济，2018（12）.

② 卢广盛．人工智能时代的人力资源管理分析 [J]. 经贸实践，2018（23）.

③ 王君，张于喆，张义博，等．人工智能等新技术进步影响就业的机理与对策 [J]. 宏观经济研究，2017（10）.

第五，鼓励创新创业，促进多种形式的就业。我们不但要创造更多的与人工智能等新兴产业相关的就业，还要创造其他方面的就业岗位，以满足不同就业群体的就业习惯和就业需求，也有利于削弱由人工智能发展带来的就业极化现象。[①]

第六，完善社会保障制度。[②]充分利用大数据，构建完善的全国就业信息监测平台，针对重点地区、重点人群、重点岗位的就业动态变化情况进行实时监测，定期或不定期地发布就业状况信息，提供就业预警、预报和预测，促进就业。[③]及时修改并完善社会保障制度，为应对人工智能快速发展可能带来的就业社会问题保驾护航。以人工智能、共享经济、互联网技术及其相关产业为代表的工业革命，使就业形式越发呈现分散化、多样化、流动化、非正规化的灵活就业特征。[④]但现有相关法律法规缺乏对灵活就业明晰的规范和界定，导致从业者无法获得有效的法律保护，在社会保障和社会福利等方面与正规就业者存在差距。新技术迅猛发展可能带来潜在的大规模失业风险，需要建立完善的社会保障制度和失业扶持政策加以兜底，避免由失业可能带来的

---

① 李长安 . 提高劳动力素质应对机器人时代挑战 [J]. 教育经济评论，2018（2）.

② 张艳华 . 制造业“机器换人”对劳动力就业的影响——基于北京市 6 家企业的案例研究 [J]. 中国人力资源开发，2018（10）.

③ 周欣，许东黎，苏金刚 . 人工智能对劳动与社会保障专业的影响研究 [J]. 现代商贸工业，2019（4）.

④ 许东 . 税务部门统一征收社会保险费 : 改革必要性与推进建议 [J]. 学习与探索 . 2018（7）.

社会风险和贫富差距扩大引致的社会问题。[①]

现有研究主要集中于对欧美发达国家人工智能应用的效应分析，而针对中国人工智能应用的实证研究比较缺乏。同时，如 Arntz 等认为，现有研究容易高估人工智能技术能力，并忽视落后的应用水平。人工智能技术虽然日益成熟，但对于人工智能技术的应用存在一定的复杂性。对于人工智能应用是否需要劳动力的配合，需要多少数量劳动力的配合等，学者对此了解得较为模糊。随着中国人口老龄化程度不断加深，劳动力短缺引发的用工荒和工资持续上涨问题日益凸显，逐渐成为我国经济持续发展的制约因素之一。近年来，为解决劳动力供给问题和成本问题，我国政府相继发布了产业振兴政策和《机器人产业发展规划》，大力推动人工智能的发展。而人工智能的发展对劳动力提出一定的要求，因此，人工智能应用与就业的关系应该被重视。

① 郭昌盛．我国社保费征管体制改革的困境与出路——基于欧洲国家改革的经验与教训 [J]. 经济体制改革 . 2018（2）.

参考文献

[1] Eisenbrey R. & Mishel L. Uber business model does not justify a new “independent worker” category[J]. Employment Policy Institute. Retrieved March, 2016.

[2] Finkin M.W. Beclouded Work, Beclouded Workers in Historical Perspective[J]. Comp. Lab. L. & Poly J., 2015.

[3] Harris S.D. & Krueger A.B. A Proposal for Modernizing Labor Laws for Twenty-First-Century Work: The “Independent Worker” [J]. The Hamilton project, 2015.

[4] 尼克 . 人工智能简史 [M]. 北京：人民邮电出版社，2017.

[5] 蔡自兴，徐光祐 . 人工智能及其应用 . 北京：清华大学出版社，2010.

[6] 休伯特 · 德雷福 . 计算机不能做什么 [M]. 北京：生活 · 读书 · 新知三联书店，1986.

[7] 白永亮 . 共享经济下灵活就业法律制度重构 [J]. 江西社会科学，2017（10）.

[8] 曾煜 . 对完善灵活就业人员社会保险制度的思考 [J]. 中国劳动关系学院学报，2008（1）.

[9] 常凯 . 劳权本位 : 劳动法律体系构建的基点和核心——兼论劳动法律体系的几个基本理论问题 [J]. 工会理论与实践 . 中国工运学院学报，2001（6）.

[10] 常凯 . 劳权论——当代中国劳动关系的法律调整研究 [M]. 北京：中国劳动社会保障出版社，2004.

[11] 陈敏 ."非职工"群体纳入工伤保险制度保障探析 [J]. 政治与法律，2017（2）.

[12] 陈韫竹，倪宏 . 关于现阶段灵活就业人员职业伤害保障的思考 [J]. 中国医疗保险，2017（10）.

[13] 邓大松，杨洁 . 灵活就业人员社会保险现状与对策 [J]. 统计与决策，2007（19）.

[14] 董斐 ."互联网 +"背景下非标准劳动关系的法律规制 [D]. 南京工业大学，2017.

[15] 杜鹃，王丽 . 现行工伤保险制度下的补充工伤保险探索 [J]. 中国劳动，2017（4）.

[16] 葛弘斐，严瑶婷，潘洋，朱胜楠 . 灵活就业人员社会保险问题研究综述 [J]. 社科纵横（新理论版），2013（3）.

[17] 韩俊江，任玉霜，韩烨 . 完善灵活就业人员社会保险制度研究 [J]. 税务与经济，2009（2）.

[18] 侯钧 . 劳动关系认定标准之法律探析 [D]. 华东政法大

学，2012.

[19] 华迎放 . 灵活就业群体的社会保障 [J]. 中国劳动保障，2005（3）.

[20] 黄韵 . “互联网 +” 环境下劳动关系的认定 [J]. 法制与社会，2017（29）.

[21] 柯振兴 . 网约用工的规制路径及权益保障——以美国 Uber 司机为例 [J]. 工会理论研究（上海工会管理职业学院学报），2017（3）.

[22] 雷蒙德 · 瓦尔特曼 . 德国劳动法 [M]. 北京：法律出版社，2014.

[23] 黎娅 . 基于社会稳定 : 灵活就业人员的社会保障问题分析 [J]. 人力资源管理，2015（9）.

[24] 李峰 . 分享经济背景下劳动关系探析——以网约车为例 [J]. 中国劳动，2017（1）.

[25] 李悦 . 我国共享经济时代下的劳动关系认定研究 [D]. 深圳大学，2017.

[26] 刘雪瑜 . 我国灵活就业现状研究 [J]. 商，2016（26）.

[27] 穆随心，王昭 . 共享经济背景下网约车司机劳动关系认定探析 [J]. 河南财经政法大学学报，2018，33（1）.

[28] 乔庆梅 . 中国职业风险与工伤保障 : 演变与转型 [M]. 北京 : 商务印书馆，2010.

[29] 全军，吴克孟 . “互联网 +” 经营模式下劳动关系认定

的把握尺度 [J]. 北京市工会干部学院学报，2017（3）.

［30］史尚宽 . 劳动法原论 [M]. 中国台湾地区 : 正大印书馆，1978.

［31］睢利萍 . 和谐社会构建背景下农民工工伤保险制度 : 现实困境与发展策略 [J]. 理论与改革，2013（3）.

［32］孙树菡，朱丽敏 . 新中国工伤保险制度六十年的发展变迁 [J]. 河北学刊，2009（6）.

［33］孙莹 . 我国灵活就业人员失业保险存在的问题及对策 [J]. 企业改革与管理，2016（5）.

［34］唐鑛，胡夏枫 . 网约工的劳动权益保护 [J]. 社会科学辑刊，2018（2）.

［35］王卉 . “互联网 +”趋势下的特殊劳动关系管理新思路 [J]. 现代商业，2017（10）.

［36］王秋媛，谢增毅 . 非全日制用工工伤保险制度的困境及其解决 [J]. 海峡法学，2014（4）.

［37］王全兴 . “互联网 +”背景下劳动用工形式和劳动关系问题的初步思考 [J]. 中国劳动，2017（8）.

［38］王天玉 . 基于互联网平台提供劳务的劳动关系认定——以“e 代驾”在京、沪、穗三地法院的判决为切入点 [J]. 法学，2016（6）.

［39］王峥 . 灵活就业人员养老保险问题研究 [D]. 山西财经大学，2014.

［40］闻效仪．正确认识和把握共享经济对劳动关系的影响[N]. 工人日报，2017-08-29.

［41］徐虎．“互联网 +”模式下企业与从业者劳动关系 [J]. 中国工人，2016（2）.

［42］徐新鹏，高福霞，张昕宇．共享经济的冷思考——以劳动保护为视角 [J]. 理论导刊，2016（11）.

［43］杨思斌．我国工伤保险制度的重大发展与理念创新 [J]. 中国劳动关系学院学报，2011（4）.

［44］叶安林．浅谈社会保障制度滞后对灵活就业人员的影响 [J]. 新闻世界，2014（10）.

［45］应永胜．中国农民工工伤保险制度演进及运行效果评介 [J]. 北京航空航天大学学报（社会科学版），2014（1）.

［46］张波．农民工合法权益保护的十大问题与出路 [J]. 南京社会科学，2006（5）.

［47］张开云，吕惠琴，许国祥．农民工工伤保险制度：现实困境与发展策略 [J]. 广西民族大学学报（哲学社会科学版），2011（1）.

［48］郑尚元．工伤保险法律制度研究 [M]. 北京：北京大学出版社，2004.

［49］郑武．“互联网 +”劳动者更需加强权益保护 [J]. 劳动保障世界，2016（34）.

［50］朱家甄，张塞．中国社会保险工作全书 [M]. 北京：中

国统计出版社，1995.

［51］朱鸣.“网约工权益保障研讨会”综述 [J]. 工会理论研究（上海工会管理职业学院学报），2017（3）.

［52］朱则，谢展风.灵活就业人员养老保险参保率低的原因和对策思考 [J]. 劳动保障世界（理论版），2011（10）.